Anne-Carolin Hopmann

# Der Hamster ist tot und die Glocken läuten

Anne-Carolin Hopmann

# Der Hamster ist tot und die Glocken läuten

## Aus dem Alltag einer Pfarrerin

orell füssli Verlag

Orell Füssli Verlag, www.ofv.ch


Umschlaggestaltung und Motiv: Hauptmann & Kompanie Werbeagentur, Zürich
Druck: CPI books GmbH, Leck

ISBN 978-3-280-05665-3

Der Orell Füssli Verlag wird vom Bundesamt für Kultur mit einem Strukturbeitrag für die Jahre 2016–2020 unterstützt.

Die Deutsche Nationalbibliothek verzeichnet diese Publikation in der Deutschen Nationalbibliografie; detaillierte bibliografische Daten sind im Internet unter www.dnb.de abrufbar.

MIX
Papier aus verantwortungsvollen Quellen
FSC® C083411

# Inhalt

# Vorwort

Seit über 25 Jahren stehe ich im Dienst einer evangelischen Kirche. Eines ihrer grössten Privilegien stellt für mich zugleich auch eine ihrer grössten Schwächen dar: die persönliche Freiheit. Sie hat, auf die Kirche bezogen, ihre Wurzeln im »allgemeinen Priestertum aller Gläubigen«, das seit den Zeiten der Reformation für evangelische Christen als selbstbewusstes Postulat besagt, dass in den evangelischen Kirchen zwar in erster Linie Pfarrerinnen und Pfarrer Dienst tun, aber jeder getaufte Christ ohne einen weiteren Mittler Zugang zu Gott hat. Wer die Bibel liest und sich mit ihr auseinandersetzt, ist in Glaubensfragen genauso urteilsfähig wie ein offizieller Repräsentant der Kirche.
Was vor genau 500 Jahren als Befreiung von kirchlicher Hierarchie und Glaubenszwängen gefeiert wurde, droht heute jedoch in einem wichtigen Punkt in Vergessenheit zu geraten. In Erinnerung geblieben ist bei vielen nämlich lediglich der ausgeprägte Anspruch, selbstbestimmt urteilen zu können und niemandem Rechenschaft schuldig zu sein. Aber leider vergessen viele, dass dem Recht auf individuell verantworteten Glauben auch eine stillschweigende Selbstverpflichtung zugeordnet ist: die persönliche Auseinandersetzung mit dem Glauben und das, was man glaubt, auch zu leben.

Diese Auseinandersetzung ist anspruchsvoll, und sie lohnt sich. Selbst wenn die biblischen Überlieferungen vielfach quer zu unserem modernen, naturwissenschaftlich geprägten Weltbild stehen, sind in ihnen Glaubenswahrheiten überliefert, die eine besondere Würde und Beziehungsfähigkeit und dazu eine besondere Verantwortung des Einzelnen gegenüber seinen Mitmenschen und seinem Lebensraum festhalten. Der christliche Glaube und die Kirchen, in denen dieser Glaube sichtbar Gestalt annimmt, leisten einen grossen Beitrag dazu, dass in unserer Gesellschaft Freiheit nicht als persönliches Recht, sondern als Auftrag verstanden wird.

Doch viele trauen der reformierten und auch anderen Kirchen nichts mehr zu. Innerlich verzagt, versuchen Kirchenleitungen durch verzweifelten Struktur-Aktionismus neue gesellschaftliche Relevanz zu erreichen. Ich glaube aber, wir brauchen statt neuer Formen und Strukturen einfach mehr Herz und Verstand und Gottvertrauen. Es ist richtig, dass nach den jüngsten Bevölkerungsstatistiken der Einfluss der Kirchen zurückgeht. Aber ist ihr Einfluss tatsächlich abhängig von der Anzahl ihrer Mitglieder?

Werden wir überhaupt noch als sinnvolle und hilfreiche Institution wahrgenommen, wenn statt einer frohen Botschaft vornehmlich zu hören ist, dass die Kirchen um ihre Existenz bangen, weil sie kleiner, ärmer und schwächer werden?

Die Kirche ist nicht dadurch entstanden und gewachsen, dass sie sich kleingemacht hat. Im Gegenteil. Das Christentum ist eine der wenigen Religionen, die gezielt durch Missionare ausgebreitet wurde. Damit haben wir schon lange aufgehört. Aus leidenschaftlichen Anfängen wurden Volkskirchen, die angesichts ihrer Mitgliederzahlen kaum noch diesen Namen verdienen. Wir sind satt geworden. Und unsere Mitglieder vergessen ihre Wurzeln. Wenn die Kirchen heute Schlagzeilen machen, dann durch die Missbrauchsdiskussionen in der katholischen Kirche oder die Klagen gegen das Glockengeläut bei den Reformierten. Aber wir haben mehr zu sagen und zu bieten, mehr als nur die weinerlichen Diskussionen, die um die Verwaltung des Niedergangs kreisen. Wir brauchen einen erneuten Fokus auf die Kraft des persönlichen Glaubens und der eigenen Glaubensgemeinschaft.

Wir dürfen ruhig zuversichtlicher auftreten. Wir sind gut. Wir tun gut. Wir helfen, dass es gut wird. Und das ist möglich, so paradox das klingt, weil wir uns trauen zu zweifeln. Der Zweifel verhindert, dass wir stehenbleiben und selbstgefällig werden. Der

Glaube bewirkt, dass immer irgendjemand in der Gemeinschaft gerade die Kraft, die Vision und den Mut hat, andere weiterzutragen, denen die Puste ausgeht. Das grosse Potenzial der Kirche liegt in der Gemeinschaft. Zum einen lernen und üben wir darin, einander zu ertragen. Zum anderen hoffen wir, dass die Freiheit, die jeder Einzelne für sich beansprucht, ihr Mass in dem einfachen Dreiklang findet, in dem Gott, der Nächste und man selbst den Ton angeben (Mt 22,36–38).

Meine Aufgabe als Pfarrerin besteht seit Jahren darin, Menschen in ihrem Glauben und in ihren Zweifeln zu begleiten, zu hinterfragen, zu stützen oder zu provozieren. Eine wunderbare und zugleich fordernde Aufgabe in einer Kirche, die dort besonders stark ist, wo im persönlichen Glauben der Vernunft und dem Zweifeln Raum gelassen wird.

In diesem Buch will ich in fünf Kapiteln erzählen, was mir an dieser Kirche wichtig ist. Zu Beginn lade ich dazu ein, sich der Kirche *anzunähern*, so wie ich es einst tat, als ich mein Studium ergriff. Dann wird es darum gehen, in ihr *anzukommen* und grundsätzliche Weichenstellungen wahrzunehmen. Die Art, wie wir diese Kirche *gestalten*, ist vielfältig, ebenso wie das, was es dabei *auszuhalten* gilt. Im letzten Kapitel will ich beschreiben, wie ich selbst gerne mit dieser Kirche *weitergehen* möchte.

Dazu erzähle ich in diesem Buch heitere, tiefsinnige, traurige und nachdenkenswerte Geschichten aus meiner alltäglichen Arbeit in Form einer ganz normalen Arbeitswoche. Die Anordnung ist fiktiv, die Geschichten sind wahr, zum Schutz der darin vorkommenden Personen jedoch teils verfremdet.

# I. Annäherung

## MONTAG

## Mein Sonntag ist am Montag

7.30 Uhr. Es ist ein wenig kühl für Ende Mai. Schaudernd mummle ich mich in meinen Faserpelz und warte, dass der erste Mitspieler abschlägt. Wie still es am frühen Morgen hier ist! Das gefällt mir am Golfspielen besonders: die weite Natur, die Ruhe, die Zeit, die dieses Spiel braucht, und die Konzentration aufs Spiel, das mich ganz einnehmen wird. Für ein paar Stunden gilt: kein Telefon, kein Terminkalender und viel Platz, um die Gedanken zur Ruhe kommen und gemächlich mal hierhin, mal dorthin treiben zu lassen.

Einzig mit den Mitspielenden komme ich ab und zu ins Plaudern. Es sind entspannte Gespräche, meist Smalltalk oder kleine Foppereien – je nachdem, wie humorvoll die Gruppe ist, die im Sekretariat des Golfplatzes zufällig zusammengewürfelt wurde. Eine Runde Golf ist für mich wie eine Insel, auf der ich an meinem freien Montag gern einen halben Tag verbringe.

Doch bereits im nächsten Augenblick werde ich wieder an meine Arbeit erinnert: In einer Mischung aus Frustration und Flehen brummelt mein Mitspieler ein gequältes: »Oh, Gott!«, als sein erster Abschlag im Aus landet. Etwas beschämt holt er den nächsten Ball hervor. Dass er grad ein kleines Gebet gesprochen hat, ist ihm vermutlich entgangen, denn solche Ausrufe sind aufs Minimum reduzierte Stossgebete. So wie er nehmen hier viele den Namen meines »Chefs« in den Mund. Kaum jemand ist sich dessen noch bewusst. Ich persönlich bezweifle ja, dass Beten das eigene Golfspiel verbessert. Wäre das so, würden am Sonntag wohl einige Spielerinnen und Spieler extra deswegen in den Gottesdienst kommen oder eine Gebets-App benutzen, um sich spirituell für das Spiel fit zu machen. Ich halte es darum für angemessener, sich zur Verbesserung des eigenen Golfspiels an einen weltlichen Coach zu wenden, denn Golfspielen und alle anderen Sportarten zählen definitiv zu den Taten der Menschen, für die sie ganz und gar selbst verantwortlich zeichnen. Wenn ich beim Golfen bete, dann nur, weil ich im Stillen ein Dankgebet spreche für die Möglichkeit, hier und jetzt das tun zu können, was mir Freude bereitet. Also schlage ich an diesem Morgen meinen ersten Ball mit dem sicheren Wissen, dass alles, was ich hier mit dem Ball anstelle, auf meine eigene Kappe geht – und ich bin dankbar für diese Freiheit.

Ich merke an meiner Spielfreude, dass ich diesem Sport wohl ein ganz klein wenig verfallen bin. Leider sind Golfspieler in meinem Beruf eher selten.

Das hat mir ein Golflehrer bestätigt, der seit Jahrzehnten Golf-Schüler unterrichtet: »Eine Pfarrerin hab ich noch nie als Schülerin gehabt!«, sagte er mir lachend ins Gesicht und gab seiner Verwunderung Ausdruck, eine Frau der Kirche auf dem grünen Rasen anzutreffen. Warum ist es für eine Pfarrerin eigentlich so ungewöhnlich, Golf zu spielen? Im Kanton Zürich kenne ich nur einen einzigen Kollegen, der mit mir die Vorliebe für diesen Sport teilt. Dafür kenne ich eine Menge anderer Kollegen, die mich mit leicht hochgezogener Augenbraue fragen, ob das tatsächlich ein guter Sport für uns Pfarrer wäre. Auch einzelne Gemeindemitglieder reagieren irritiert. Einer schimpfte nach der Predigt, in der ich das Beispiel vom Golfspielen verwendet hatte, um anschaulich zu machen, wie man sich durch zu hohe Ansprüche an sich selbst blockieren kann. Er verabschiedete sich an der

Kirchentür und sagte im Weggehen: »Du musst uns gar nicht unter die Nase reiben, dass du Golf spielst. Das wollen wir gar nicht wissen.« Dem Sport haftet ein elitäres, versnobtes Image an, das sich fest in den Köpfen eingenistet hat. Haben sich bestimmte Klischees erst einmal tief in die eigene Vorstellungswelt eingegraben, haften sie einem an wie die Tinte, die wir als Schüler bei unseren ersten Schreibübungen mit dem Füllfederhalter an den Fingern trugen, weil wir das Blatt mit viel zu grossem Druck traktierten.

Ein wenig ärgerlich ist nur, dass ich auf dem Golfplatz mit Klischees über die Kirche konfrontiert werde. Wenn ich mich erholen möchte, so wie heute Morgen auf dem Golfplatz, halte ich mich zurück, meinen Beruf ins Spiel zu bringen. Einmal genannt, löst er unterschiedliche Reaktionen aus.

## Power im Talar

Mein Mitspieler hat schliesslich doch noch in sein Spiel gefunden und beginnt nun auf unserem Weg zum nächsten Abschlag entspannt und ruhig mit mir zu plaudern. Beiläufig erkundigt er sich, warum ich an einem Werktag Zeit habe, Golf zu spielen: »Urlaub?«

»Montags habe ich frei.«

»Was machst du denn beruflich?«

»Ich bin Pfarrerin.«

Mein Gegenüber bleibt kurz stehen und schaut mich an: »Echt jetzt, so richtig? So siehst du gar nicht aus!«

»Wie sehe ich denn aus?«

»Na ja, so ganz normal.«

Das ist ein Satz, der mich in seiner Arglosigkeit jedes Mal wieder überrascht, wenn er in dieser Form oder in Varianten ausgesprochen wird. Man sieht mir die Pfarrerin nicht an. Wie denn auch? Auf dem Golfplatz trage ich keinen Talar. Die Antwort meines Spielpartners offenbart, dass in seinem Kopf so etwas wie das imaginäre Bild einer typischen Pfarrerin existiert. Er steht damit nicht allein. So begann beispielsweise die Zeitschrift »Beobachter«, die sich selbst als »die aktuelle Schweizer Konsumenten- und Beratungszeitschrift für aufgeschlossene Leute ab 20« bezeichnet, den Artikel über eine Aargauer Pfarrerin im November 2016 mit den Worten: Sie »sieht nicht aus wie eine typische Pfarrerin. Piercing, Turnschuhe und eine Frisur, die man nicht wirklich als brav bezeichnen kann.«

Ist »brav« das, was man bei einer Pfarrerin erwartet? Sind Pfarrerinnen typischerweise sanftmütig, ruhig, eher bieder, weltfremd und frömmelnd?

Wenn dem so ist, bin ich völlig falsch in meinem Beruf.

Ich erinnere mich noch gut an die Reaktion meines Religionslehrers, Jürgen Wille, der lauthals auflachte, als er von meinem Theologiestudium in Göttingen erfuhr. Er hatte am »Gymnasium Himmelsthür« Religion als Leistungsfach unterrichtet, fünf Stunden Religionsunterricht in der Woche, zwei Jahre lang, für alle, die in diesem Fach ihre Abiturprüfung ablegen wollten. Wir waren der erste Jahrgang, für den es überhaupt möglich war, dieses Fach in Kombination mit einer Fremdsprache oder einem naturwissenschaftlichen Fach als Schwerpunktfach für die Abiturprüfung zu wählen. Es waren zwei hochinteressante Jahre. Seit früher Jugend hatten Mythen, ferne Religionen und Weltdeutungen eine Faszination auf mich ausgeübt. Trotz des Interesses vertrat ich in diesem Kurs die Rolle der an Religion interessierten, doch kritisch-provozierenden Agnostikerin. Dass ausgerechnet diese Schülerin ein Theologiestudium begann, hat ihn befremdet. Er blieb nicht der Einzige, der über meinen Entschluss zumindest irritiert den Kopf schüttelte. Dieser Entscheid passte nicht in das für mich erwartete Berufsbild meiner Bekannten und Freunde.

Zu lebhaft und frech hatten sie mich bis dahin wahrgenommen, zu lautstark hatte ich unsere Fussballmannschaft am Spielfeldrand angefeuert und Nächte durchgetanzt. Aber sprechen Lebensfreude und ein heiteres Wesen gegen ein Theologiestudium?

Es ist erstaunlich, wie dick die Schicht aus Staub ist, die über der gängigen Vorstellung von Kirche und den Menschen liegt, die sich in ihr engagieren. Ist die Kirche tatsächlich so antiquiert und sind die Menschen, die sie ausmachen, so altbacken? Oder trübt die vorgefertigte Meinung unseren Blick, sodass wir nur noch sehen, was wir sehen wollen, und nicht mehr bereit sind, genauer hinzusehen?

Warum irritiert es so, wenn die vorgefundene Realität nicht mit dem Bild übereinstimmt, das man selbst von der Kirche hat?

Ein Beispiel dafür mag der Beitrag des katholischen Theologen und Journalisten Remo Wiegand im Online-Magazin »Zentral Plus« sein, in dem er als »Gottesdienstkritiker« katholische und reformierte Gottesdienste besucht und diese mit einem bis fünf Kreuzen bewertet.

Die Bewertung einer Pfarrerin in der Zentralschweiz im Dezember 2016 ging im wahrsten Sinne des Wortes ins Auge. Seine Kritik zielte in weiten Teilen auf das äussere Erscheinungsbild der jungen Frau, weniger auf deren Predigt. Was hatte er erwartet, dass er vom Äusseren der Predigerin so intensiv berichtet: »Eine Begegnung mit Gottes Schönheit«, »eine gut aussehende Frau: ein Bild für Gott«, »man könnte sie sich in ihrem eleganten Suit auch als Bankangestellte oder Stewardess vorstellen«. Ja, ist die Kirche denn ein Ort, wo hässliche und verlorene Menschen einen Platz haben? Erstaunlich tief hat sich die mittelalterliche Vorstellung im Denken moderner Menschen festgesetzt, dass die Kirche Schönheit und Lebensfreude verteufelt und nur »Mühselige und Beladene« dort ihren Platz haben. Wieso überraschen eine helle und freundliche Atmosphäre und schöne, heitere Menschen im Gottesdienstraum, statt einfach selbstverständlich zu sein? Um von der ihn ansprechenden Schönheit nicht zu sehr abgelenkt zu werden, fragt sich der Gottesdienstkritiker am Ende: »Könnte der Talar, das reformierte Pfarrersgewand, helfen, in die noch fremde Rolle zu schlüpfen?«

Der Talar ist ein hilfreiches Instrument. Wenn bei grossen Gottesdiensten Gedränge herrscht, kommt man damit durch jeden Engpass an der Tür. Auf dem Friedhof, bei Trauungen und Konfirmationen, bei denen viele fremde oder kirchenferne Gottesdienstbesucher anwesend sind, ist er für alle, die den Pfarrer oder die Pfarrerin nicht kennen, ein sinnvoller Hinweis auf die verantwortliche Leitung.

Doch um im Bild des Gottesdienstkritikers zu bleiben: Das Kostüm allein reicht nicht aus, um eine Rolle gut zu spielen. Oder, andersherum gesagt: Einen Talar anzuziehen, macht einen noch lange nicht zum Pfarrer oder zur Pfarrerin. So wie man kein Arzt wird, nur weil man sich ein Stethoskop umhängt.

## In Bewegung bleiben

Dasselbe gilt fürs Golfspielen: Denn auch die beste Golfausrüstung macht einen nicht automatisch zum guten Golfspieler. Natürlich würde man gern das, was einem im Spiel nicht gelang, auf den schlechten Boden, die störenden Insekten oder die abgenutzten Schläger schieben, die man schon lange hätte ersetzen sollen. Aber für das, was einem gelang, und das, was danebenging, ist man in der Regel ganz allein verantwortlich. Das Werkzeug liegt in meiner Hand. Ich finde, mein Beruf und dieser Sport sind doch nicht so weit voneinander entfernt: Zu beidem braucht man Ausbildung und Erfahrung, idealerweise Begabung, vor allem

Freude an dem, was man tut. So wie man das Golfspiel nicht an einem Tag lernen kann, wird man nicht einfach schnell mal zur Pfarrerin.

Pfarrerin sein ist ein stetiger Prozess, zu dem Selbstreflexion und die Fähigkeit, sich auf Neues einzulassen, wesentlich dazugehören, ausserdem die Bereitschaft, sich mit den eigenen und fremden Zweifeln auseinanderzusetzen. Dabei ist mir mein Glaube einerseits die Kraft, die mir hilft, das Leben zu bestehen. Er ist mir Richtschnur, um mein Denken, Sprechen und Handeln je wieder neu daran auszurichten. Andererseits ist das Leben aus dem Glauben und mit dem Glauben eine belebende Provokation für das eigene moderne, naturwissenschaftliche Denken und Urteilen. Denn wir leben in einer Gesellschaft, in der eine Vielzahl von Lebensstilen und Weltdeutungen nebeneinander existieren. Wir brauchen so etwas wie Leitplanken und Orientierungspunkte, die uns helfen, aus der Fülle der Möglichkeiten auszuwählen und Position zu beziehen.

Wer glaubt, entscheidet sich für einen Weg. Der Zweifel macht es möglich, diesen Weg kritisch zu hinterfragen. Der Zweifel ist eine konstruktive Kraft – und Bertolt Brecht allemal ein Loblied wert:

> Gelobt sei der Zweifel! Ich rate euch, begrüßt mir
> Heiter und mit Achtung den
> Der euer Wort wie einen schlechten Pfennig prüft!
> Ich wollte, ihr wäret weise und gäbt
> Euer Wort nicht allzu zuversichtlich.[1]
> [...]

Darum ergänzen sich Glaube und Zweifel, wenn man seinen Lebensweg als freiheitlich denkender, selbstbestimmter und doch gläubig vertrauender Mensch gehen will. Der Lebensweg ist ein

Prozess, mit dem man niemals fertig ist, in Luthers Worten ausgedrückt: »Das christliche Leben ist nicht ein Frommsein, sondern ein Frommwerden, nicht ein Gesundsein, sondern ein Gesundwerden, nicht ein Sein, sondern ein Werden, nicht Ruhe, sondern Übung. Wir sind's noch nicht, wir werden's aber. Es ist noch nicht getan oder geschehen, […] es ist aber der Weg.«[2]

»Niemand ist in diesem Leben so vollkommen, nicht einmal ein Apostel, dass er nicht mehr und mehr vollkommen werden müsste.«[3]

Mir bereiten dagegen diejenigen Menschen Sorge, die von sich behaupten, dass sie die Wahrheit, die absolute Wahrheit gefunden hätten. Sie neigen dazu, ihre Sicht auf die Welt als die einzig richtige anzusehen, und schliessen andere Sichtweisen und Lebensformen kategorisch aus. Manche tun das so aggressiv, dass sie bereit sind, jeden Preis zu zahlen, um Andersdenkende aus dem Weg zu räumen. Die grausamen Attentate in New York, Paris, Berlin – und viele hundert Anschlagsopfer in den weniger medial beachteten Regionen dieser Welt – geben ein trauriges Bild dieser willkürlichen Selbstherrlichkeit. Zweifel schafft jedoch genügend Raum, in dem man einander mit unterschiedlichen Ansichten begegnen und sich austauschen kann, so lange, bis man eine Form der Annäherung gefunden hat, die es einem erträglich macht, miteinander zu existieren. Oder, um es drastisch mit dem deutschen Kabarettisten Dieter Nuhr zu sagen: »Wer zweifelt, detoniert nicht.«[4]

Es scheint in gewisser Weise paradox zu sein, zu glauben und gleichzeitig Zweifel zuzulassen. Natürlich möchte ich, dass wahr ist, was ich glaube, und dass es sich als lebenswert erweist. Aber was ist das für ein Glaube, der nicht einmal den Mut hat, sich selbst infrage zu stellen?

Auch Paulus stellt im Brief an die Philipper klar, dass wir immer erst unterwegs sind und noch nicht am Ziel: »Nicht dass ich es schon erlangt hätte oder schon vollkommen wäre! Ich jage ihm aber nach, und vielleicht ergreife ich es.« (Phil 3,12)

## Vertrauensvorschuss

Als wir nach der Golfrunde noch gemütlich bei einem Kaffee beisammensitzen, kommt das Gespräch wieder auf die Kirche. Ich habe schon oft beobachtet, dass die Gespräche dann schnell persönlicher und privater werden. Ich vermute, das liegt daran, dass viele Menschen in ihrer Kindheit und Jugend intensive positive oder negative Erfahrungen mit der Kirche gemacht haben oder mit ihr an Wendepunkten ihres Lebens in Berührung gekommen sind: Taufen, Hochzeiten, Beerdigungen – all diese Begebenheiten sind in der Regel mit intensiven Gefühlen verbunden. Diese Gefühle klingen in den Gesprächen über Kirche nach. Die einen lehnen die Kirche als düster, veraltet, lebensfern und zu dominant ab, für andere ist sie ein Ort des Vertrauens, an dem man seine Seele ohne Schutzmantel zeigen darf, wo freimütig und offen über das, was einen beschäftigt, mit anderen gesprochen werden darf.

Das sind noch keine Seelsorgegespräche, also Gespräche, in denen man der Seele Sorge trägt. Für die habe ich lieber ein privateres Setting, in dem ich mir auch angemessen Zeit nehmen kann. Aber grundsätzlich können solche Gespräche überall stattfinden. Hier auf der Terrasse des Golfplatzes oder, wie letzten Winter, mitten im Gala-Dinner eines Firmenjubiläums.

Ich habe meinen Mann zu einem Konzert begleitet. Anschliessend sitzen wir in grosser Runde beim stilvollen Abendessen. Mein Tischnachbar ist ein langjähriger Geschäftspartner meines Mannes. Eine gute Weile dreht sich das Gespräch am Tisch um die letzten Abschlüsse, um neue Entwicklungen und Konkurrenten, doch

langsam lassen die Männer ihre Arbeit hinter sich und beginnen, uns Frauen vermehrt ins Gespräch einzubeziehen. Eine typische Gesprächseröffnung ist die freundliche Frage: »Arbeiten Sie?« Natürlich nicht, denke ich amüsiert, ich liege den ganzen Tag auf dem Sofa, schaue Soaps und lackiere mir die Nägel … Laut antworte ich:
»Ja.«
»Was machen Sie denn?«
»Ich bin Pfarrerin.«
»Wie, so richtig, mit Hochzeiten, Beerdigungen und Gottesdienst?«
»Ja, genau.«
Erstaunlich, dass die meisten Menschen, wenn sie an Pfarrerinnen und Pfarrer denken, sich gleich den Gottesdienst dazu vorstellen. Es stimmt ja, dort nimmt man uns wahr. Diese Aufgaben gehören zum Kerngeschäft, doch machen Gottesdienste in der reformierten Kirche nur einen Teil, nicht einmal den grössten, unserer abwechslungsreichen Arbeit aus.
Nach einigen allgemeinen Statements zur Kirche fasst sich mein Gegenüber ein Herz und beginnt zu erzählen. Mitten im festlich geschmückten Saal, alles andere ringsum vergessend, spricht er vom tödlichen Autounfall seines Sohnes, von seiner Trauer und davon, wie sehr er und seine Frau heute noch darunter leiden.
Ich höre zu, staune über sein Vertrauen. Auf dem Weg zurück nach Hause fragt mich mein Mann: »Wie hast du das gemacht?«
»Was?«
»Na, dass er dir das erzählt hat. Ich arbeite schon lange mit ihm zusammen, aber das hat er mir nie erzählt.«
»Ich habe gar nichts gemacht. Nur zugehört. Dass ich Pfarrerin bin, das hat ihm gereicht.«
»Seltsam.«

Ja, seltsam, wie die Menschen auf den Beruf Pfarrer/Pfarrerin reagieren – obwohl sich die Religionslandschaft in der Schweiz sehr stark verändert hat. Vor 40 Jahren waren noch weit mehr als 50 Prozent der schweizerischen Bevölkerung Mitglieder der reformierten Kirche, heute sind es – vor allem durch den Zuwachs bei den Konfessionslosen – nur noch gut 25 Prozent. Erhalten hat sich dennoch ein gewaltiger Vertrauensvorschuss, der mir als Pfarrerin in der Begegnung mit anderen Menschen, besonders in der Seelsorge, entgegengebracht wird. Es ist, als würde die pure Nennung des Berufes »Pfarrerin«, die erinnerte Vorstellung von Seelsorge, ein Tor aufstossen, durch das sich verborgen gehaltene Lebensgeschichten Bahn brechen, zumeist die leidvoll erlebten. Dieser Vertrauensvorschuss gehört zu den erstaunlichsten Begleiterscheinungen meines Berufes. Uns wird in der Regel ganz selbstverständlich ethische Integrität zugestanden. Fremde Menschen vertrauen uns Abgründe ihres Lebens, leidvolle Erfahrungen und private Träume an, einfach, weil sie darauf vertrauen, dass wir unser Wissen nicht gegen sie nutzen. Was wir als Evangelium, als gute Nachricht predigen, wird stillschweigend genauso für unsere persönliche Lebensführung vorausgesetzt. Darauf angemessen zu reagieren ist eine grosse Verantwortung. Menschen erzählen von den Herausforderungen ihres Lebens. Sie erhoffen sich im Mindesten jemanden, der bereit ist zuzuhören. Dieses Vertrauen braucht sorgfältige Zuwendung.

## »Mülleimer der Kirchengeschichte«?

Doch nicht alle öffnen gleich ihr Herz und ihren Mund, wenn sie einem Pfarrer oder einer Pfarrerin begegnen. Diejenigen, die wenig von Kirche und Religion halten, signalisieren mitunter durch höfliches Schweigen Abneigung.

Ein Mitspieler aus der heutigen Golfrunde hat seine mangelnde Auseinandersetzung mit dem Thema »Kirche« durch die erheiternde Frage: »Sind Sie katholische oder reformierte Pfarrerin?«, offenbart.

Glücklicherweise bleibt das weitere Gespräch mit den Golfpartnern des heutigen Tages friedlich. Das hätte auch anders sein können, denn es gibt durchaus Begegnungen, in denen mir teils völlig unbekannte Menschen das Thema »Kirche« sehr kämpferisch und verächtlich behandeln. Sie greifen dabei tief in die Asservatenkammer der Kirchengeschichte: Hexenverbrennung, Inquisition, Deutsche Christen, Religionskriege, Missbrauchsfälle – ein bunter Strauss unreflektiert-zynischer Vorwürfe prasselt dann auf mich ein, auf die von meinem Gegenüber in der Regel gar keine Antwort erwartet wird. Es würde wohl einige Mühe brauchen, um die historischen Fakten auseinanderzudividieren und die inzwischen doch schon realisierten Veränderungen in den Kirchen darzulegen. Woher kommt nur diese Wut und Verachtung? Manchmal fühle ich mich wie ein »Mülleimer der Kirchengeschichte«.

Dabei können kritische Gespräche sehr fruchtbar sein, dann nämlich, wenn man ein Gegenüber findet, das sich wirklich mit der Thematik »Glauben und Kirche« auseinandersetzen mag. Durch ein solches Gespräch habe ich eine sehr gute Freundin gefunden.

Wir haben uns kennengelernt, als ihr Sohn zu mir in den Konfirmandenunterricht kam. Ihre kritische Haltung zur Kirche war das Erste, was mir bei unserem Zusammentreffen entgegenkam. Schnell führte unser Gespräch zu ihrem Bild von Pfarrern und der Kirche, bei dem sich allerdings katholische und reformierte Vorstellungen – aufgrund ihrer eigenen Biografie – munter mischten. Unsere erste Begegnung war ein intensives Ringen um gegenseitiges Verstehen. Doch sie hat sich die Mühe gemacht, sich auf das Gespräch einzulassen, und das rechne ich ihr hoch an. Denn damit Kommunikation gelingt, ist es wichtig, dass beide Seiten verstehen wollen. Das authentische Setting hat wohl dazu beigetragen, dass das Gespräch bodenständig und auf gute, alltägliche Fragen ausgerichtet blieb, denn es fand am frühen Abend in ihrer Wohnung statt, inmitten ihres alltäglich bunten Schaffens einer Künstlerin und Mutter: Das Bügelbrett stand noch offen da, ebenso in der Küche das Geschirr vom Nachtessen und auf dem Tisch lagen Schreibzeug und ein aufgeschlagenes Buch. Sie hat mich ungeschminkt und ehrlich an ihrem Alltag teilhaben lassen – und an ihrer Meinung über die Kirche. Solche Gespräche in einem ganz normalen Umfeld sind mir am liebsten.

Das gegenseitige Verständnis, das unsere Freundschaft inzwischen begleitet, ist wohl besonders unserem hartnäckigen Weiterfragen und Nachhaken geschuldet. So haben wir einen guten Boden gefunden, um über die Gegensätze hinweg, die ganz sicher da sind und vermutlich Bestand haben werden, Verbindendes zu entdecken: spirituelle Sehnsucht, Freude am Philosophieren, gemeinsame Werte, die uns wichtig sind und für die wir eintreten, selbst wenn wir anderen dafür mal auf die Füsse treten. Dazu kam mit jedem weiteren Gespräch das langsame Begreifen, dass wir mit der »Kirche« immer das meinen, was wir selbst mit Kirche erlebt haben.

## Ein Todesfall am freien Tag

Während ich nach einem entspannten Vormittag mein Equipment im Kofferraum versorge, schaue ich kurz aufs Handy, das ich im Auto gelassen hatte. Drei Anrufe in Abwesenheit. Obwohl es mein freier Tag ist, fällt es mir schwer, alle Fäden, die im Pfarramt zusammenlaufen, am freien Tag tatsächlich aus der Hand zu legen. In der Ausbildung wurde uns wiederholt nahegelegt, sich professionell abzugrenzen und Privates und Beruf zu trennen. Aber eine zentrale Aufgabe im Pfarramt besteht darin, Beziehungsarbeit zu leisten, die mich – bei aller Professionalität – als Mensch berührt und auch emotional beansprucht.

Die Menschen, mit denen ich lebe und arbeite, beschäftigen mich und fordern auch an freien Tagen ihren Tribut an Aufmerksamkeit. Dazu werfen bevorstehende Veranstaltungen und Aufgaben ihre Schatten voraus und schleichen sich in meine Gedanken.

Einer der Anrufe stammt vom Bestattungsamt der Gemeinde. Ich öffne den Anhang und meine Befürchtung bestätigt sich: Es ist die seit Tagen erwartete Mitteilung vom Tod eines Gemeindemitglieds.

Die vergangenen zwei Wochen habe ich das ältere Ehepaar einige Male besucht und sie in ihrem Abschied voneinander begleitet. Fast 60 Jahre waren sie miteinander verheiratet. Sie hatten ihr Leben intensiv aufeinander ausgerichtet, vor allem seit er nach der Pensionierung den ganzen Tag zu Hause war. Das war anfangs gar nicht so leicht, doch sie haben bewusst versucht, sich noch einmal ganz neu aufeinander einzustellen. 25 Jahre haben sie beide dann noch glücklich und bei bester Gesundheit miteinander ihren Ruhestand geniessen können. Doch seit dem vergangenen Sommer war klar, dass sein schwächer werdendes Herz nicht mehr lange schlagen würde. Wie bitter es ist zu wissen, dass man die eine bald allein zurücklassen wird, sie wiederum ihm, bei all ihrer Sorge und liebevollen Zuwendung, seinen Schmerz und seine in Wellen anrollende Angst vor dem Sterben nicht abnehmen kann. Die Ohnmacht gegen den Tod war mit Händen zu greifen. Doch sobald die regelmässig verabreichten Schmerzmittel ihre Wirkung entfalteten, entspannte sich der Sterbende. Humorvoll und charmant erinnerte er an schöne und fröhliche Geschichten aus der Vergangenheit und hat mir noch auf seinem Sterbebett das »Du« angeboten. Im traurigen Wissen um das nahe Ende solch heitere Stunden an einem Sterbebett zu verbringen, war sehr berührend. Wir konnten nicht mehr tun, als dem Sterbenden noch die eine oder andere hilfreiche Handreichung zukommen zu lassen – ein Kissen aufschütteln, einen Schluck Wasser geben. Einfach bei ihm sein. Seine Frau hat treu und bis an die Grenzen ihrer Kraft Nacht und Tag bei ihm gewacht.

Nun halte ich die Nachricht seines Todes in Händen. Rasch überfliege ich in Gedanken, ob heute noch etwas Besonderes ansteht – nichts, was nicht aufgeschoben werden kann. Ich wähle die Nummer seiner Frau und frage sie, ob ich auf dem Rückweg noch kurz bei ihr vorbeischauen soll. Sie klingt müde, traurig, aber sie ist sehr gefasst. Sie erzählt, dass er am Ende friedlich einschlafen konnte und jetzt noch aufgebahrt zu Hause liegt.

Wir verabreden uns, dass ich gleich jetzt zu ihr kommen werde, auch wenn ich noch im Sportdress bin. Ich möchte selbst noch Abschied nehmen, bevor der Bestatter ihn abholen wird.

Es reut mich nicht um diese Zeit an meinem freien Montag. Ein Vorteil in meinem Beruf besteht darin, dass ich mir meine Arbeitszeit weitestgehend selbst einteilen kann. Und jetzt will ich mir die Zeit nehmen für den Besuch im Trauerhaus.

Pfarrerin sein ist mehr als ein Job von acht bis fünf. Es ist erstaunlich, wie vage die Vorstellungen darüber sind, wie man Pfarrerin oder Pfarrer wird und welche Arbeitsbereiche konkret zu diesem Beruf gehören. Einige sind sehr überrascht, wenn sie realisieren, dass Matur, Universitätsstudium und die ausführliche praktische Ausbildung je nach sprachlicher Vorkenntnis gut sieben Jahre dauern – in Deutschland sogar bis zu neun Jahre. Schülerinnen und Schüler antworten auf die Frage: »Was tut eigentlich eine Pfarrerin den ganzen Tag?«, üblicherweise: »Beten«, »In der Bibel lesen« und »Am Sonntag Gottesdienst halten«.

Die in der Zürcher Kirchenordnung offiziell vorgesehenen 48 Stunden Arbeitszeit pro Woche füllen sich jedoch schnell mit weiteren Aufgaben, meistens ungeplant, so wie heute. Wir arbeiten mit Menschen und ihren Lebenssituationen, die richten sich nicht immer nach einem vorgegebenen Terminplan.

## Leben an der »Pfnüselküste«

Der Verkehr schiebt sich quälend langsam durch die Zürcher Innenstadt, aber als ich endlich die Häuserschluchten der Stadt hinter mir habe, werde ich mit einer bilderbuchreifen Aussicht belohnt. Vor mir liegt der Zürichsee und an diesem sonnigen und klaren Tag wandert der Blick ganz automatisch über die Wasserfläche in die Ferne zu den schimmernden Glarner Alpen. In wenigen Fahrminuten erreiche ich, dem linken Zürichsee-Ufer folgend, kurz hinter der Stadtgrenze Rüschlikon.

Seit 2005 arbeite ich hier als Pfarrerin in der reformierten Kirche. Dicht an dicht schmiegen sich die Häuser an den Hang des Zimmerberges. Man sieht gar nicht genau, wo das Dorf anfängt und wieder aufhört. Die einzelnen Seegemeinden gehen direkt ineinander über, so dicht sind die Ufer bebaut. Die Stadt ist so nah, dass sich die gut 5500 Einwohner beruflich und in der Freizeit stark auf sie ausrichten. Für einen guten Teil der Bevölkerung ist Rüschlikon mehr oder weniger Schlafort. Allerdings ein exquisiter Schlafort, denn die idyllische Lage am See sowie die gute Anbindung Richtung Zentralschweiz und Flughafen machen den Ort zu einer begehrten Wohnlage. Das zeigt sich in der wachsenden Expat-Community. Mehr als 40 Nationen sind im Dorf vertreten. Immer noch spricht man von dieser Region als der »Pfnüselküste«, die, anders als die gegenüberliegende »Goldküste«, früher am Abend im Schatten des Zimmerbergs versinkt. Doch der sehr niedrige Gemeindesteuersatz hat einen eigenen Glanz und sorgt dafür, dass der stete Strom von Neuzuzüglern anhält.

## Trauer ist Leben in Zeitlupe

Von der Seestrasse biege ich in die steile Dorfstrasse ein, an den schmucken Häusern des alten Dorfkerns vorbei geht es weiter bergauf bis zum Trauerhaus.

Ich bin froh, dass an diesem Nachmittag keine fixen Termine mehr anstehen. Besuche wie der nun bevorstehende brauchen Zeit, denn Trauer verändert die Menschen. Es ist, als gingen alle Uhren plötzlich langsamer. Jeder Lebensvollzug braucht mehr Zeit als sonst: das Nachdenken, die Erinnerung, das Planen in die Zukunft, die alltäglichen Routinearbeiten. Dennoch wird von den Angehörigen erwartet, dass sie gerade in den ersten Tagen nach dem Tod sehr vieles sehr schnell erledigen: den Gang zum Bestattungsamt, Verwandte und das weitere Umfeld über den Todesfall informieren, eine Traueranzeige aufgeben, ein Leidzirkular schreiben, die Trauerfeier organisieren. Das fühlt sich oftmals fremd und falsch an, denn zunächst einmal ist es bitter-traurig, einen geliebten Menschen zu verlieren.

Als die Witwe mir die Tür öffnet, ist zu spüren und zu sehen, wie viel Kraft es sie kostet, ruhig und gefasst zu sein. Sie begrüsst mich mit einem Lächeln, doch ihre Hände zittern, als sie uns kurz darauf eine Tasse Tee eingiesst.

Sie erzählt von den letzten Stunden, vom endgültigen Abschied und ihrer Sorge, nun ganz allein dazustehen. Tausend Gedanken schwirren ihr wohl durch den Kopf, einige spricht sie laut aus: »Heute Abend wollen wir die Traueranzeige aufsetzen. Ich weiss noch gar nicht, was wir schreiben sollen«, »Wer organisiert eigentlich die Blumen in der Kirche? Müssen wir das machen, oder macht das der Sigrist?«. Dann sind ihre Gedanken wieder bei ihrem Alltag, der durch den Tod ihres Mannes nun so verändert ist: »Wie wird das wohl sein ohne ihn?« Ich lasse ihr Zeit, höre zu. Es braucht keine Durchhalteparolen wie: »Das schaffst du schon!«, oder: »Das wird schon wieder!«. Ihre Welt ist auseinandergebrochen. Sie hat einen schrecklichen Verlust erlitten. Ihre Trauer braucht Raum und Zeit. Ich mag hier am Tisch in der Küche neben dem Sterbezimmer auch nicht vorschnell von Gott sprechen und einen Wortteppich über ihren Schmerz ausbreiten. Stille breitet sich im Raum aus. Wir schweigen und wissen beide, dass ich ihr ihre Trauer nicht abnehmen kann, doch es tröstet, dass unser Schweigen angesichts des Todes für diesen Moment eingebettet ist in Gemeinschaft.

Schliesslich unterbricht sie die Stille und fragt: »Möchtest du noch einmal zu ihm gehen und ihn sehen?«

Ja, ich will gern von ihm Abschied nehmen. Er sieht friedlich aus, erlöst. Liebevoll hat sie eine Blume auf sein Kopfkissen gelegt.

Lange stehen wir still neben seinem Bett.

»Möchtest du«, frage ich sie nach einer Weile, »dass ich ein Gebet spreche?«

»Ja, bitte, das wäre schön.«

»Der Herr ist mein Hirte,
mir wird nichts mangeln.
Er weidet mich auf einer grünen Aue
und führt mich zum frischen Wasser.
Er erquickt meine Seele.
Er führt mich auf rechter Strasse um seines Namens willen.

Und ob ich schon wanderte im finsteren Tal,
fürchte ich kein Unglück; denn du bist bei mir, dein Stecken und Stab trösten mich.
Du bereitest vor mir einen Tisch
im Angesicht meiner Feinde. Du salbst mein Haupt mit Öl und schenkst mir den Becher voll ein.
Gutes und Barmherzigkeit werden mir folgen mein Leben lang,
und ich werde bleiben im Hause des Herrn immerdar.«

In solchen Momenten erweist sich die Tragkraft der uralten Gebete und biblischen Überlieferung. Laut spreche ich den 23. Psalm und danke im Stillen meinem früheren Pastor, der darauf bestanden hat, dass wir im Konfirmandenunterricht diesen Psalm – damals unter Zetern und Klagen – auswendig lernten. Am Ende habe ich diesen Psalm als persönliches Konfirmationswort gewählt, weil mich schon damals die Zuversicht des Psalmbeters getröstet hat.

Zu der Zeit war es nur so etwas wie ein Ahnen, dass diese Worte in meinem Leben eine Bedeutung haben könnten. Inzwischen habe ich die einzelnen Zeilen mit der Geschichte meines Lebens verbunden und teile die stille Zuversicht dieses Gebetes, das seit mehr als 2500 Jahren Menschen in den Höhen und Tiefen ihres Lebens begleitet.

Während meiner ersten praktischen Erfahrungen in meinem Beruf ist es mir schwergefallen, in Situationen wie diesen direkt von Gott zu sprechen. Erst als ich mein eigenes Leben selbst intensiver mit den biblischen Worten und Glaubensaussagen verbunden habe, war es mir möglich, Gott auch sprechend ins Spiel zu bringen, ohne das Gefühl zu haben, etwas Aufgesetztes zu tun.

Eine Weile stehen wir noch still, doch es ist in aller Traurigkeit eine gute Stille, ein getrostes Schweigen.

Die uralten Worte haben uns daran erinnert, dass der Tod nicht nur ein Endpunkt ist, sondern im Glauben eine Station auf unserem Weg mit Gott.

Leise gehen wir aus dem Zimmer und verabreden, wann wir uns treffen wollen, um gemeinsam mit ihren Kindern, mit denen wir die Abdankungsfeier vorbereiten wollen, das Trauergespräch zu führen. Nachdem ich erfahren habe, dass heute Nacht eine Verwandte bei ihr schlafen wird und sie nicht allein zu sein braucht, mache ich mich auf den Heimweg.

Nach der dichten Stille im Trauerhaus kommt mir die Welt ringsum sehr laut und grell vor. Besonders das Gedränge im Supermarkt, in dem nach Feierabend nun viele gehetzt ihre Einkäufe erledigen, wirkt befremdend. Ich brauche ein paar Augenblicke, um meine Gedanken zu sammeln und im Kopf die Einkaufsliste beieinanderzuhaben, die ich mir für diese Woche überlegt hatte. In meinem Einkaufswagen stapele ich gleichzeitig die Lebensmittel für zwei verschiedene Einkäufe auf – der eine für uns privat, der andere mit Lebensmitteln, die für einen Apéro morgen in der Kirche bestimmt sind.

Endlich habe ich auch die Schlange an der Kasse hinter mir gelassen (in der mir der Gedanke kam, dass sich über die »Warteschlange« und die Verführung auf den letzten Metern vielleicht auch einmal eine Predigt machen liesse). Jetzt freue ich mich darauf, nach Hause zu kommen.

## »Gott ist zwischen den Kochtöpfen«

Das Rüschliker Pfarrhaus ist eine typische Zürichsee-Villa. 2014 haben wir die Gemeinde zum grossen Pfarrhausfest eingeladen, mit Jubiläumskonzert und einem Buffet, das so prächtig wurde, weil alle Gäste etwas dazu beigesteuert haben. Fast auf den Tag genau vor 150 Jahren hatte Pfarrer Usteri das Haus am 28. August 1864 feierlich eingeweiht. Mit diesem Pfarrhaus hatte es eine besondere Bewandtnis, denn der Zürcher Regierungsrat hatte den Rüschlikern auferlegt, dass sie erst aus dem Status einer Filialgemeinde von Kilchberg herauskämen, wenn sie einen eigenen Pfarrer im Ort hätten. Das wollten sie erreichen und begannen zu bauen.

Am 16. Juli 1864 wies die Schlussabrechnung für das Haus inklusive Liegenschaft, Brunnen und Gartenhaag den für heutige Verhältnisse sagenhaften Betrag von 37 965,54 Franken aus. Ihre Unabhängigkeit von der Nachbargemeinde war den Rüschlikern so viel Wert, dass sie etliches an Mühe und Geld aufbrachten, um dem Pfarrer, der sonst von ausserhalb mit dem Boot, zu Fuss oder mit dem Pferd in die Gemeinde kam, ein eigenes Heim zu bauen. Seither haben neun Pfarrer mit ihren Familien hier gelebt. Mit mir als zehnter ist die erste Pfarrerin in diese altehrwürdigen Mauern eingezogen. Wir bewohnen das geräumige Haus zu dritt, in dem auch das Pfarrbüro und ein Besuchszimmer liegen. Besonders schön ist, dass dieses Haus eine geräumige, grosse Küche hat.

An der Küchentür hängen Kinderbilder, die mir Schülerinnen und Schüler in den vergangenen Jahren haben zukommen lassen. Mein Lieblingsbild zeigt einen Querschnitt durch die Arche Noah.

Beim »Fiire mit de Chliine«, einem Kindergottesdienst für Kinder bis sieben Jahre, haben wir vor einigen Jahren einen Morgen zum Thema »Arche Noah« gestaltet. Die Kinder haben ihre eigenen Kuscheltiere mitgebracht und spielten lebhaft mit, um alle Tiere und Menschen vor der drohenden Flut in Sicherheit zu bringen. Kinder können sich in diesem Alter noch völlig ungehemmt auf die mythologischen Geschichten der Bibel einlassen. Die grosse Rettungsaktion hat wohl noch in einer Sechsjährigen nachgewirkt.

Wenige Tage später überreichte mir die kleine Künstlerin ihr detailreiches Kinderbild der Arche. Stolz und eifrig erklärte sie, welche Tiere in welchem Raum des dreistöckigen Schiffes untergebracht sind. Ganz oben rechts, gleich neben zwei Giraffen, die natürlich den Kopf stark gebeugt halten, damit sie überhaupt hineinpassen, sind zwei dicke schwarze Punkte nebeneinander angebracht. Als ich sie fragte, was das für Tiere seien, deutete sie mit dem Finger darauf: »Das sind zwei Zecken!«

Das erklärt natürlich, warum diese kleinen Plagegeister immer noch in der Welt sind. Seither hängt dieser einzigartige Hinweis an meiner Küchentür und erinnert mich daran, dass Kinder viel offener und selbstverständlicher allen Lebewesen einen Platz lassen, als Erwachsene das tun, die gern Nutzen und Gefahren abwägen, bevor sie helfen. Ich bin jedoch froh, dass es die beiden einzigen Zecken in diesem Raum sind.

Die Küche selbst ist zweckmässig und solide gearbeitet. Vor mehr als 25 Jahren hat eine Kirchenpflege hier gemeinsam mit dem damaligen Pfarrehepaar viel Zeit und Geduld investiert, um diesen Raum so sinnvoll und schön es eben geht im Rahmen der damaligen Möglichkeiten und Mode zu gestalten. Ich bin ihnen dankbar, dass sie ihn so schlicht gehalten haben.

Dieser Raum bleibt mir der liebste im ganzen Haus. Vielleicht liegt das daran, dass ich in einem Haus aufgewachsen bin, in dem die Küche das Zentrum des Hauses und des Familienlebens war. Durch meinen Beruf komme ich bei Besuchen in viele Häuser. Ich darf an festlich gedeckten Tischen Platz nehmen, auf bequemen Sofas, auf vergoldeten Brokatstühlen und einfachen Knautschsesseln. Hier in Rüschlikon habe ich bei solchen Besuchen so manches Mal sogar eine fantastische Aussicht auf den See. Doch der allerliebste Ort, an dem ich mit jemandem reden mag, ist mir die Küche. Hier werden die Gespräche schnell ganz »normal«, einfach und ehrlich. Es ist, als wären nicht nur die Zutaten zum Kochen in greifbarer Nähe, sondern auch die Ingredienzien des Lebens: Freude und Leid, Gemeinschaft und Enttäuschung, Zuversicht und Dank.

Ich versorge meine Einkäufe, die ich auf dem Nachhauseweg gemacht habe, und mache mich daran, den Apéro für das morgige »Forum« in der reformierten Kirche vorzubereiten. Dieses Mal habe ich keine Freiwilligen dazugebeten, um mir bei der Vorbereitung der kleinen Leckereien zu helfen. Ich will ganz in meinem eigenen Rhythmus arbeiten. Kochen ist eine faszinierende Tätigkeit und zählt definitiv zu meinen Hobbys. Es ist spannend, verschiedene Zutaten zu etwas Neuem zu verbinden, ausserdem kann ich meine Gedanken leicht auf die Reise schicken, wenn die Hände mit routinierten Arbeiten beschäftigt sind.

Ich weiss, dass jeder Pfarrer und jede Pfarrerin eigene Stärken und Gaben hat. Wir alle erfüllen unsere Aufgaben im je eigenen Stil. Ich persönlich arbeite neben den Begegnungen mit den Menschen und den kognitiven Aufgaben im Pfarramt auch gern kreativ und praktisch. Obwohl unsere Ausbildung – zugegebenermassen – sehr kopflastig ist. Im Theologiestudium werden meterweise Bücher gewälzt. Doch die Berufspraxis sieht anders aus und wer sich ein Pfarramt als friedliche Idylle eines Bücherwurms vorstellt, darf sich getrost von diesem Gedanken verabschieden.

Natürlich liebe ich die Gelegenheiten, in denen ich mich, wie zu Studienzeiten, mit einem guten Buch oder einer spannenden theologischen Herausforderung zurückziehen kann, um meiner eigenen Seele und Spiritualität Sorge zu tragen. Diese Zeiten des Gebetes und der Stille dienen der persönlichen Vertiefung im Glauben.

Doch in der Regel geschieht die intensivste Auseinandersetzung mit dem Glauben dort, wo sich Menschen begegnen, im ganz normalen Alltag, so wie heute Nachmittag im Trauerhaus. Darum kann und will ich mich als Pfarrerin nicht hinter meinen Büchern verstecken. Wer erwartet, dass Pfarrer und Pfarrerinnen fromme Leute sind, dem sage ich gern, dass Frömmigkeit weniger etwas mit Mode, Frisuren, religiös verbrämter Sprache oder Rückzug aus dieser Welt zu tun hat. Frömmigkeit ist im Gegenteil die weltzugewandte Bereitschaft, Gott im eigenen Alltag zu suchen und zu erwarten. Und zwar jeden Tag, nicht nur sonntags oder an Feiertagen.

Darum schätze ich die spanische Mystikerin Teresa von Ávila. Sie erklärte ihren Mitschwestern, dass Gott überall zu finden sei, selbst zwischen den Kochtöpfen:

> »Betrübt euch nicht! Wenn ihr verpflichtet seid, ›äussere‹ Aufgaben zu übernehmen, so bedenkt, dass euch der Herr auch in der Küche inmitten der Kochtöpfe nahe ist und euch sowohl innerlich wie äusserlich beisteht.«[5]

Mir persönlich gefällt die bodenständige, sehr tiefe und tragende Alltagsspiritualität dieser Mystikerin des 16. Jahrhunderts. »Gott ist zwischen den Kochtöpfen« bedeutet, dass es eigentlich egal ist, wo und bei welcher Tätigkeit wir Gott nahekommen können, wenn wir es nur authentisch tun.

Ich kann sehr wohl während des Kochens die Zutaten zusammenrühren, geschäftig in der Küche hin und her rennen und darauf bedacht sein, dass das Essen schmackhaft ist und pünktlich auf den Tisch kommt. Doch in dieser Zeit ist es ebenso möglich, ganz und umfassend Gott zu erleben. Warum auch nicht? Was erwarten wir denn von einer Gottesbegegnung?

Ich für meinen Teil erwarte Heilung. Heilung wiederum bedeutet, dass das Leben, welches oft so bruchstückhaft vor Augen liegt, einen Moment lang ganz und vollkommen ist. Es sind die Gelegenheiten, in denen dem Leben selbst nichts hinzugefügt zu werden braucht, selbst wenn die Suppe, die gerade gekocht wird, noch eine Prise Salz gebrauchen kann. Gott so zu begegnen ist durchaus einfach und braucht kein pompöses oder besonders eindrückliches Umfeld. Natürlich gibt es Orte und Zeiten, an denen es leichter ist, weil wir gewohnt sind, uns selbst besser auf Gott auszurichten. Der sonntägliche Kirchgang ist dafür ein anschauliches und vertrautes Beispiel. Aber in der Küche geschieht ganz einfach, was in der Kirche gepredigt wird: Menschen kommen zusammen, sitzen an einem Tisch, teilen Brot und Wein – erleben Gemeinschaft und gehen gestärkt wieder auseinander.

Einmal, es war mitten im Winter, haben wir eine Frau zu Grabe getragen. Sie hatte sich mit ihrem Mann auf die gemeinsame Zeit der Pensionierung gefreut. Die Freude währte nur kurz, dann kam die Krebsdiagnose. Es ging ganz schnell. Nur drei Monate, und ihre Zukunftspläne zerstoben wie Rauch im Wind. Der Witwer blieb allein in dem schmucken kleinen Häuschen zurück. Nur wenige Wochen später starb die Frau eines weiteren Rentners im gleichen Quartier. Einige Wochen gingen ins Land, der Frühling hatte gerade zaghaft Einzug gehalten, als ein dritter Mann aus diesem Quartier von seiner Frau Abschied nehmen musste. Auch er blieb einsam in seinem Ruhestand zurück. Eine Zeit lang schaute ich nach den Beerdigungen ab und zu bei den Männern vorbei. Staunend realisierte ich, dass sie viele Jahre im gleichen Quartier miteinander lebten und fast nichts oder gar nichts voneinander wussten. Ihre Frauen hatten sich gekannt. Nun waren sie fort – und mit ihnen auch einiges Knowhow. Die drei Männer gehörten noch zu einer Generation, in der die Frauen den Haushalt komplett für sie geführt hatten, und taten sich schwer mit der neuen Rolle. Einer der Männer wurde mit der Zeit zunehmend »weniger«. Da lud ich sie ein, miteinander zu kochen. Anfangs waren sie recht skeptisch, aber schon beim ersten Treffen realisierten sie, dass sie alle die gleichen Defizite im Haushalt hatten, und mühten sich redlich, gut zu kochen – sie wollten ja schliesslich auch geniessen, was sie da anrichteten. Die gemeinsame Arbeit liess sie schnell vertrauter miteinander werden, ebenso das Gastrecht, das sie sich gegenseitig gewährten. Sie haben angefangen, einander besser kennenzulernen, auch ein wenig von ihrer Geschichte erzählt und ihre Trauer geteilt.

Noch zwei weitere Male haben wir zusammen gekocht. Nichts Besonderes. Einfache Mahlzeiten. Sie fanden Freude daran. Dann habe ich die Gemeinde verlassen und mein Studium wieder aufgenommen. Ich weiss nicht, ob sie sich danach noch weiter getroffen haben; wir haben damals viel gelacht, und wenn es einen guten Geist gibt, der Menschen verbindet – in dieser Küche war er an jenen Mittagen zu spüren: einfach, schlicht und heilsam.

## Glauben ist vernünftig …

Die Antipasti stehen für den morgigen Apéro im Kühlschrank bereit. Das mittelschwere Schlachtfeld in der Küche habe ich wieder aufgeräumt und sitze nun mit meinem Mann bei einem guten Glas Wein zusammen. »Wie war dein Tag?«

Wir erzählen uns von den wichtigen und weniger wichtigen Erlebnissen des Tages und kommen langsam zur Ruhe.

Weder er noch ich haben einmal erwartet oder danach gestrebt, eines Tages in einem Pfarrhaus zu leben. Meine Gedanken gehen zurück in die Zeit, als ich die Weichen dafür gestellt habe, schliesslich hier anzukommen.

Was bei mir mit einer allgemeinen Faszination an der Religiosität der Menschen begann, führte zu einer intensiven Auseinandersetzung mit den Wurzeln des christlichen Glaubens. Erst an der Universität habe ich richtig begonnen, biblische Texte zu lesen, nachdem wir Griechisch und Hebräisch gelernt hatten, auch in den Urtexten. Unsere Professoren und Professorinnen haben uns wissenschaftliche Sorgfalt nahegelegt, die weit entfernt von einer rein intuitiven Erfassung des Textes lag. Das war meist ein ausgesprochen mühsames Prozedere, doch auf diese Weise konnten wir über die Erzähltextebene hinaus die Tiefenstruktur und Verankerung der Texte im historischen Kontext erkennen. Hinter jeder Geschichte stehen Autoren, Redaktoren, ein Zeitgeist, historische Ereignisse, Rahmenbedingungen und eine Überlieferungsgeschichte.

Es war eine spannende Detektivarbeit. Heute noch fasziniert mich, beispielsweise bei der Vorbereitung einer Predigt, die Spurensuche – nach der Intention eines Textes, nach seiner Entstehungs-, seiner Wirkungs- und seiner Deutungsgeschichte.

Ich weiss, dass nicht jeder das Privileg hat, eine solche Ausbildung zu geniessen. Doch es erschüttert mich jedes Mal, wenn jemand versucht, die Bibel und alle darin enthaltenen Aussagen als irrtumsfrei darzustellen. Dahinter steht die sogenannte »Verbalinspiration«, die Vorstellung, dass Gott selbst dem Schreiber die Worte diktiert hat, so wie sie heute in der Bibel stehen. Alles, was dort steht, ist darum wörtlich und als wahr anzunehmen. Ich habe aber Mühe damit, mir vorzustellen, dass Gott die Welt in sieben Tagen geschaffen hat. Interessanter finde ich die Tatsache, dass die Reihenfolge der Schöpfungsakte der aktuellen wissenschaftlichen Erkenntnis von der Entstehung des Lebens auf unserer Erde entspricht: Licht – Wasser – Erde – Pflanzen – Tiere – Mensch. Dass Menschen solches Wissen vor mehr als 2500 Jahren in ihre Schöpfungsmythen einfliessen liessen, ohne unsere naturwissenschaftlichen Methoden und Erkenntnisse zur Verfügung zu haben, das fasziniert mich.

Spannend ist auch zu erforschen, wie Glaubenserfahrungen in der Weltgeschichte Gestalt annehmen, zu Glaubensbekenntnissen und schliesslich zu Lebenshaltungen werden, die das Denken und Streben einzelner Menschen und Gesellschaften massgeblich bestimmen. Aber einfach ohne weiteres Nachdenken biblische Texte eins zu eins als historische Wahrheit anzunehmen, das widerstrebt mir.

## ... und zweifeln Pflicht

Als Konfirmandin habe ich mich vehement geweigert, im Gottesdienst alle Zeilen des apostolischen Glaubensbekenntnisses mitzusprechen. Das Glaubensbekenntnis ist in der lutherischen Tradition, in der ich aufgewachsen bin, fester Bestandteil der Liturgie. Ausdrücke wie »Geboren von der Jungfrau Maria«, »Auferstanden von den Toten« und »Gemeinschaft der Heiligen« blieben mir gleichsam im Halse stecken und ich schwieg an diesen Stellen. Eine ältere Frau aus unserem Dorf, in deren Haus ich ein und aus ging, stand einmal neben mir im Gottesdienst, bemerkte mein Schweigen, stiess mich spürbar mit dem Ellbogen in die Seite und flüsterte gepresst: »Warum sprichst du nicht alles mit?«

Ja, warum? – Weil ich mich geweigert habe, Worte nachzubeten, die ich für falsch hielt. Mein liebstes Schulfach war Biologie, darum wollte es mir partout nicht in den Kopf, wie eine Jungfrau ein Kind gebären kann.

Noch weniger hätte ich mit der »ewigen Jungfräulichkeit Marias« anfangen können, wie sie die katholische Kirche zum Dogma erhoben hat. Schliesslich berichtete der Evangelist Markus, dass Jesus Geschwister hatte (Mk 3,31 / Lk 819). Mein logisches Denken nahm Anstoss an diesen Widersprüchen. Welche Erleichterung bedeuteten die Erkenntnisse der Religionsgeschichte, die aufzeigten, dass das Motiv der Jungfrauengeburt eines Gottes auch ausserhalb des Christentums im antiken Denken durchaus verbreitet war.[6] Darüber hinaus schuf das Zusammenspiel von systematischer Theologie und Exegese ein Verständnis dafür, warum die Jungfräulichkeit Marias derart überhöht worden war: Die Verheissung des Propheten Jesaja (Jes 7,4) sprach nur davon, dass eine »junge Frau« den Retter zur Welt bringen würde. Im Hebräischen steht dort einfach »ha almáh«, junge Frau. Als man das Alte Testament in den jüdischen Diasporagemeinden des antiken Mittelmeerraumes im 3. und 4. vorchristlichen Jahrhundert ins Griechische übersetzte, wurde diese Stelle mit »parthénos« übersetzt, was vornehmlich Jungfrau bedeutet. Doch erst als die junge christliche Gemeinde das Prophetenwort in Jesus erfüllt glaubte (Mt 1,23), wurde die Jungfrauengeburt als Betonung der Göttlichkeit Jesu relevant und immer weiter ausgearbeitet. Mir persönlich ist das nie wichtig gewesen. Für mich büsst Jesus nichts an seiner Bedeutung ein, wenn ich mir vorstelle, dass er im Rahmen normaler menschlicher Sexualität gezeugt wurde. Wichtiger und tragfähig ist, dass Jesus die Beziehung zwischen Gott und Mensch so eng knüpft, dass Gott nicht mehr fern über den Menschen thront, sondern so eng mit uns verbunden ist, dass wir ihn »Vater« nennen, wenn wir beten.

Im Studium ist mir klar geworden, dass das kritische Hinterfragen der Quellen und Traditionen diese nicht zwangsläufig weniger wichtig, sondern mit wachsendem Wissen um die Hintergründe glaubwürdiger macht.

So habe ich lustvoll an gedanklichen Lehr-Gebäuden gerüttelt, sie auf ihre Standfestigkeit hin überprüft, habe Dogmen und Bekenntnisaussagen hinterfragt. Dass ich daran so viel Freude hatte, ist zu einem grossen Teil auch meinem Religionslehrer geschuldet. In seinem Unterricht bekamen wir keine fertigen Antworten, sondern er lehrte uns primär eigenständiges Denken und selbst Nachforschungen anzustellen. Wir begriffen, dass unsere Fragen und Zweifel zu einem präzisen Werkzeug werden konnten, einem scharfen Instrument, das sich auch mit Temperament und Witz führen lässt, um eine persönliche Wahrheit zu finden.

Eine flüchtige Wahrheit, zugegeben, denn der Zweifel lehrt eben, dass nur die permanente Auseinandersetzung verhindert, in träger Routine und Fundamentalismus zu erstarren.

Ich war damals noch weit davon entfernt, mich mit der gleichen Selbstverständlichkeit wie heute als gläubige Christin zu begreifen. Leider zeigte meine damalige Hannoversche Landeskirche wenig Interesse an den Studienanfängern. Die erste aktive Kontaktaufnahme seitens der Kirche bestand in einem Brief an die Erstsemester, in dem sie mir alles Gute im Studium wünschten, mich aber darauf hinwiesen, dass ich aufgrund der hohen Studienanfänger-Zahlen im Fachbereich Theologie (292 allein in Göttingen) damit rechnen müsse, später keine Anstellung in der Landeskirche zu finden. Ein herzliches Willkommen sieht anders aus. Das Gefühl, mit meinen Fragen allein zu bleiben, wuchs. Es gab Momente, in denen ich mein Studium wieder hinschmeissen wollte, obwohl ich differenzierte und ausgeklügelte Diskussionen liebe. In den Seminaren haben wir eloquent über den Glauben schwadroniert, über dessen Geschichte, über Glaubensbekenntnisse und seine Wirkung. Mich aber trieb die einfache Frage um: Wie kommt man zum Glauben?

## Der »Sprung des Glaubens«

Ich war interessiert, meine Familie hatte mir eine offene Haltung und grundlegende christliche Werte vermittelt, aber beim Glauben stand ich wie vor einer Wand und hatte das Gefühl, dass alle, die glauben, sich in einem geschlossenem System bewegen: Entweder man war drin, oder man war draussen. Vielleicht war ich doch zu leichtsinnig in dieses Studium eingestiegen, denn ich wollte mit Vernunft nachvollziehen können, was sich stets als Geschenk Gottes (Eph 2,8) oder als Zirkelschluss (Röm 1,17: aus Glauben zum Glauben) präsentierte. Es dauerte keine drei Semester, bis ich im Systematik-Seminar über die »Theologie der lutherischen Bekenntnisschriften« sogar das Missfallen meiner Kommilitoninnen und Kommilitonen auf mich zog, weil ich eine hoch ausdifferenzierte Diskussion unterbrach und von ihnen nur eines wissen wollte: »Wie seid ihr zum Glauben gekommen?«

In empörten Antworten wurde ich darauf verwiesen, dass wir hier an der Uni seien und einen gewissen akademischen Anspruch hätten. Plötzlich kam ich mir sehr dumm vor und hätte mich am liebsten wie ein Mäuschen im Loch verkrochen. Der Professor griff in die Diskussion ein und gab allen eine Hausaufgabe: »Zur nächsten Stunde bereiten Sie bitte alle eine Antwort auf die Frage ›Wie bin ich zum Glauben gekommen?‹ vor!«

Die Kommilitonen und Kommilitoninnen erzählten in der darauffolgenden Stunde Lebensgeschichten, Geschichten, in denen sich Alltägliches mit der Erfahrung einer ausserhalb von einem selbst stehenden Macht oder Grösse verbanden. Zugegeben, diese Gesprächsrunde war tatsächlich weniger akademisch, dafür sehr authentisch und lebendig. Im Nachhinein mag es ziemlich beschränkt erscheinen, dass mir nicht schon vorher klar geworden war, dass Glauben immer ein persönliches, ein individuelles Erlebnis ist. Er lässt sich nicht wie ein empirisches Experiment mit bestimmten Handlungen beweisen oder aus Ritualen, klugen Gedanken und Theorien zur eigenen Verwendung erschliessen. Er spiegelt sich in Lebensgeschichten, wird glaubhaft und vertrauter aus der Glaubwürdigkeit der jeweiligen Beziehung zu denen, die glauben und diesen Glauben auch zur Sprache bringen. Wie Hannah Arendt es ausdrückte: »Denn was immer Menschen tun, erkennen, erfahren oder wissen, wird sinnvoll nur in dem Maß, in dem darüber gesprochen werden kann.«[7] In meinem persönlichen, eher kirchenfernen Umfeld war für das Sprechen »aus dem Glauben« bisher wenig Raum vorbehalten gewesen. Mir wurde diese Stunde darum zum Schlüsselerlebnis, denn mich beruhigte die ausgesprochene religiöse Verschiedenheit meiner Mitstudenten, die wir zuliessen und aushielten. Die einen erzählten vom elterlichen Pfarrhaus, andere von aktiven kirchlichen Jugendgruppen, wieder andere von tragischen Ereignissen oder spiritueller Sehnsucht. Die individuelle Einzigartigkeit wahrzunehmen, in der sich Glauben im Leben äussert, machte ihn für mich einerseits anschaulich und nachvollziehbar, andererseits nahm sie mir die Angst, mich im Glauben selbst zu verlieren. In dieser Vielfalt ahnte ich auch Platz für mich. Und mit der Bereitschaft, mir mich selbst als gläubigen Menschen vorzustellen, konnte ich es plötzlich probieren, mich je länger je mehr in den Zirkel des Glaubens hineinzubegeben, mich also zu Kierkegaards berühmtem »Sprung des Glaubens« zu entscheiden.[8]

Als hilfreich erlebte ich dabei die Rechtfertigungslehre des evangelischen Glaubens, die zuliess, meine persönlichen Zweifel und Fragen mit in diesen Sprung hineinzunehmen. Bei Martin Luther und seiner grossen Glaubenskrise vor seiner befreienden Entdeckung der Rechtfertigung fühlte ich meine Zweifel aufgehoben. Daran konnte ich anknüpfen. Nur habe ich, anders als er, nicht nach einem gnädigen Gott für mich gesucht. Ich habe überhaupt nach Gott gesucht. Durch Luthers befreiende Erfahrung, dass Gottes Gerechtigkeit nicht darin besteht zu richten, sondern darin aufzurichten, fand ich auch für meine eigene Suche eine Perspektive, die mir weiterhalf. Und das ist, um es mit Paulus zu sagen, nichts, wofür ich mich schämen wollte. Ich begann, was ich lernte, kritisch daraufhin abzuklopfen, wie weit es sich im Blick auf Gott und den Menschen als befreiende und aufrichtende Kraft erwies. Damit folgte ich dem Weg, den Luthers Rechtfertigungsverständnis gewiesen hatte:

> »Da zeigte sich mir sogleich ein anderes Gesicht der ganzen Schrift. Ich ging danach durch die ganze Schrift nach dem Gedächtnis und sammelte auch in anderen Wortverbindungen eine Entsprechung, etwa Werk Gottes, das heißt, was Gott in uns wirkt, Kraft Gottes, mit der er uns kräftig macht, Weisheit Gottes, mit der er uns weise macht, Stärke Gottes, Heil Gottes, Herrlichkeit Gottes. Und wie sehr ich einst das Wort Gerechtigkeit Gottes abgrundtief gehasst hatte, mit ebensolcher Liebe erhob ich es als das mir allersüßeste Wort. So ist mir diese Stelle bei Paulus wirklich das Tor zum Paradies geworden.«[9]

## Die Pforte zum Paradies

Das Theologiestudium als Weg ins Paradies zu bezeichnen – so weit würde ich nun doch nicht gehen. Aber es erwies sich als reizvolle neue Lebensperspektive, obwohl – oder vielleicht auch gerade weil – ich aus einer kirchenfernen Familie stamme. Nicht, dass jemand aus meiner Familie grundsätzlich etwas gegen die Kirche gesagt hätte, aber explizit hat Religion in unserem Alltag selten eine Rolle gespielt. Meine Eltern zahlten die üblichen Kirchensteuern und hielten die kirchlichen Feiertage ein. Das war's im Wesentlichen. Als ich aufwuchs, hatten sie ihre »christliche

Phase«, in der sie sich der Kirche durch den engen Kontakt mit dem Ortspfarrer mehr zugewandt hatten, bereits wieder hinter sich. Dann waren sie an einen neuen Ort gezogen. Mein Vater hatte einen alten Bahnhof an einer stillgelegten Bahnlinie in einem kleinen Dorf zwischen Alfeld und Hildesheim erworben und zu einem Wohnhaus umgebaut. Dort verbrachte ich als zweitjüngstes von zehn Geschwistern eine beschauliche Kindheit und Jugend im tiefsten Niedersachsen.

Natürlich läuteten sonntags auch die Glocken und viele hielten sich an die Tradition, an den hohen Feiertagen zum Gottesdienst zu gehen. Das hatte wohl auch pragmatische Gründe: Während mein Vater mit uns an Heilig Abend zur Kirche ging, blieb meine Mutter zu Hause und bereitete die »Bescherung« vor. Sie war froh, dass sie diese kurze Ruhepause vor dem Fest hatte, um noch letzte Hand anzulegen. Ich kann mich nicht erinnern, dass jemand auch an Ostern oder am Karfreitag mit uns zur Kirche gegangen wäre. Allerdings hielten die Eltern uns an, die übliche sonntägliche Ruhe zu achten. Die wurde auf dem Dorf sorgfältig vorbereitet: Vor den Feiertagen wurden die Höfe und die Strasse vor dem Haus gründlich gekehrt und sauber aufgeräumt. Mit dem Einsetzen der Abendglocke tat keiner mehr einen Besenstrich. Das gehörte sich nicht. Als Kind kam es mir vor, als würde sich eine feierliche Stimmung wie tieffliegende Sonnenstrahlen im Dorf ausbreiten und den Lärm der Welt vertreiben.

Besonders beeindruckt hat mich vor allem der Karfreitag. Der tragende Ton der Karfreitagsglocke um 15 Uhr gemahnte an die Todesstunde Jesu. In meiner Erinnerung sehe ich mich noch ergriffen draussen vor dem Haus stehen. Ich kann nicht mehr sagen, was mich mehr berührte: die frühlingshaft weite Schönheit der Landschaft oder das kindliche, sehr schlichte und offene Gefühl einer numinosen Kraft, die da in den Glockentönen mitschwang. Dieses Gefühl hat sich mir tief eingeprägt und begleitet mich auch heute noch, wenn das Geläut unserer Kirchenglocken den Sonntag ein- oder ausläutet. Ich glaube, dieses Gefühl hat etwas mit der Bereitschaft zu tun, sich überhaupt auf den Gedanken einzulassen, dass eine göttliche Kraft in unserem Leben mitschwingt.

Ich selbst realisiere am Beispiel des Sonntagsgeläutes, wie wertvoll mir das inzwischen bewusste Verbinden meiner Alltagswelt mit meinem Glauben ist. Es irritiert mich, wenn diese Verbindung gestört wird.

Manchmal ist es nur ein feiner Missklang, zum Beispiel wenn ich am Sonntag einen Bauern auf dem Feld arbeiten sehe. Ich weiss, dass heute viele Landwirte nur noch im Nebenerwerb ihren Betrieb bewirtschaften und auch das Wetter einen Einfluss darauf hat, wann sie ihre Äcker bestellen können. Doch wenn ich am Sontag einen Traktor auf dem Feld sehe, schüttele ich – wie die Alten damals in unserem Dorf – missbilligend den Kopf. Sonntag ist Ruhetag.

## Vier Schlüssel zum Leben

Die religiösen Prägungen aus traditionellem Brauchtum, aus der Erziehung in der Familie und der Konfirmandenzeit sind fest in meinem Bewusstsein verankert. Meine Eltern haben, trotz ihrer Kirchenferne und teils kritischen Haltung gegenüber manchem kirchlichen Amtsträger, die erste Spur gelegt. Sie gaben uns Kindern vier Dinge mit, die ich für wesentlich halte, wenn es um religiöse Erziehung geht.

### 1. Es muss doch mehr als alles geben / Fantasie

Als Erstes förderten sie unsere Fantasie. Mein Vater war ein grossartiger Geschichtenerzähler. Engel kamen dabei meiner Erinnerung nach nicht vor, auch keine biblischen Gestalten. In seinen Geschichten begegneten uns eher Monster und Kobolde, die für uns Kinder gefährliche Plätze bewachten, wie der Wassermann am Bach oder der »grosse grüne Steinfresser« in der Schuttkuhle. Die kindlichen Schauergeschichten erfüllten ihren Zweck – wir haben diese spannenden »Spielplätze« nur noch mit äusserster Vorsicht aufgesucht. Dagegen waren die Zwerge »Klausogern« und »Machkaputt«, die in der Nacht liegen gebliebenes Spielzeug fortschleppten und zerstörten, hochmoralische Gestalten, ins Leben gerufen, um uns Kinder zu einem gewissenhaften Umgang mit den anvertrauten Spielsachen anzuhalten.

Im Heranwachsen wurde uns die pädagogische Absicht dieser Geschichten natürlich klar, zudem haben sie tatsächlich eine moralische Prägung bewirkt. Vor allem aber lehrten uns die Fantasiewelten, die unser Vater für uns entwarf, über die vorfindliche Wirklichkeit hinauszudenken.

Solches Erzählen ist weit entfernt von einer dezidiert religiösen Erziehung. Die fand sich ansatzweise vielleicht eher in der »blauen Stunde«, einem abendlichen Beisammensein in der Winterzeit, wenn die Dämmerung tiefe, blau-violette Schatten in die Räume zauberte.

Unsere Eltern haben mit uns gesungen, mein Vater hat uns dazu auf der Mandoline begleitet. Christliches Liedgut gehörte durchaus zum Repertoire, vor allem bei den Weihnachts- und Gute-Nacht-Liedern, zum Beispiel »Weisst du, wie viel Sternlein stehen«. Wir konnten die Lieder schnell auswendig. Mit der Melodie verankerte sich die Vorstellung eines über alle Menschen wachenden Gottes fest in meinem Denken und war singend immer wieder abrufbar.

Wir nahmen die Lieder mit hinaus in unseren kindlichen Alltag und erlebten in Situationen, die stimmig zum Liedtext waren, wie sich die überlieferten Worte und reales Erlebnis miteinander zu einem Ganzen verbanden.

So stand ich gemeinsam mit meiner älteren Schwester im Alter von sieben, acht Jahren beim Kartoffelfeuer auf dem kleinen Acker des Nachbarn unter dem herbstlichen Sternenhimmel. Während wir den Himmel betrachteten, sangen wir das Lied und es war ganz einfach, dabei an Gott zu denken. Fern jeder anthropomorphen Vorstellung, einfach aus dem Vertrauen heraus, dass da jemand oder etwas ist und für alles und jeden sorgt. Diese Vorstellung wurde gestärkt durch eine weitere zentrale Erfahrung, die einem Kind den Boden gibt, um eigene Schritte zu wagen: »Grundvertrauen«.

## 2. Gott ist wie nach Hause kommen

Grundvertrauen ist »das tiefste und letzte Vertrauen-Können des Menschen«.[10] Dieses Vertrauen entsteht aus der Erfahrung, dass immer jemand oder etwas da ist, das einen auffängt und einem Halt gibt, verbunden mit der eigenen, oft unbewussten Bereitschaft, sich diesem letzten Halt zu überlassen. Ich hatte das Glück, in solchem Vertrauen aufzuwachsen, und mein Gottesbild ist dadurch geprägt worden.

Das einfachste und überzeugendste Bild wurzelt für mich in der Erinnerung an den traurigen Tag am Ende des 8. Schuljahres, als ich mit schwerem Herzen das Resultat meiner jährlichen Mühe nach Hause trug. Ich wusste genau, dass meine Noten keine Beifallsstürme auslösen würden. Hoffnungsvoll klammerte ich mich jedoch an einen Satz, den meine Eltern mir schon einige Zeit zuvor mit auf den Weg gegeben hatten: »Was immer auch passiert, denkt daran, du kannst immer nach Hause kommen.« Weil ich wusste, dass sie enttäuscht sein würden, klopfte mein Herz bis zum Hals. Weil ich ausserdem wusste, dass sie mich liebten, traute ich mich mit diesem Zeugnis nach Hause. Sie haben nicht geschimpft, sie haben mich ermahnt, es in Zukunft besser zu machen. Mit dem Gefühl, noch einmal davongekommen zu sein, und dem tiefen inneren Wunsch, es tatsächlich von nun an besser zu machen, ging ich aus diesem Gespräch heraus. Das klappte auch, jedenfalls eine Zeit lang. Dann begann wieder vieles andere für mich interessanter zu sein. Kurz gesagt, meine Eltern brauchten etwas Geduld mit mir. Aber mein Gottesbild wird immer mit dem Gefühl verbunden bleiben, wie es ist, nach Hause zu kommen und dort, trotz der eigenen Schuld, willkommen zu sein.

## 3. »Tiefste Gemeinschaft kommt aus einem gemeinsamen Wollen. Das Wollen ist das Elementarste in unserem Wesen«[11]

In einer Familie mit zehn Kindern bleiben Streitigkeiten nicht aus, auch Ungerechtigkeit und Überforderung angesichts der gewaltigen Aufgabe, eine so grosse Familie zu ernähren, waren Teil des Alltags. Dennoch hat das Bewusstsein, als Gemeinschaft zusammenzugehören, immens dazu beigetragen, ein stabiles System zu entwickeln, in dem wir einander Halt gaben und halfen.

Ein schönes Beispiel dafür ist die gemeinsame Gartenarbeit. Als Kind haben wir nur widerwillig die Aufgaben übernommen. Wir wollten im Sommer lieber in die Badeanstalt, statt Johannisbeeren zu pflücken oder Gemüse zu rüsten, um es zum Einkochen vorzubereiten. Als wir älter wurden, haben wir erkannt, wie wichtig es ist, dass jeder und jede den eigenen Teil dazu beiträgt, um ein gerechtes Zusammenleben miteinander zu gestalten und solch ein Sozialgefüge aufrechtzuerhalten.

Die Erfahrung von Gemeinschaft ist die dritte wesentliche Grundlage einer christlichen Erziehung.

Im gemeinsamen Feiern und Arbeiten, Hoffen und Bangen, Ertragen von Enttäuschungen, Sich-Ausprobieren und An-Grenzen-Stossen haben wir unsere Möglichkeiten eingebracht und ausgelotet. Wir haben Teilen gelernt, auch Rücksichtnahme und wir haben unsere eigenen kleinen Rituale entwickelt, die uns halfen, besondere Situationen zu gestalten.

### 4. Heilig und profan: Rituale

Rituale sind die vierte wichtige Weichenstellung einer christlichen Erziehung. Es gab Rituale für die Feste des Lebens – unverrückbar gab es zum Geburtstag einen Kuchen für das Geburtstagskind und eine hell leuchtende Kerze, das sogenannte »Lebenslicht«, und dazu das Geburtstagslied. Rituale helfen auch, traurige Situationen zu bewältigen. Zum Beispiel wenn eines unserer Haustiere gestorben war, haben wir Kinder es würdevoll begraben, ein Grabkreuz geschnitzt, nach Möglichkeit noch einen Namen angeschrieben und sehr feierlich und traurig von ihm Abschied genommen. Eine kleine Weile haben meine Schwester und ich alles begraben, was uns an kleinen toten Tieren begegnete. Da auf unserem Grundstück mehrere Katzen lebten, fanden wir regelmässig Mäuse, die von den fleissigen Jägern als Geschenke vor der Haustür abgelegt worden waren. Noch Jahre später fanden wir, inzwischen erwachsen geworden, bei Gartenumbauarbeiten die inzwischen skelettieren Nagetiere in ihren kleinen Särgen aus Glas oder Plastik wieder. Doch nicht allen Tieren war eine so lange Ruhezeit vergönnt, unsere Schildkröte gruben wir beispielsweise schon nach einiger Zeit wieder aus, wir wollten wissen, wie weit der Verwesungsprozess bereits fortgeschritten war. Das selbstgemachte kleine Kreuz hat uns von dieser Grabschändung nicht abhalten können, unser kindlicher Forschungsdrang war stärker. Wir hatten dabei allerdings schon ein schlechtes Gewissen, untrügliches Zeichen dafür, dass wir bereits ein tiefes Bewusstsein dafür entwickelt hatten, dem Leben und dem Tod mit gebührendem Respekt entgegenzutreten. Mit Ehrfurcht eben, mit einer zurückhaltenden Scheu, die aus der schlichten Überzeugung stammt, nicht nur gegenüber anderen Menschen, sondern auch gegenüber Kreatur und Schöpfung verantwortlich zu sein. In kindlicher Manier hatten wir Albert Schweitzers Aufruf zur »Ehrfurcht vor dem Leben« in die Tat umgesetzt.

Fantasie, Grundvertrauen, Gemeinschaft und Rituale, erfahren und eingeübt in mehrheitlich weltlichen Kontexten, bereiteten den Boden, um später eine eigene Religiosität darauf zu entfalten. Vermutlich wäre mir manches leichter gefallen, im Studium und in der Anfangszeit der pfarramtlichen Tätigkeit, wäre mir der christliche Glaube auch in meinem privaten Umfeld als gelebte Realität nahegebracht worden. Doch die Distanz und später auch die Zweifel haben mich davor bewahrt, Verhaltensweisen und Denkmuster aus Routine zu übernehmen.

# II. Ankommen DIENSTAG

## Ruf der Glocken

Beim Erwachen vermisse ich die Kirchenglocken.

Seit letztem Jahr läuten sie nicht mehr morgens um sechs, sondern erst um sieben Uhr den Tag ein. Der Grund dafür liegt weniger darin, dass die Menschen in früheren Zeiten eher ihren Tag begonnen haben, stattdessen wird das Kirchengeläut zunehmend für Kirchenferne ein Ärgernis, weil der Weckruf für sie keinen Bezug mehr zum eigenen Leben hat.

Ich selbst schätze den aufmunternden Klang der Glocken am frühen Morgen, während die Gedanken aus der Traumwelt der Realität des neuen Tages entgegentaumeln. Glocken machen aus einem profanen Tagesbeginn etwas Feierliches. Sie erinnern mich an meine Kindheit, sogar weit darüber hinaus, denn Kirchenglocken begleiten seit alters her den Rhythmus unseres Lebens. Zum Geläut der Glocken wurden wir zur Taufe getragen, sind aufgeregt und stolz im schönen Gewand zur Konfirmation und Firmung geeilt, wir haben vielleicht zum Klang der Glocken unserem Partner oder unserer Partnerin die Hand zum Bund fürs Leben gereicht und zu ebendiesem Schlagen der Glocken haben wir Abschied genommen von Menschen, die uns lieb und teuer waren. Doch die Glocken künden von mehr: Sie markieren die Grenze im Rhythmus zwischen Tag und Nacht, zwischen Tagwerk und Feierabend, Arbeit und Ausruhen, Alltag und Festtag. Sie erinnern und mahnen an die Ambivalenz des Lebens zwischen Werden und Vergehen.

Friedrich Schiller nimmt diese Ambivalenz in seinem berühmten »Lied von der Glocke« auf:

Jetzt, Gesellen, frisch!
Prüft mir das Gemisch,
Ob das Spröde mit dem Weichen
Sich vereint zum guten Zeichen.
Denn wo das Strenge mit dem Zarten,
Wo Starkes sich und Mildes paarten,
Da gibt es einen guten Klang.

Seit Jahrhunderten rufen die Glocken Menschen zum Gottesdienst, künden Gebetszeiten und Ereignisse an, warnen vor Sturm und Unheil, künden von Frieden und Zukunft. Viele ältere Menschen erinnern sich nach Jahrzehnten noch tief berührt daran, wie in der Schweiz das Ende des Zweiten Weltkrieges mit stürmischem Glockengeläut bekannt gegeben wurde. Das Unterbewusstsein speichert diese orientierende Funktion der Glocken.

Kirchen mögen im Laufe ihrer Geschichte in unterschiedliche Richtungen gegangen sein, sich getrennt und gestritten haben, doch Glocken läuten überall auf der Welt: bei den Kopten in Ägypten, bei russisch-orthodoxen Christen auf der Krim und in Moskau, in der anglikanischen St. Paul's Cathedral, ebenso wie in der katholischen Kathedrale St. Patrick auf der Fifth Avenue in Manhattan. Sie klingen vom höchsten Kirchturm der Welt, dem evangelischen Ulmer Münster, und werden von Tausenden Pilgern auf dem Petersplatz in Rom gehört.

Glocken sind weit älter als das Christentum und Judentum. Ihre Geschichte reicht mehr als 5000 Jahre zurück. Ihren Ursprung vermutet man in China, wo die Kunst des Erzgiessens schon früh zur Blüte gelangte. Im Vorderen Orient stellte man sich vor, dass das Erz und der Klang des Erzes Dämonen vertreiben[12] und andererseits Götter und Geister beschwören konnte. Wo Glocken läuten, weicht das Böse.[13] Glocken konnten eine magische Schutzfunktion haben, selbst kleine Glöckchen am Gewand des Hohepriesters bewahrten ihn davor, durch die Macht Gottes zugrunde zu gehen, »An seinem Saum bringe Granatäpfel an [...] und ringsum zwischen ihnen goldene Glöckchen: ein goldenes Glöckchen und ein Granatapfel, [...] ringsum am Saum des Obergewandes. Und Aaron soll es zum Dienst tragen, und sein Klang soll zu hören sein, wenn er in das Heiligtum tritt vor den HERRN und wenn er es verlässt. So wird er nicht sterben.« (Ex 28,35)[14]

Erstaunlich ist, dass Glocken im frühen Christentum anfänglich als heidnisch abgelehnt wurden. »Um 180 n. Chr. beispielsweise wies Clemens Alexandrinus auf die seiner Meinung nach anstößige Gewohnheit hin, dass christliche Frauen nach dem Klang von Glocken tanzten.«[15] Bei ihren heimlichen Treffen in den Zeiten der Christenverfolgung haben sich die Christen kaum einer Glocke bedienen können. Erst als das Christentum im 4. Jahrhundert Staatsreligion wurde, konnten die weithin schallenden Glocken zum Markenzeichen der Christen werden.

Anfangs waren es koptische Mönche, die innerhalb der Klostermauern mit der Glocke den Rhythmus von Gebet, Arbeit und Musse vorgaben. Später brachten besonders iroschottische Mönche Ende des 6. Jahrhunderts, allen voran Columban und Gallus, das Christentum und mit ihm das Läuten der Glocken nach West- und Mitteleuropa.

Später gaben auch in den Kirchen ausserhalb der Klöster Glocken die Gebetszeiten an. Noch vor der Einführung von Kirchenuhren verliehen die Glocken durch die Anzeige der Gebetszeiten den Tagen eine rhythmische Struktur. Auch nach der Entwicklung und Verbreitung von Uhren blieben Glocken ein wichtiges Instrument, um die Zeit anzuzeigen.

In der Bülacher Kirche, in der ich knapp zehn Jahre meine erste Pfarrstelle ausfüllte, liegt das Pfarrhaus – gut 50 Meter entfernt –

gegenüber der reformierten Kirche. Dort wird die Zeit vom 75 Meter hohen Glockenturm auf besonders intensive Weise eingeläutet: Eine tiefe Glocke zeigt mit vier Schlägen die volle Stunde an, dann folgen die entsprechenden Stundenschläge und daran anschliessend nochmals die Stundenschläge mit einer Glocke in einer helleren Tonlage. Das sind tatsächlich 28 Glockenschläge – am Mittag (um Mitternacht wurde die Schlagzahl inzwischen auf 12 Schläge reduziert). Diese Doppelung war jahrhundertelang eine Art Sicherungssystem, falls jemand die ersten Schläge nicht mitbekommen hatte. Dann wartete man ab, bis die helle Glocke einsetzte, und konnte konzentriert mitzählen, welche Stunde schlug.

In der modernen Zeit zeigen uns Taschenuhren, Handys und öffentliche Anzeigen die Zeit an. Doch noch immer weckt der Glockenklang Menschen auf. Nicht alle freut das. Häufig ist es der Zeitpunkt, der für Unmut sorgt, manchmal ist es die Klangfrequenz oder die Lautstärke.

Das war auch in Rüschlikon so. Einige Anwohner haben es im vergangenen Jahr schliesslich nicht mehr ausgehalten und sich hilfesuchend an die politische Gemeinde gewandt, damit diese wiederum die reformierte Kirche ersuchte, dass Glockengeläut einzuschränken. Der Behörde wurde ein heikler Auftrag erteilt. Ein gutes Drittel der Rüschlikoner Bevölkerung gehört keiner christlichen Kirche mehr an, doch die Kirchenpflege wusste aus einer erst kurz zurückliegenden Umfrage, dass die grosse Mehrheit der reformierten Bevölkerung in Rüschlikon ebendieses Geläut und den Stundenschlag der Kirche schätzte und erhalten wissen wollte. Ein Kompromiss wurde gesucht: Vor allem bezüglich der nächtlichen Stundenschläge kam man der nah an der Kirche wohnenden Bevölkerung entgegen. Auch in der Intensität und Dauer des Geläuts ist man etwas zurückgegangen. Die Kirchenpflege braucht hier in Zusammenarbeit mit den mitarbeitenden Behörden und Gemeindemitgliedern ein feines Fingerspitzengefühl, um den Wert der christlichen Tradition und die Gesinnung in unserer Gesellschaft einzuschätzen und – damit verbunden – auch die Bedeutung der Signalelemente, die diese Traditionen und Werte anzeigen.

Glocken haben eben mehr als nur eine praktische Funktion. Der profane Wecker zeigt jeden Morgen in digitaler Präzision die je wieder neu beginnende Alltagsverwaltung an. In den Glocken hallt ein Echo unseres Glaubens mit, durch welchen wir dem Leben – über das biologische Werden und Vergehen in der Natur hinaus – eine besondere Würde zurechnen, die es zu achten gilt.

Der Wecker neben meinem Bett erinnert mich nur daran, was ich gleich als Nächstes zu tun habe. Das Glockengeläut trägt meine Gedanken über den Tag hinaus zur Bedeutung des eigenen Lebens und dem des Menschen, der auch von ebendiesem Ton umfangen wird.

Bei ihrem Klang fällt es manchem leichter, in einem Gebet für die Ruhe der Nacht zu danken, sich auf die Kraft einzustellen, die helfen wird, den Tag und das, was vor einem liegt, verbunden mit anderen zu bestehen.

## Residenzpflicht: Segen oder Fluch?

Wenn zwischen Schreibtisch und Bett nur knapp sechs Meter liegen, ist das Segen und Fluch zugleich. Der kurze Arbeitsweg spart viel Zeit, erfordert aber ein rechtes Mass an Planung und strukturierter Arbeit; denn während ich meine Arbeit am Schreibtisch beginne, weiss ich zum Beispiel, dass die Waschmaschine im Keller ihr Programm bald abgearbeitet hat und die Wäsche aufgehängt werden sollte. Gut eine Stunde nehme ich mir am Morgen Zeit, um den Haushalt auf Vordermann zu bringen. Unser Haus hat 43 Fenster – allein dort den Durchblick zu behalten, kostet einige Zeit und Mühe. Dank unserer freundlichen Hilfe, die einmal in der Woche für vier Stunden mit anpackt, lässt sich die Doppelbelastung durch Familie und Beruf ganz gut bewältigen. Nach der Hausarbeit gönne ich mir eine gute halbe Stunde, um die Tageszeitungen zu lesen, danach geht es ab ins Pfarrbüro im 1. Stock.

»Home Office« ist für mich keine moderne Errungenschaft, es ist für viele Pfarrerinnen und Pfarrer seit Jahrhunderten »täglich Brot«. Das nahe und stetige Ineinander von Pfarramt und Privatleben erfordert eine hohe Präsenz. Es bedeutet, Tag und Nacht zu hören, wenn das Telefon klingelt oder jemand an die Tür kommt, um etwas im Pfarramt zu besprechen, abzugeben oder nachzufragen.

Ein externer Arbeitsplatz hat, so gesehen, durchaus Vorteile. Er schafft Distanz zum privaten Lebensbereich. Solche Distanz ist im Pfarramt nur sehr schwer zu erreichen, wenn sie überhaupt möglich ist, denn der Beruf ist auch Berufung. Das ganze Leben steht unter dem Anspruch, dem Evangelium in Tat und Wahrheit gerecht zu werden. Das ist eine Herausforderung, die grundsätzlich für alle Christinnen und Christen gilt. Doch die Erwartungshaltung, dass Pfarrerinnen und Pfarrer dieser Lebenshaltung besonders zuverlässig gerecht werden, ist ungleich höher und ein Massstab für ihre Authentizität. Ich gebe zu, es ist auch der eigene Anspruch, vor sich selbst bestehen zu können, der einen gewissen Druck ausübt.

Dieser den Beruf und die Privatsphäre umfassende Anspruch bereitet vielen angehenden Theologinnen und Theologen jedoch Unbehagen.

Vor vier Jahren absolvierte eine junge Theologiestudentin das heute zum Studium gehörende Gemeindepraktikum in Rüschlikon. Fünf Monate lang lernte sie örtliche Betriebe, Institutionen und natürlich die Arbeiten in der Kirchgemeinde kennen. Zum Abschluss wurden alle Praktikumsleiter des Jahrgangs nach Kappel eingeladen, wo die Studierenden bereits eine Woche zum Thema »Leben und Arbeiten im Pfarrhaus« verbracht hatten.

Wir kamen in einem grossen Saal zusammen. Die Praktikumsleiter wurden gebeten, sich auf die vier Ecken des Raumes zu verteilen, wobei jede Ecke für die Wohnsituation im Pfarramt stand, in der wir leben:

1. traditionelles Pfarrhaus;
2. Pfarrwohnung in einem Kirchenzentrum;
3. Wohnung in einer neutralen Liegenschaft (der Kirchgemeinde);
4. befreit von der Residenzpflicht (aktuell bei Teilzeitstellen unter 50 Prozent oder Sonderpfarrämtern mit unabhängiger Wohnsituation).

Die Studierenden wurden eingeladen, sich zu der von ihnen bevorzugten Wohnsituation zu stellen. Das Ergebnis war ernüchternd. Die Praktikumsleitenden fanden sich mehrheitlich in den beiden ersten Ecken wieder, während die Studierenden in grosser Mehrheit frei sein wollten von der Residenzpflicht oder eine neutrale Wohnlage bevorzugten. Sie wollten vermeiden, dass sie gleich als Pfarrerin oder Pfarrer erkannt würden. Ins Pfarrhaus wollte fast niemand.

Deutlich zeigte die anschliessende Diskussion, dass die Vorstellung, wie ein Hausarzt rund um die Uhr erreichbar zu sein, viele abschreckte und vom Wohnen im Pfarrhaus abhielt. Grösserer Beliebtheit erfreuten sich dagegen Spezialpfarrämter wie Krankenhausseelsorge und Teilzeitpensen.

Natürlich ist dieses Ergebnis eine Momentaufnahme und keine wissenschaftlich abgesicherte Studie. Aber das Experiment hat mich nachdenklich gestimmt. Nach meiner Erfahrung wäre es sehr bedauerlich, wenn Pfarrerinnen und Pfarrer sich zu sehr von der Gemeinde abgrenzten. Bei aller damit verbundenen Mühsal kann das Leben im Pfarrhaus im wahrsten Sinne des Wortes »erbaulich« sein – für die Gemeinde ebenso wie für die Menschen, die darin leben.

## Offenes Pfarrhaus

Glücklicherweise teilt meine Familie meine Philosophie, dass ein Pfarrhaus ein »offenes Haus« ist. Unter »offen« verstehe ich, dass hier auch Sitzungen stattfinden, Vorbereitungstreffen für Unterricht und Lager, Seelsorge- und Trauergespräche. Für mich ist es aus Kindertagen vertraut, mit vielen Menschen am Tisch zu sitzen und auch für viele zu kochen. Das macht es einfacher, wenn unverhofft Menschen aus der Gemeinde bei uns am Tisch Platz nehmen und wir länger zusammensitzen als ursprünglich geplant.

Doch nicht nur am Tisch gibt es unerwarteten Besuch. Das grosse Pfarrhaus hat schon einige Male Raum bieten können, um Menschen in einer schwierigen Situation eine Zeit lang Unterschlupf zu gewähren oder um Gäste aus dem Gemeindeleben, wie Sänger, Musiker und Referenten, kurzfristig darin wohnen oder übernachten zu lassen.

Nicht jeder Mann und jedes Kind ist gleichermassen bereit, die eigene Privatsphäre mit anderen zu teilen, denn das Haus verfügt wohl über eine separate Dusche und Bad, aber die Küche und der Wohnbereich werden gemeinsam genutzt. Doch in stoischer Ruhe vertraut mir mein Mann bei meinen meist überraschenden Anfragen mit den Worten: »Mach nur, wenn du es richtig findest.«

Er ist nie ganz sicher, ob er am Abend nach der Arbeit ein ruhiges Haus vorfindet oder am Esstisch eine Arbeitsgruppe, Kirchenpfleger, jugendliche Helfer oder tafelnde Gäste sitzen. Selbst an den kirchlichen Feiertagen, die durch mein berufliches Engagement üblicherweise recht ausgelastet sind, kann es geschehen, dass, zum Beispiel am Heiligen Abend, jemand nach dem Gottesdienst allein dasteht und spontan mit zum Essen kommt, das wir für die Zeit zwischen dem ersten und zweiten Gottesdienst in dieser Nacht vorbereitet haben. Statt die Geschenke unter dem Christbaum auszupacken, haben wir mit jeder Geschichte, die wir uns in heiterer Runde erzählten, Schicht um Schicht etwas von dem Geschenk freigelegt, das wir im Getriebe unserer Verpflichtungen und eingefahrenen Lebensabläufe viel zu oft übersehen: Vertrauen zu wagen, um sich als Menschen zu begegnen und kennenlernen zu können.

Wenn es der Kirche gelingt, ein solches Miteinander zu fördern, macht sie in einer ganz einfachen und ursprünglichen Form klar, was ihr Auftrag ist: Raum zu geben, um Gottes Wort zu leben.

## Fremdenliebe

Gastfreundschaft hat in der Bibel eine grundlegende Bedeutung und ist in vielen Geschichten als ungeschriebenes Gesetz fest verankert. Im Alten Testament gibt es für »Gastfreundschaft« oder »Gast« keinen festen Begriff. Gast ist, wer auf Reisen Nahrung und Unterkunft braucht. Selbstverständlich werden die Reisenden, die bei Abraham, Joseph und Rebecca einkehren, mit allem Nötigen versorgt. Auch die Perspektive derer, die selbst auf Gastfreundschaft angewiesen sind, so wie Lot und Jakob, spiegelt sich in den uralten Geschichten.

In der griechisch-römischen Welt war die Bewirtung und sichere Beherbergung eines Fremden eine Ehrenpflicht,[16] besonders in den Evangelien des Neuen Testamentes hat Gastfreundschaft einen hohen Stellenwert. In den griechischen Schriften wird dafür jedoch meist ein Begriff verwendet, der weit über die Bedeutung des deutschen Wortes »Gastfreundschaft« hinausgeht. Dort ist von »philoxenia«, von »Fremdenliebe« die Rede. Im Deutschen gibt es eine deutliche Zäsur zwischen Freundschaft und Liebe. Liebe ist umfassender zu denken, tiefergehend, und weist als »Fremdenliebe« über den privaten Bereich hinaus in den öffentlichen Raum. Hier geht es nicht mehr um eine freundschaftliche Zuwendung zu einem Gast, den man vielleicht sogar schon erwartet hat, denn Freundschaft setzt Beziehung voraus. Philoxenia gilt demgegenüber bereits ab der ersten Begegnung und steht für die explizite Bereitschaft, sich liebevoll einem Fremden zuzuwenden.

Die wohl eindrücklichste Geschichte dazu erzählt Jesus im Gleichnis vom barmherzigen Samariter (Lk 10,25–37), in dem einem Fremden dringend benötigte Hilfe geleistet und Gastfreundschaft erwiesen wird.

> »Da stand ein Gesetzeslehrer auf und sagte, um ihn auf die Probe zu stellen: Meister, was muss ich tun, damit ich ewiges Leben erbe?
> Er sagte zu ihm: Was steht im Gesetz geschrieben? Was liest du da?
> Der antwortete: Du sollst den Herrn, deinen Gott, lieben mit deinem ganzen Herzen und mit deiner ganzen Seele und mit all deiner Kraft und mit deinem ganzen Verstand, und deinen Nächsten wie dich selbst.
> Er sagte zu ihm: Recht hast du; tu das, und du wirst leben.
> Der aber wollte sich rechtfertigen und sagte zu Jesus: Und wer ist mein Nächster?
> Jesus gab ihm zur Antwort: Ein Mensch ging von Jerusalem nach Jericho hinab und fiel unter die Räuber. Die zogen ihn aus, schlugen ihn nieder, machten sich davon und liessen ihn halb tot liegen.
> Zufällig kam ein Priester denselben Weg herab, sah ihn und ging vorüber.

Auch ein Levit, der an den Ort kam, sah ihn und ging vorüber.
Ein Samaritaner aber, der unterwegs war, kam vorbei, sah ihn und fühlte Mitleid. Und er ging zu ihm hin, goss Öl und Wein auf seine Wunden und verband sie ihm. Dann hob er ihn auf sein Reittier und brachte ihn in ein Wirtshaus und sorgte für ihn.
Am andern Morgen zog er zwei Denare hervor und gab sie dem Wirt und sagte: Sorge für ihn! Und was du darüber hinaus aufwendest, werde ich dir erstatten, wenn ich wieder vorbeikomme.
Wer von diesen dreien, meinst du, ist dem, der unter die Räuber fiel, der Nächste geworden?
Der sagte: Derjenige, der ihm Barmherzigkeit erwiesen hat. Da sagte Jesus zu ihm: Geh auch du und handle ebenso.«

Jesus war als Wanderprediger, der mit seinen Jüngern durchs Land zog, selbst darauf angewiesen, dass ihm, dem Fremden, Unterkunft und Nahrung angeboten wurden. Vertieft wurde die Bereitschaft, Fremden Tür und Herz zu öffnen, durch die Vorstellung, dass einem Gott selbst im Gast begegnet.

»Wer einen aufnimmt, den ich sende, der nimmt mich auf, und wer mich aufnimmt, nimmt den auf, der mich gesandt hat.« (Joh 13,20)

## Nahaufnahme

Wie halten wir es heute mit der Gastfreundschaft und der »Fremdenliebe« in unseren Kirchen? Eine Bewährung des Glaubens besteht darin, sich auch dann noch als zuwendend und hilfsbereit zu erweisen, wenn eine Begegnung nicht geplant und vorbereitet wurde, wie beispielsweise ein Seniorennachmittag oder ein Forum in der Kirche, bei dem man von vornherein auch Fremde erwartet hat.

Gehen uns fremde Menschen überraschend um Hilfe an, stehen wir vor der Herausforderung, angemessen zu reagieren.

Es ist mitten in der Nacht, gegen 2.30 Uhr. An der Pfarrhaustür wird Sturm geläutet. Eine Frau schreit in der nächtlichen Stille gellend um Hilfe. Während ich irritiert aus dem Schlaf aufschrecke, höre ich durch das offene Fenster, wie sie zum benachbarten Polizeiposten hinüberläuft, auch dort gegen die Tür trommelt und hereingelassen werden will. Um diese Zeit ist der Posten nicht besetzt.

Die Stimme der Frau kippt in Panik und hallt laut und beunruhigend von den Häusern rund um den kleinen Marktplatz der Altstadt wider. Nur die Strassenlampen werfen ihre Lichtkegel gegen die Dunkelheit – keine Autos, keine Fussgänger. Die Kleinstadt schläft, niemand hört das Rufen der Frau. Laut und schrill klingelt es erneut an der Pfarrhaustür.

Das Aupairmädchen hat frei. Ich bin allein mit meiner 5-jährigen Tochter. Was soll ich tun? Die Polizei anrufen?

Wer ist verantwortlich zu helfen? Was, wenn tatsächlich Gefahr in Verzug ist? Ich kann doch meinen Konfirmanden nicht die Geschichte von der Sorge um den Nächsten als zentralen christlichen Gedanken vorlegen und selbst kneifen? Oder doch?

Mein Gewissen läuft auf Hochtouren. Mit klopfendem Herzen gehe ich schliesslich runter, lege die Kette vor und öffne die Tür einen Spalt breit. Mir ist mulmig zumute. Vor mir steht eine etwas verwahrloste, vor allem aber angetrunkene Frau um die 60 und bittet mich darum, hereinkommen zu dürfen: »Er ist hinter mir her. Wenn er mich kriegt, bin ich dran!« »Wer ist hinter Ihnen her?«

»Der Kerl aus der Bar.« »Welcher Bar?« »Wiesental«, sagt sie drängend. »Der hat mir einen ausgegeben und jetzt will er mehr von mir.« Die Bar liegt knapp fünf Kilometer entfernt. »Wie sind Sie denn hergekommen?« »Ich bin gelaufen. Ich muss mich verstecken!« Wenn das eine Falle ist, denke ich bei mir, dann steht morgen in der Zeitung: Tragischer Überfall im Pfarrhaus.

Kein Mensch zu sehen – weit und breit. Kein Verfolger, aber auch niemand, der mir in dieser Situation die Entscheidung abnimmt. Vielleicht ist tatsächlich Gefahr in Verzug.

Sei es drum. Kurzentschlossen bringe ich die Frau ins Nachbarhaus, in dem die Kirchgemeinde einen Jugendraum hat. Dort kann sie auf Matratzen schlafen. Sie bekommt meinen Schlafsack, ein Kopfkissen, eine Flasche Wasser ans Bett gegen den Durst. Eben noch völlig verängstigt, ist sie nun tief erschöpft. Der Weg von Winkel bis Bülach war anstrengend. Ein weiter Weg durch die Nacht. Sie ist nicht mehr die Jüngste.

»Morgen«, sage ich, »morgen reden wir. Jetzt sind Sie in Sicherheit. Hier kommt niemand herein. Keiner weiss, wo Sie sind. Schlafen Sie sich aus.« Ich bleibe neben ihr sitzen, bis sie eingeschlafen und auch mein Puls wieder zur Ruhe gekommen ist.

Am nächsten Morgen kommt sie herüber. Sie ist dankbar für die Hilfe der vergangenen Nacht und erzählt, dass sie auf dem langen Weg bis Bülach an verschiedenen Türen geklingelt hat – niemand hat aufgemacht. Jetzt will sie nur noch nach Hause. Frühstücken mag sie nicht, aber duschen, das wäre schön. Ich habe selten jemanden so lange und ausgiebig duschen gehört. Erfrischt nimmt sie kurz darauf Abschied. Sie fährt mit dem Zug zurück nach Winterthur, dort, sagt sie mir, wohne sie. Der Marktplatz vor dem Pfarrhaus ist inzwischen erfüllt von morgendlicher Betriebsamkeit. Einmal die Woche ist hier Markttag. Beim Einkaufen am Gemüsestand fragt mich ein Nachbar aus der gegenüberliegenden Liegenschaft im Vorübergehen, ob ich auch die Schreie in der Nacht gehört hätte.

»Ja«, antworte ich und frage mich still, warum wir gegeneinander oft so »verschlossen« sind, dass selbst Hilfeschreie untergehen.

# Zufluchtsorte

Warum sind wir so verschlossen?

Ist es die Angst vor physischer Verletzung oder davor, dass uns jemand »über den Tisch zieht«? Ist es Bequemlichkeit, die uns dazu bringt, wegzusehen, wenn andere in Not sind? Ist es das Gefühl von Ohnmacht, weil sich grundsätzlich ja eh nichts am Lauf der Dinge ändern lässt?

Besonders die Kirchen sehen sich mit einem theologisch, politisch und rechtlich sehr sensiblen Problem konfrontiert, wenn es darum geht, Bedürftigen die Tür zu öffnen, dann nämlich, wenn Menschen dort Asyl suchen.

Dies kann mit Einverständnis der Kirchgemeinde geschehen, wie im Fall einer tschetschenischen Flüchtlingsfamilie, die 2016 im benachbarten Kilchberger Pfarrhaus Unterschlupf fand: »Wir reagieren damit auf die grosse Angst und Not der Familie im Hinblick auf eine drohende Ausschaffung«, liess die Kirchenpflege offiziell verlauten.

Es kann allerdings auch passieren, dass Asylbewerber in Kirchen Schutz suchen, ohne dass sie vorher das Einverständnis der jeweiligen Kirchgemeinde einholen. In Kleinbasel sprach die überraschte Kirchenpflege von Hausfriedensbruch, während sich die Schutzsuchenden auf den uralten Brauch des Asylrechtes beriefen.

In früheren Zeiten hat es tatsächlich ein gesetzlich verbrieftes Asylrecht in Kirchen und heiligen Stätten gegeben. Seine Wurzeln reichen weit zurück in unterschiedliche Kulturen. Der Begriff ist vom griechischen »ásylos/asylía« abgeleitet und bezeichnet einen »Status der Unverletzlichkeit«.[17] Grundsätzlich ist der Asylort eine Art »Sonderfriedenszone«,[18] die an einen sakralen Platz oder Raum gebunden wird und die Rechtsordnung des umliegenden profanen Raumes ausser Kraft setzt.[19] Es handelte sich jedoch nur um einen zeitlich und räumlich begrenzten Schutz, ausserhalb des sakralen Raumes bestand kein Anspruch auf Rechtssicherheit noch auf Straferlass.[20]

Im Wesentlichen regelte dieses Asylrecht das Vorgehen, wie Flüchtlinge eine Chance bekommen können, von ihren Verfolgern nicht einfach niedergemacht zu werden.[21]

Wo mit Beginn der Neuzeit der Einfluss der Kirchen als prägendes, geistiges Fundament der Gesellschaft wich, konnte auch das Kirchenasyl keine gesamtgesellschaftliche Norm mehr darstellen.[22] Dennoch plädieren auch heute noch viele dafür, Kirchen als Zufluchts- und Schutzort zu bewahren. Dahinter steckt der Gedanke, dass die Kirche ein sogenanntes »Wächteramt« innehat, das mit der Aufgabe verknüpft ist, gegenüber dem Staat und der Gesellschaft die Stimme zu erheben, wo Unrecht droht.[23] Es geht darum, Schutzsuchende nicht einfach dem »Arm des Gesetzes« zu entziehen, sondern dafür einzutreten, dass ein der Situation angemessener Verhandlungsraum gewährleistet wird, um die Flüchtigen vor unbilliger Härte und Ungerechtigkeit gegenüber dem Gesetz zu schützen. Im Januar 2016 forderte Pierre Bühler, emeritierter Professor für Systematische Theologie an der Universität Zürich, in einem Manifest »Die Kirchen als Asylorte« dazu auf, dass Kirchen weiterhin eine Haltung der »kritischen Loyalität« gegenüber dem Staat einnehmen:

> »Wir rufen die Kirchen, die Christinnen und Christen auf, Asylbewerber und Flüchtlinge in Notsituationen zu unterstützen und, wenn es sich als geeignetes Mittel erweist, sie in kirchlichen Räumlichkeiten zu beherbergen. Insbesondere rufen wir die Kirchenleitungen auf, die Kirchgemeinden, die freiwillig oder unfreiwillig durch eine Kirchenasyl-Situation betroffen sind, zu unterstützen und zu begleiten und dabei dem Staat gegenüber eine Mediations- und Dialogfunktion einzunehmen.«[24]

Kirchgemeinden, allen voran ihre Behörden, Mitarbeiterinnen und Mitarbeiter, werden in die Pflicht genommen, das, was man im Glauben für wahr und richtig hält, öffentlich zur Diskussion zu stellen, statt blindlings dem Buchstaben des Gesetzes zu folgen.

Jesus hat selbst dazu aufgefordert, die Gewichte richtig zu verteilen: Im Markusevangelium wird berichtet, wie seine Jünger an einem Sabbat, an dem Erntearbeiten nicht gestattet waren, aus Hunger reife Kornähren abgerissen und gegessen haben. Als ihm vorgeworfen wurde, dass sie damit gegen das Gesetz verstossen hätten, hielt er dagegen, mit den Worten:

> »Der Sabbat ist um des Menschen willen gemacht und nicht der Mensch um des Sabbats willen.« (Mk 2,27)

Diese Geschichte macht deutlich, dass nicht einmal das göttliche Gesetz den Menschen davon entbindet zu prüfen, wann es aus Sorge um Menschen in Not geboten ist, ebendieses Gesetz ausser Acht zu lassen. Jeder Christ und jede Christin hat im Alltag diese Spannung zwischen Gesetz und Evangelium auszuhalten. In den kleinen Entscheidungen des Lebens oder in den grossen, die auch eine politische Relevanz haben. Zivilcourage »auf Biblisch« heisst:

> »Seid allezeit bereit zur Verantwortung vor jedermann, der von euch Rechenschaft fordert über die Hoffnung, die in euch ist, und das mit Sanftmut und Gottesfurcht.« (1. Ptr. 3,15)

# Auf der Jagd nach dem Glück

»Seid allezeit bereit, Rechenschaft abzulegen.«

Der umfassende Auftrag aus dem ersten Petrusbrief hat durchaus das Potenzial, einen gewissen Leistungsdruck zu erzeugen. Dabei ist doch klar, dass es immer wieder Zeiten gibt, in denen es einem schwerfällt, konsequent dafür einzustehen, was man eigentlich für gut hält oder gerade tun sollte. Wir lassen uns ablenken, schauen ängstlich darauf, was andere wohl dazu sagen, was wir tun, oder kommen – salopp gesprochen – einfach nicht vom Sofa hoch. Die Gründe, die uns davon abhalten, das zu tun, von dem wir eigentlich überzeugt sind, dass es das Richtige ist, sind vielfältig.

Im »Tagesanzeiger« habe ich einen Bericht über die boomende Ratgeberliteratur im Bereich Selbstdisziplin und Selbstkontrolle gelesen. Wann immer ich in eine Buchhandlung gehe, irritiert mich die immense Fülle an Ratgebern über Arbeitstechniken und Schreibtischorganisation, Diäten, Kindererziehung, spirituelle Selbstfindung und praktische Lebenshilfe. Im Zeitungsartikel geht es im Kern um die Frage, ob man sich durch stetes Training tatsächlich darauf fokussieren kann, einer (selbst-)gestellten Aufgabe nachzukommen, statt sich beständig mit weniger Wichtigem davon abzulenken.[25]

Die im Artikel zitierte Studie der Forscher Frankenbach, Friese und Job im Fachmagazin »Perspectives on Psychological Science« kommt zum ernüchternden Schluss, dass alles Üben bestenfalls »einen kleinen bis mittleren Effekt« hat. Lästige Gewohnheiten lassen sich nicht einfach wegtrainieren und nicht jeder hat die Fähigkeit, eine anstrengende Aufgabe zu ertragen, die erst in ferner Zukunft Lohn verspricht, wie zum Beispiel das Aufgeben des Rauchens. Der deutsche Reformator Martin Luther hätte die kleine Studie aus dem heutigen »Tagesanzeiger« vielleicht begeistert in die nächste Predigt aufgenommen.

## Mut zur Schattenseite

Was die Reformatoren, allen voran Martin Luther in seiner Römerbriefvorlesung von 1516/17, herausarbeiteten, war die Tatsache, dass ein Mensch sich noch so sehr bemühen kann, es besser zu machen – am Ende wird er nur erkennen, dass man bei allem Wollen und guten Vorsätzen grundsätzlich fehlerhaft bleibt. Niemand kommt aus dieser Ecke heraus, auch mit dem besten Selbstoptimierungsprogramm nicht.

Natürlich waren die Menschen vor 500 Jahren noch weit entfernt von wissenschaftlich fundierten psychologischen Studien. Doch im Kern haben sie bereits damals mit grosser Klarheit hervorgehoben, was diese Studie belegt: Veränderungen zum Guten kann man sehr wohl anstreben, aber vollkommen wird man dadurch nicht.[26] Nach Letzterem zu streben wäre selbstgerecht, und genau das war einer der gravierenden Vorwürfe, den die Reformatoren gegenüber der katholischen Kirche erhoben. Vielmehr geht es darum, anzuerkennen, dass der Mensch fehlerhaft ist und dennoch liebenswert.

Das zu akzeptieren ist in einer pluralistischen Leistungsgesellschaft wie der gegenwärtigen ausgesprochen schwer: Die Lieder, die wir hören, die Filme, die wir sehen, der Sport, den wir selbst treiben oder im Fernsehen mitverfolgen, die Werbung, die wir sehen, und die Ratgeber, die wir lesen, beten uns wie ein Mantra vor, dass im Leben Schönheit, Glück und Erfolg zählen.

In jüngster Zeit ist allerdings eine leichte Trendwende zu beobachten. Anschaulich wird das beim deutschen Philosophen Wilhelm Schmid. Hatte er bis vor kurzem noch Werke über Gelassenheit und Glück geschrieben und damit zeitweilig die Bestsellerlisten angeführt, äussert er sich nun in einem Interview mit den Worten: »Ich hasse das Thema Glück mittlerweile.«[27] Inzwischen wandte er sich vom Diktat eines glücklichen Lebens ab und schrieb ein Buch mit dem Titel »Unglücklich sein. Eine Ermutigung«.

Es braucht tatsächlich Mut, der Tatsache des Lebens, nicht perfekt, schön und erfolgreich zu sein, ins Auge zu sehen. Wie kann man sich selbst oder einen anderen Menschen lieben, wenn man weiss, dass man immer wieder Fehler machen wird?

Die Antwort, finden die Reformatoren, ist denkbar einfach: Der Mensch ist auf Gnade angewiesen. Gnade ist Zuwendung, die einem unverdient entgegengebracht wird.

Vor vielen Jahren habe ich selbst eine Lektion in Sachen Gnade bekommen, die bis heute nachklingt:
Wir sind von Bülach aus mit 22 Jugendlichen zum Konfirmandenlager ins Tessin gefahren. Unser Ziel: Centro Magliaso, eine Tagungs- und Ferienstätte der Reformierten Landeskirche Zürich. Die Gruppe tut sich schwer miteinander und hält mich mit den anderen drei Leitern Tag und Nacht auf Trab. Viele der jungen Leute mobben einander, raufen miteinander, motzen über das Essen und lassen am Wochenprogramm und auch an uns Leitern kaum ein gutes Haar.
Disziplin und die Bereitschaft mitzuarbeiten sind für einige »Alphatiere« in dieser Gruppe Fremdworte. Die Stimmung schaukelt sich hoch. Immer wieder kommt die Heimleitung auf mich zu, leitet Beschwerden anderer Gäste über Ruhestörungen und herumliegenden Müll an mich weiter und erwartet, dass umgehend Ruhe einkehrt. Leichter gesagt, als getan. Wir Leitenden probieren, mit wechselnden Methoden und Interventionen auf eine ruhige Arbeitsatmosphäre hinzuwirken, aber einige Jugendliche zerren

weiter an unseren Kräften. Frust breitet sich im Leiterteam aus und ich spüre, wie meine eigene Enttäuschung über die mangelnde Bereitschaft vieler Jugendlicher zur Zusammenarbeit langsam in Ärger umschlägt. In der nächsten Nacht schleichen sich einige unserer Jungen aus den Schlafräumen, treiben sich erst auf dem Gelände herum, sorgen für Chaos am Pool und holen sich zum Schluss ein plakatgrosses Bild aus dem Aufenthaltsraum des Haupthauses. Das gerahmte und verglaste Bild schleppen sie zum Ufer des angrenzenden Luganer Sees und schlagen es dort kaputt. Vielleicht ernüchtert von der eigenen Zerstörungswut schleichen sie bald darauf zurück in ihre Betten. Am frühen Morgen meldet sich die Hausleitung bei uns und will die Schäden umgehend beseitigt und das Bild ersetzt wissen. Uns droht der Rausschmiss. Der nun folgende Tag ist anstrengend. Es ist ein intensives Stück Arbeit, die Nachtschwärmer dazu zu bringen, die von ihnen angerichteten Schäden so weit wie möglich wiedergutzumachen, die Eltern über die recht teure Sachbeschädigung zu informieren, für die keine Versicherung aufkommen würde, und die Gruppe in sich zu stabilisieren, die beginnt, sich noch weiter zu zerstreiten. Ein wichtiges Ziel des Konfirmandenlagers besteht ja darin, die Gruppe als Ganzes zusammenzubringen und ein gutes Arbeitsklima zu schaffen. Davon ist diese Gruppe jedoch noch weit entfernt. Spät am Abend nach der Leiterbesprechung sitze ich noch mit einem Studienfreund, der als Leiter mitgekommen ist, beisammen.
Ehrlich gesagt bin ich stinksauer auf die Jungs, die uns tagaus, tagein auf Trab halten. Tagsüber habe ich mich bemüht, dieses Gefühl ausser Acht zu lassen, habe an die Vernunft und gemeinsame Verantwortlichkeit der Jugendlichen appelliert und nach Lösungen gesucht, aber im Gespräch mit meinem Freund lasse ich meinem Groll freien Lauf. Eine Weile hört er sich meine Klagen an, wartet schweigend ab, bis mein Wortstrom endet. Schweigen breitet sich im Raum aus. Ich habe auf sein Verständnis gehofft, auf bestäti-

gende Worte, aber er sieht mich an und stellt mir nur eine einzige Frage: »Hast du sie eigentlich lieb?«

Seine Frage bringt mich völlig aus dem Konzept. Hier geht es doch um etwas ganz anderes. Es geht um Anstand und das Einhalten von ganz normalen Regeln und die Bereitschaft, sich anzupassen.

»Was meinst du damit?«, frage ich ihn. Aber mein kluger Freund findet, dass der Tag nun intensiv genug gewesen sei, und zieht sich zurück. Ich bleibe noch lange sitzen und denke über seine Frage nach.

Habe ich sie »lieb«? Eine schlichte Frage, die ein wenig kitschig klingt. Aber an diesem Abend hat er mir mit dieser Frage Herz und Kopf wieder zurechtgerückt. Meine in Zorn und Enttäuschung festgefahrenen Gedanken beginnen, in eine andere Richtung zu wandern. Der nächste Tag wird anders – statt auf Fehler und Widerstand zu achten, suche ich bewusst nach Gutem und Liebenswertem.

Natürlich sind die Konfirmanden immer noch die gleichen wie bisher, aber ich richte mich anders aus. Nicht auf intellektuelle Weise – das haben wir schon die ganzen Tage probiert. Nein, es geht vom Herzen aus. Das ist wie beim Betrachten eines dicken schwarzen Punktes auf weissem Papier. Viele, die ein solches Bild betrachten und gefragt werden, was sie sehen, antworten: »Einen schwarzen Punkt.« Nur selten lautet die Antwort: »Einen schwarzen Punkt und ganz viel Weiss!«

Wunder sind in dem Lager keine geschehen, die jungen Frauen und Männer blieben eine anstrengende Gruppe bis zur Konfirmation. Aber es fiel mir viel leichter, weiterhin mit denen zusammenzuarbeiten, die sich gern querstellten.

Im reformierten Glauben stellen wir uns vor, dass Gott den Menschen einen Gnadenvorschuss gibt. »Sola gratia« nennen Theologen das: Der Mensch bleibt fehlerhaft und wird trotzdem geliebt.

Wohlgemerkt, nicht die Fehler werden geliebt, sondern die Fehler werden um der Liebe willen in Kauf genommen. Solche Liebe lässt sich nicht erzwingen, doch wer so geliebt wird, gibt sich, wenn ihm diese Liebe etwas bedeutet, Mühe, die beste Seite von sich zu leben.

Im Grunde geht es hier um den Kern des evangelischen Glaubens: Der Mensch kann über Gottes Liebe nicht verfügen. Aber er kann auf diese Liebe antworten, weil sie ihn anders ausrichtet. Die Ehrlichkeit des reformatorischen Grundprinzips hat mich schon immer überzeugt, weil sie Defizite nicht ausblendet. Diese Offenheit hilft, authentisch zu leben. Auf schöne Fassaden und glänzende Räume kann der reformierte Glaube verzichten.

Manch einer stört sich ja daran, dass reformierte Kirchen so karg und schlicht eingerichtet sind. Wesentlich ist aber nicht, nach aussen gut dazustehen, es geht darum, mit den Bruchstücken des Lebens umgehen zu lernen. Wichtig ist die Bereitschaft, ehrlich und zugleich gnädig mit sich selbst und anderen zu sein.

Diese Fähigkeit ist auch und gerade in der Kirche vonnöten, besonders wenn unterschiedliche Glaubensausrichtungen und Theologien aufeinanderprallen.

Manchmal ist es beschämend, wie gerade Christinnen und Christen miteinander ins Gericht gehen und kein gutes Haar am anderen lassen. Vor allem die Auseinandersetzung zwischen liberalen und evangelikalen Gruppierungen ist teilweise recht aggressiv, festgefahren und herablassend. Dass sich kontroverse Diskussionen auch gütlich führen lassen, habe ich während einer dreimonatigen Stellvertretung in Buch am Irchel erlebt.

# Gespräche auf Augenhöhe

Vor der Fusion mit den Nachbargemeinden war Buch eine sehr kleine Kirchgemeinde mit knapp 800 Seelen. Am Sonntagmorgen war die alte Dorfkirche angesichts der Gemeindegrösse beeindruckend gut besucht. In der Nachbargemeinde hatte zuvor ein Glaubenskurs stattgefunden, »Alphalive«, der sich an die Alpha-Kurse der anglikanischen Kirche Grossbritanniens anlehnte. In der reformierten Landeskirche Zürich stiess der Kurs auf sehr widersprüchliches Echo, doch in Buch a. I. waren viele der Gemeindeglieder vom evangelikalen Glaubenskurs tief beeindruckt. Er würde, so erklärte mir eine Teilnehmerin, einen Zugang zum christlichen Glauben ermöglichen, den sie als sehr persönlich und nah erlebe. Das mag am stets gleichen Setting gelegen haben: ein Abendessen in einem Kreis von normalerweise etwa 15 Personen, eine inhaltliche Präsentation, darauf folgten Gespräche in kleinen Gruppen. In diesem vertraulichen Rahmen schätzte sie die Bereitschaft der Teilnehmenden, den eigenen Glauben zu suchen und sich vor den anderen dazu zu bekennen. Dann sprach sie ganz selbstverständlich vom Wirken des Heiligen Geistes in ihrem Leben – so wie andere über die neusten Ereignisse in der Tagespresse reden.
Die eher landeskirchlich-liberal ausgerichteten Gemeindemitglieder im kleinen Dorf sahen die Zahl der »Alphalive«-Anhängerschaft in ihrer Gemeinde teils misstrauisch wachsen. Sie traten mit ihrer Sorge an mich heran und baten ausdrücklich darum, »liberale Gegensteuer« zu geben.
Nun verstehe ich mich als liberale Theologin, doch ehrlich gesagt faszinierten mich die intensiven und tiefgründigen Gespräche über die Predigt beim anschliessenden Kirchenkaffee. Die Gemeindemitglieder hatten sich im Austausch und theologischen Diskurs geübt und hinterfragten nun auch meine theologische Position intensiv. Solch hartnäckiges Interesse hatte ich in meiner

vorherigen Gemeinde, dem städtischen Bülach, nie erlebt. Dort kamen die Gottesdienstbesucherinnen und -besucher nach dem Gottesdienst auch zum Kirchenkaffee zusammen, nur drehten sich die Gespräche in der Regel um alltägliche Themen wie bevorstehende Ausstellungen, Ortspolitik, Fussball, weniger um Glauben und Theologie und nur in ausgesprochenen Ausnahmefällen um die zuvor gehörte Predigt.

Seit meinen Studienzeiten hatte niemand mehr so nachgehakt. Kein Wunder, dass ich die ersten Wochen in Buch a. I. das Gefühl hatte, regelrecht examiniert zu werden.

Jedes Wort wurde »gewogen«. Erfreulicherweise war trotz unterschiedlichem Verständnis der biblischen Worte eine spannende Diskussion möglich, in der wir nach dem grössten gemeinsamen Nenner suchten.

So miteinander zu sprechen braucht Geduld und den Wunsch beider Seiten, den jeweils anderen zu verstehen, statt Recht haben zu wollen.

Im Rückblick auf diese Gespräche erklärte mir eine Kirchenpflegerin: »Es ist wohltuend, solche Unterhaltungen einmal mit einer liberal denkenden Pfarrerin auf Augenhöhe führen zu können. Sonst wird man mit einer evangelikalen Glaubenshaltung schnell mal als Depp angesehen.«

## Selber denken

Die Bereitschaft evangelikaler Gemeindemitglieder, ihren Glauben frei und offen zu bekennen, irritiert diejenigen, die sich gerade in der Bekenntnisfreiheit der reformierten Landeskirche Zürich wohlfühlen.

Diese Bekenntnisfreiheit blickt auf eine lange Geschichte zurück. Bis ins 19. Jahrhundert war es in der reformierten Kirche

Zürichs vorgeschriebener Brauch, anlässlich einer Taufe mit den Worten des Apostolikums den christlichen Glauben zu bekennen. Dazu wurde die Pfarrschaft bei der Ordination auf das Zweite Helvetische Bekenntnis verpflichtet und vereidigt. Damit das Bekenntnis wirklich von Herzen kommt und in Freiheit gegeben wird, statt bloss eine Pflichtübung zu sein, stellte die Zürcher Synode den Pfarrern bereits 1868 frei, ob sie die Taufe mit oder ohne Apostolikum vollziehen wollten. Die Diskussion um die Bekenntnisfreiheit ist bis auf den heutigen Tag strittig: Befürworter schätzen, dass die reformierte Kirche damit konsequent für die Glaubens- und Gewissensfreiheit eintritt. Andere vermissen eine klare Stellungnahme der reformierten Kirche und werfen ihr vor, dass sie in Beliebigkeit verschwimmt.

Mit spitzer Zunge bemerkte ein Kollege im Pfarrkapitel Horgen dazu: »In der reformierten Kirche kann jeder glauben, was er will – und noch nicht einmal das ist verbindlich.«

Tatsache ist: Wer sich Offenheit auf die Fahnen schreibt, hat damit zu rechnen, dass dieser Freiraum genutzt wird. Oder, um es in den Worten meines Lehrpfarrers auszudrücken, die er mir zum Abschluss meiner praktischen Ausbildung mit auf den Weg gab: »Wer Freiheit gibt, muss Freiheit lassen.«

Wollen wir also eine Kirche in Freiheit und Offenheit sein, brauchen wir gegenseitige Toleranz. Das setzt allerdings voraus, dass die Reformierten sich die Mühe machen, selber zu durchdenken, was sie glauben und was sie bewahrt oder verändert haben möchten.

Im Dezember 2000 sorgte in der Deutschschweiz eine grosse Plakataktion der reformierten Kirchen mit ebendiesem Titel für Aufsehen: »Selber denken. Die Reformierten«. Der Slogan beschwor die reformatorische und humanistische Tradition der Selbstständigkeit im Denken und Urteilen. Interessanterweise bezogen sich die vier gewählten Motive der Plakate nicht auf direkt kirchliche Fragen, sondern auf gesellschaftliche Herausforderungen: Toleranz und Fremdenfeindlichkeit / Schöpfung und wissenschaftliche Möglichkeiten / Respekt und Armut / Zukunft und Sterblichkeit. Selbstbewusst, fast ein wenig trotzig klang die Einladung, verantwortlich über das gemeinsame Leben nachzudenken.

Mir ist diese Kampagne als sehr gelungen in Erinnerung geblieben, denn sie fasst kurz und knapp zusammen, wie wir Reformierten unseren Glauben und den Umgang mit unseren kirchlichen »Lehrmeinungen« verstehen. »Selber denken« bedeutet, sich gegenüber kirchlicher Richtungsweisung und gesellschaftlichen Zwängen als frei zu begreifen. »Selber denken« bedeutet nicht, die christliche Moral und Ethik abzulehnen, sondern sie sich im gegenseitigen Diskurs selbst zu eigen zu machen und zu verantworten.

## Freiheit braucht Mut

In ihrer Dankesrede anlässlich der Verleihung des Friedenspreises des Deutschen Buchhandels 2016 hat Carolin Emcke klar formuliert: »Freiheit ist nichts, das man besitzt, sondern etwas, das man tut.« Freiheit steht uns nicht einfach zu, sie will verantwortet sein in Gedanken, Worten und Taten. Besonders gegenüber denen, für die wir Verantwortung tragen – gegenüber unseren Kindern und Jugendlichen.

Im Konfirmandenunterricht versuche ich den Jungen und Mädchen diese Verantwortung mit einer einfachen Übung nahezubringen. Wenn wir miteinander das Thema »Freiheit« behandeln, warte ich, bis sie sich alle zum Unterrichtsbeginn gesetzt haben. Dann begrüsse ich sie und stelle ihnen das Thema vor mit den Worten: »Unser Thema heute ist Freiheit. Wer möchte, kann gehen.« Dieser Satz löst jeweils eine grosse Irritation aus. Sie schauen ihre Nachbarinnen und Nachbarn an, beginnen zu tuscheln und fragen mich, ob das ein Trick sei, ob sie dafür irgendetwas anderes tun müssten oder ob ich die Eltern anrufen würde, wenn sie jetzt gingen. Kurz, sie wollen von mir wissen, welche Konsequenzen ihr Handeln haben wird.

Doch ich wiederhole nur: »Unser Thema heute ist Freiheit. Wer möchte, kann gehen.« Die Entscheidung liegt bei ihnen. Das zu realisieren, ist ein wichtiger Schritt, um in Freiheit zu leben. Durch die Jahre haben erst zwei Konfirmanden gewagt, aufzustehen, um zu gehen. Ihre Kolleginnen und Kollegen haben sie in einer Mischung aus Neugier und Respekt dabei beobachtet. Die beiden sind allerdings nur bis zur Tür gekommen. Als die kalte Klinke in ihrer Hand lag, machten sie kehrt und setzten sich verlegen lächelnd zurück an ihren Platz. Ich habe sie gefragt, ob sie lieber bleiben wollten. Ja, das wollten sie. Wirklich gegangen ist bei dieser Aufgabe bisher noch niemand, aber diese Übung löst jedes Mal intensive Diskussionen darüber aus, wie viel Mut Freiheit braucht, weil man ja nicht weiss, was für Konsequenzen eine eigene Entscheidung mit sich bringt. Das gilt für auch die Glaubensfreiheit.

Mich erstaunt, wie selbstverständlich gerade junge Menschen sie für sich in Anspruch nehmen. Dagegen ist erst mal nichts zu sagen, doch durch die kurze Übung zu Beginn der Stunde realisieren sie, dass Freiheit, auch Glaubensfreiheit, nicht ein statisches Recht ist, das einem zusteht, sondern eine dynamische Übung, in der es gilt, eigene Entscheidungen zu treffen und mit Ungewissheiten und Kritik umzugehen.

Freiheit besteht darin, dem eigenen Wissen und Wollen zu folgen, statt den Vorgaben, die andere uns geben. Oder, wie es in der Bibel heisst: »Bleibe bei dem, was dir dein Herz rät; denn du wirst keinen treueren Ratgeber finden.« (Jes Sir 37,17)

Das Wissen um diese eigene Verantwortung kann einem niemand abnehmen, schon gar nicht ein staatlich verbrieftes Recht. Der persönlich verantwortete Glaube zeichnet den protestantischen Glauben explizit aus und macht ihn gleichzeitig so anspruchsvoll. Dem Unfehlbarkeitsdekret eines Kirchenoberhauptes Folge zu leisten ist in diesem Glauben nicht vorstellbar.

Die individuelle Verantwortung lässt sich leichter tragen, wenn einem gläubigen Menschen bewusst ist, wie viel Gutes und Starkes ihm ebenfalls anvertraut wurde. Es gehört zu den Privilegien meines Berufes, nach diesem tragenden Grund Ausschau zu halten, ihn zu benennen oder in Erinnerung zu rufen, um ihn mit Gott in Verbindung zu bringen. Das geschieht im Gottesdienst, im Unterricht, bei Veranstaltungen, besonders aber in der Seelsorge und in der Begleitung von Jugendlichen, Freiwilligen und Ehrenamtlichen. Nicht mehr und nicht weniger.

Ich bin sehr froh, dass ich meinen Beruf in einer kleinen Gemeinde ausüben darf. Hier haben wir Zeit und Raum, um direkte Beziehungen zueinander aufzubauen und Vertrauen wachsen zu lassen. Hier leben und erleben wir miteinander, was unseren Glauben und unsere Zweifel ausmacht. Wir sind in einfachen Dingen miteinander verbunden, wir feiern zusammen unsere Feste und begraben miteinander unsere Toten. Wir essen und trinken zusammen und können auch miteinander weinen oder schweigen, wenn das Leben uns wieder einmal seine Grenzen aufzeigt. Wir teilen die Freude über ein neugeborenes Kind, begeistern uns an einem berührenden Konzert, staunen über die Schönheit der Natur und können uns auch wunderbar gemeinsam aufregen, wenn an schönen Sommertagen das Seeufer morgens mit dem Müll der Nachtschwärmer übersät ist oder die Zufahrt in die Stadt wieder einmal wegen einer Grossveranstaltung gesperrt ist. Wir leben miteinander Alltag. Es ist eigentlich nichts Besonderes und doch grossartig.

# »Glaube to go«

Vor dem Mittagessen will ich noch einmal rasch rüber ins Sekretariat, um mit der Sekretärin ein paar Details für den neuen Predigtplan und die Termine für das nächste Schuljahr zu besprechen.

In der Woche vor Pfingsten bereits an die offene Kirche im Advent zu denken, ist irgendwie bizarr. Die Arbeit in der Kirchgemeinde läuft durch die weiträumige Planung in vielen Bereichen azyklisch an. Das Programm für Konzerte und besondere Musikveranstaltungen wird schon ein Jahr im Voraus erstellt, ebenso der Unterrichtsplan mindestens halbjährlich im Voraus. Die langfristige Unterrichtsplanung ist nötig. Viele Kinder und Jugendliche gehen, statt in eine der drei Dorfschulen, ins Gymnasium nach Zürich oder in eine der vielen Privatschulen im Umkreis. Besonders die Zusammenarbeit mit Schülerinnen und Schülern der International School braucht eine verstärkte Aufmerksamkeit, da die Ferienzeiten dieser Schule nicht mit denen der Schweizer Schulen kompatibel sind. Manchmal ist es schwer, überhaupt eine gemeinsame Unterrichtszeit zu finden; es ist nicht selten, dass für die Unterrichtsplanung einer Konfirmandengruppe aus zwölf Konfirmandinnen und Konfirmanden Stundenpläne aus acht verschiedenen Schulhäusern zu berücksichtigen sind.

Nun lassen sich längst nicht mehr alle reformierten Schülerinnen und Schüler konfirmieren, gut ein Viertel sieht in unserer Kirchgemeinde davon ab.

Ausserdem ist zu beobachten, dass ein zunehmender Teil der Eltern sich dagegen entscheidet, an Informationsanlässen oder Veranstaltungen, bei denen ihre Kinder mitwirken, teilzunehmen. Die Kinder erscheinen allein, und es bleibt abzuwarten, welches Signal ihre Eltern ihnen damit auf den Weg geben. Lernen sie aus deren Absenz, dass die Gemeinschaft, die wir dort miteinander erleben, teilen und feiern, dass unser Fragen nach Gott keine besondere Relevanz haben?

Hinzu kommt, dass sich in den zurückliegenden Jahren zwei grundlegende Tendenzen beobachten liessen:

Zum einen wächst die Zahl derjenigen Eltern, die bezüglich der religiösen Erziehung die dezidierte Weitergabe christlicher Glaubensinhalte und Wertvorstellungen an die Institution Kirche delegieren. Gut ein Zehntel aller Kinder, die aktuell in Rüschlikon den kirchlichen Unterricht besuchen, stammt aus Familien, die selbst nicht in der Kirche sind und trotzdem Wert darauf legen, dass sich ihre Kinder mit den Ritualen, Traditionen, Geschichten und moralischen Massstäben des christlichen Glaubens auseinandersetzen. Die Kinder sind uns von Herzen willkommen, aus Gründen der Fairness laden wir jedoch deren Eltern ein, pro Semester einen Beitrag zu den Kosten dieses Unterrichts zu leisten. Dieser Beitrag ist genauso hoch wie der für eine Stunde an der örtlichen Musikschule. Nur gut die Hälfte der betreffenden Eltern ist bereit, diesen Obolus zu entrichten. Es ärgert mich manchmal, wenn die Kirche nur benutzt bzw. wenn bewusst ausgenutzt wird, dass Kirche auf dem Prinzip der Gemeinschaft basiert. Wie ist das nachzuvollziehen, dass man das eigene Kind entgegen der eigenen öffentlichen religiösen Positionierung zur Erziehung in eine soziale Gemeinschaft schickt, obwohl man selbst nicht bereit ist, sich wenigstens im Blick auf die entstehenden Unterrichtskosten als sozial zu erweisen? Vielleicht ist es nötig, dass diese Eltern ihre Kinder in die Kirche schicken, damit sie dort etwas lernen, was sie zu Hause nicht geboten bekommen.

Die zweite Tendenz, die sich beobachten lässt, betrifft den umgekehrten Fall: Eltern sind zwar in der Kirche, ihre Kinder sollen jedoch selbst entscheiden, ob sie den kirchlichen Unterricht besuchen wollen oder nicht.

Nachdem eine Mutter die Anmeldefrist hatte verstreichen lassen, um ihre elfjährige Tochter zum kirchlichen Unterricht anzumelden, und auch auf die schriftliche Nachfrage nicht reagiert hatte, rief ich sie an, um mich zu erkundigen: »Möchten Sie, dass Ihre Tochter den kirchlichen Unterricht bei uns besucht?« Die Mutter bat mich, eine Sekunde zu warten, rief umgehend nach ihrer Tochter, und verabschiedete sich mit den Worten: »Das soll sie selbst entscheiden. Ich gebe sie Ihnen.« »Wozu brauche ich das denn?«, wurde ich nun von dem Mädchen gefragt.

Wie erklärt man einer Elfjährigen in wenigen Sätzen am Telefon, warum es Sinn macht, sich mit dem Glauben, christlichen Werten und Traditionen auseinanderzusetzen? Ich tappte völlig im Dunkeln, was ich bei diesem Kind bereits voraussetzen konnte. Wie weit hatten ihre Eltern ihr schon Einblick gegeben in die Erzählungen unseres Glaubens, in häusliche und gottesdienstliche Rituale und in Symbole? Wie weit war ihr religiöses Bewusstsein entwickelt, wie weit konnte ich bei ihr bereits eine Haltung zu einem »Absoluten« voraussetzen, also die Fähigkeit, sich ein transzendentes Wesen vorzustellen, das in ihrem Alter gewöhnlich noch als »der liebe Gott« bezeichnet wird? Nicht nur das Kind war am Telefon überfordert, ich war's ehrlich gesagt auch. So ein Gespräch lässt sich nicht am Telefon führen. Um solch eine Frage zu beantworten, braucht es schlicht und ergreifend mehr Zeit und vor allem Beziehung. Ich war ihre Pfarrerin. Sie kannte mich gar nicht. Am Ende entschied sie sich verständlicherweise gegen den Unterricht und sagte: »Ich glaube, das ist nichts für mich. Auf Wiederhören.« Sie legte auf. Von der Mutter habe ich ebenfalls nie wieder etwas gehört.

Aus meiner Sicht machen es sich manche Eltern zu leicht: Glaubensfreiheit entbindet nicht von der Auseinandersetzung mit wesentlichen Vorstellungen des Glaubens und daraus resultierenden

Verhaltensweisen. Wer seinem Kind Freiheit lassen möchte, sollte ihm auch einen Raum zur Verfügung stellen, in dem es diese Freiheit erproben und nutzen kann. An die Tür zu diesem Raum von Anfang an ein Schild anzuheften, auf dem steht: »Geh allein, ich komm nicht mit!«, mag beim Kind vielleicht Neugier wecken, es bedeutet aber, dass es sich auf der »grünen Wiese der Spiritualität und Moral« selbst einen Weg zu treten hat, statt die ersten Schritte bequem auf bereits vorgetretenen Pfaden der Vertrauenspersonen zu machen und auf eigene Erkundungstour zu gehen.

Darum steht am Anfang die grundsätzliche Entscheidung der Eltern, ob sie der religiösen Erziehung ihrer Kinder bewusst zustimmend oder ablehnend gegenüberstehen. Entscheiden sie sich dazu, der religiösen Erziehung ihres Kindes jenseits der Schule einen Wert beizumessen, stellt sich die Frage, wie sie ihre Kinder mit den religiösen Bräuchen und Glaubensvorstellungen vertraut machen wollen. Vieles wird ganz selbstverständlich geschehen. Indem Kinder am Alltag der Eltern teilhaben und Rituale, Grundvertrauen, Fantasie und den Wert der Gemeinschaft kennenlernen, prägt sich bereits ein undifferenzierter Glaube aus.[28] Durch das Erzählen von biblischen Geschichten kann dieser Glaube bereits in früher Kindheit weiter ausdifferenziert werden. Mit dem Beginn des Schulalters bis circa zum zwölften Lebensjahr verstehen Kinder die Geschichten und Symbole des Glaubens in einem mythisch-wörtlichen Sinn, erschliessen sie allerdings noch nicht in ihrer Mehr- und Tiefendimension. In dieser Phase lassen sich Kinder und Jugendliche wie in einem Rollenspiel ganz auf die biblischen Geschichten ein und fragen noch nicht nach einem Hintersinn.

In der vierten Klasse nehmen wir mit den Kindern das Thema »Schöpfung« durch. Dazu lesen wir in der Bibel den ersten Schöpfungsbericht im ersten Buch Genesis, die Erschaffung der Welt in sieben Tagen. Jedes Mal werden Fragen gestellt, ob Gott denn tatsächlich die Welt in sieben Tagen geschaffen habe. Manch ein Kind hat auch schon etwas vom Urknall gehört oder fragt, wo denn die Saurier hergekommen seien. In diesem Alter lasse ich beides einfach nebeneinanderstehen. Ich habe die Erfahrung gemacht, dass die Kinder mit ihren Fragen eher prüfen, wie weit neues Wissen, das sie sich aus verschiedenen Quellen angeeignet haben, in ihre wachsende Weltdeutung hineinpasst. Sie haben jedoch keine Mühe, sich trotz spürbarer Differenzen völlig auf die alten mythologischen Geschichten einzulassen.

Der erste Schöpfungsbericht erklärt, wie Gott an jedem Schöpfungstag etwas Neues und Besonderes entstehen lässt. Die Kinder können dann in Gruppen dieses neu Entstandene kreativ nachgestalten. Die einen bauen ein Himmelsgewölbe mit Sternen, Mond, Sonne und Wolken, andere füllen ein grosses Meer mit fantasievollen Fischen und Seeungeheuern, wieder andere zeichnen akribisch Blüten und Blätter, um die ganze Vielfalt der Pflanzenwelt darzustellen.

Jedes Jahr warte ich besonders gespannt auf die Gruppe, die den letzten Tag der Schöpfungsgeschichte bearbeitet, den Tag, an dem Gott sich von der schweren Arbeit der Erschaffung der Welt so richtig ausruht. In solchen Stunden kann man Gott schon einmal an einer Cocktailbar treffen, ein anderes Mal lag er auf einer bequemen Liege am Strand, Sonnenbrille auf der Nase, bekleidet mit einer getupften Badehose, die Baseballkappe lässig nach hinten gedreht unter einem Sonnenschirm. Eine Gruppe Jungs sah ihn dann doch lieber auf dem Sofa vor einem grossen Flachbildschirm mit Cola und Chips beim Fussballgucken. Die Kinder projizieren in ihren Darstellungen ganz selbstverständlich ihre Vorstellungen von Feierabend und Entspannung in die alte Geschichte hinein. Logische Brüche, zum Beispiel wo Gott den Strom hernimmt oder woher die Fussballmannschaft kommt, wenn es doch erst zwei Menschen auf der Welt gibt, sind dabei überhaupt kein Problem. Die Kinder gehen ganz und gar auf in der Freude des Gestaltens.

Erst auf einer weiteren Entwicklungsstufe ab ca. 13 Jahren suchen Jugendliche nach einer stimmigen Identität. Es ist das Alter, in dem sie sich gegenüber Autoritäten abgrenzen und nach Vorbildern suchen. Glauben und Werte werden in dieser Entwicklungsphase noch weitgehend unreflektiert vermischt. Erst das frühe Erwachsenenalter ist geprägt von einem individuell-reflektierenden Glauben, in dem Platz ist für kritische Reflexion und Zweifel. Diese Entwicklungsstufen variieren selbstverständlich angesichts der individuellen Biografie eines Menschen und äusserer Einflüsse. Sie zeigen aber grundsätzlich auf, dass die kritische Auseinandersetzung, die nötig ist, um sich selbst für einen eigenen, aktiv praktizierten Glauben zu entscheiden, erst zu einem viel späteren Zeitpunkt erfolgt, als viele Eltern es ihrem Kind zumuten.

Kurz gesagt: Es ist ein Unterschied, ob ich meinem Kind die Freiheit lasse, über seinen Glauben zu entscheiden, oder ob ich es allein lasse, wenn es darum geht, sich mit Glauben und Moral auseinanderzusetzen.

Wenn ich möchte, dass mein Kind sich mit dem christlichen Glauben auseinandersetzt, tue ich das doch aus der Überzeugung, dass es dabei in der moralischen Entwicklung gefördert wird, eine positive Lebenseinstellung, Lebensfreude und Sinn erfährt, und um religiöse, moralisch motivierte Verantwortungsbereitschaft für andere in ihm zu wecken.

Wesentlich für die religiöse und moralische Entwicklung von Heranwachsenden ist deshalb die Vermittlung einer positiven Haltung gegenüber der Kirche, die ich meinem Kind als Wahlperspektive nahelege. Haltungen und Richtungen, die ich als Elternteil von vornherein ablehne, weil ich sie für falsch oder schwierig halte, biete ich meinem Kind besser gar nicht erst an. Die erste Entscheidung über die religiöse Ausrichtung eines Kindes liegt nicht bei dem Kind selbst, sondern bei seinen Eltern, später dann bei den jungen Erwachsenen.

> Die jüngste Tochter einer Freundin weigerte sich vehement, sich konfirmieren zu lassen. In lautstarken Diskussionen hielt sie ihrer Mutter vor, dass einige ihrer besten Freundinnen auch nicht zum Konfirmandenunterricht gehen würden. »Ausserdem werde ich mich nicht wie andere aus der Klasse nur wegen des Geldes konfirmieren lassen. Ich werde meine Seele nicht verkaufen!« Dafür hatte ihre Mutter volles Verständnis und sagte ihrer Tochter: »Das würde ich nie von dir verlangen. Du brauchst dich nicht konfirmieren zu lassen, wenn es dir nichts bedeutet. Aber zum Konfirmandenunterricht gehst du trotzdem. Ich möchte, dass du dich mit den Grundgedanken unseres christlichen Glaubens mit anderen in deinem Alter auseinandersetzt.«
> Die Mutter hat sich durchgesetzt und nach anfänglichem Widerwillen fand die junge Frau in die Gruppe. Am Ende wollte sie sich sogar konfirmieren lassen. Ihre Mutter hat sie in dieser Zeit als authentische Gesprächspartnerin erlebt, der ihr Glaube so viel wert war, dass sie dafür die Auseinandersetzung mit ihrer Tochter in Kauf nahm.

Für viele Eltern, die ihre Kinder zum Unterricht schicken, ist dies selbstverständlich. Sie wissen und vermitteln, dass die Kirche für sie ein wertvoller Ort ist, an dem Lebensfreude und Selbstvertrauen gelebt werden können: Hier nehmen sich Menschen miteinander Zeit, ihr Leben und Handeln auf Gott hin zu deuten. Das geschieht im

- Weitergeben von Geschichten und Darüber-Philosophieren,
- gegenseitigen Zuhören und Verstehen-Wollen,

- Trösten und Mitfühlen,
- Miteinander-Feiern und Fröhlich-Sein,
- Gebet und Gottesdienst-Feiern,
- Singen, Spielen und Musizieren,
- gemeinsamen Naturerleben und Staunen,
- Durchatmen und Ruhig-Werden,
- Austausch mit Menschen anderer Kulturen und Religionen,
- Begreifen, Nachvollziehen und Mitgestalten der Regeln für ein gutes Miteinander,
- Kennenlernen von Vorbildern, an denen man sich orientieren kann.

Natürlich werden in der Kirche auch Fehler gemacht. Sie ist keine heile Welt. In ihr leben und engagieren sich Menschen, die weit davon entfernt sind, perfekt zu sein. Der Alltag wird auch hier durchbrochen und geprägt von Missverständnissen und Scheitern, von komplexen Beziehungskonstellationen und Ereignissen, die Flexibilität und Toleranz erfordern, um als Gemeinschaft miteinander weitergehen zu können.

## Freiwillig engagiert

Mit Kindern und Jugendlichen gemeinsam den Glauben zu hinterfragen und ihn in praktischen Lebensvollzügen auszuloten, gehört für mich zu den spannendsten und herausforderndsten Aufgaben im Pfarramt. Jede Altersgruppe verlangt nach einem anderen, der jeweiligen Entwicklungsstufe angemessenen Zugang zu den Inhalten, die es zu vermitteln gilt. Wie erklärt man die Kreuzigung Jesu einem Grundschüler, einer Oberstufenschülerin, einer Gymnasiastin oder einem jungen Erwachsenen, der sich entschlossen hat, in die Kirche einzutreten, und sich dazu einen kleinen persönlichen Glaubenskurs von der Pfarrerin ausgebeten hat?

Idealerweise passiert das in Zusammenarbeit mit Freiwilligen. Sie helfen, das eigene Denken in einen weiten Horizont zu stellen und die jeweiligen Aufgaben weiter abzustützen. Zu einer der wertvollsten Aufgaben in einer neuen Pfarrstelle gehört es darum, Menschen kennenzulernen, die Interesse daran haben und bereit sind, unterschiedliche Veranstaltungen mit in die Tat umzusetzen. Im Bereich der Kinder- und Jugendarbeit sind es Erwachsene, vor allem junge Erwachsene, die sich mit darum bemühen, den Kindern und Jugendlichen einen Erlebnisraum zu ermöglichen, in dem christliche Werte, Grundgedanken und Lebenshaltungen zum Tragen kommen können.

An Kinderferientagen stöbern wir gemeinsam durch Wälder und Wiesen, toben, singen, lachen und lernen, Vertrauen zueinander zu haben und in den guten Geist, der unter uns ist. In diesen Bereichen fand ich bald Helferinnen und Helfer, die bereit waren, sich mit ihren Fähigkeiten, ihrer Begeisterung und Zeit einzubringen. Eine ehemalige Konfirmandin antwortete mir auf meine Frage, warum sie freiwillig in der Kirche mitarbeitet:

> »Schon als ich selbst als Jugendliche dabei war, habe ich die Angebote der Kirche geschätzt. Als ich die Möglichkeit dazu hatte, wollte ich weitergeben helfen, was mir selbst so gut gefallen hat. Viele Jugendliche sagen immer, die Kirche ist langweilig. Ich hab das anders erlebt. Wir waren nicht nur drinnen im Raum, wir haben Spiele gespielt, sind auch mal rausgegangen aus der Kirche und vor allen Dingen durften wir kritisch sein. Dann habe ich einen Leiter-Kurs gemacht und hab mega viel gelernt. Vor allem, auf das Umfeld der Menschen zu achten, mit denen ich zusammen bin. Bei den Kinderferientagen ist mir das besonders aufgefallen. Da gab es Kinder, die habe ich anfangs als sehr speziell erlebt. Erst als ich

erfahren habe, dass bei dem einen oder dem anderen Kind schwierige Situationen im Hintergrund sind, hatte ich plötzlich mehr Verständnis für sie und auch mehr Geduld. Man lernt insgesamt, genauer hinzusehen und andere nicht so schnell zu verurteilen. Es braucht aber auch Leute, die einem helfen, dieses Hinsehen zu lernen. Dann war es spannend zu beobachten, wie sich die Mitglieder einer Gruppe gegenseitig beeinflussen. Das ist ein intensives Wechselspiel, und zu beobachten, wer wen wie behandelt, fördert irgendwie auch die eigene Menschenkenntnis. Vor allen Dingen, wenn man auch mal mit verschiedenen Gruppen und in unterschiedlichen Kontexten mithilft. Ich selbst war bei Kinderferientagen dabei, einer Kirchennacht mit Jugendlichen, als Leiterin beim Segellager oder bei Gottesdiensten mit unserer Band.
Vor allem Kinder sehen die Welt mit anderen Augen und haben an ganz kleinen Dingen Freude. Einmal haben wir in den Kinderferientagen Bilder aus Körnern gemacht. Es war so eine einfache Beschäftigung, doch sie waren leidenschaftlich dabei und voller Zufriedenheit. Kinder brauchen so wenig, um glücklich zu sein. In der Pause haben sie sich mit ein paar alten Holzstöcken riesige Spiele ausgedacht und stundenlang gespielt. Sie haben Fantasie, wenn man sie machen lässt. Sie haben weniger Vorurteile. Sie gehen einfach auf andere Menschen zu und lassen sich auf sie ein. Das kann einen ganz schön nachdenklich machen.
Es gab aber auch Kinder und Jugendliche, die einfach störten. Wir haben alles probiert, um sie zu ›bändigen‹: Wir haben ihnen gut zugeredet, ein anderes Mal Druck gemacht und, wenn gar nichts mehr ging, auch mit Strafe gedroht. Aber am nächsten Tag hatten sie alles wieder vergessen und es lief genauso wie vorher. Es ist frustrierend, wenn sich für manche so gar nichts verändert. Trotzdem bleibt die Kirche für mich ein Ort, an dem man im Miteinander mit den Menschen ein Feingefühl entwickeln kann. Das nennt man wohl Seelsorger. Ich glaube nicht, dass ein Staat in der Lage

wäre, eine so umfassende Freiwilligenarbeit auf die Beine zu stellen, die zugleich so wenig kostet und doch so intensiv bis in die Tiefen greift. Ein Staat hat einfach nicht die Kapazität, um solche Beziehungsarbeit zu leisten. In der Kirche ist das möglich.«

In der Kirche kann es sogar passieren, dass sich Freiwillige auf einem bestimmten Gebiet engagieren wollen, aber niemand kommt. In Rüschlikon hatten wir im Bereich des Kindergottesdienstes, beim sogenannten »Fiire mit de Chliine«, einige Schwierigkeiten, bis dieses Angebot etabliert war.

Kaum eine Woche nach meinem Stellenantritt in Rüschlikon trat eine junge Mutter an mich heran, die sich ausdrücklich wünschte, dass unsere Kirche endlich ein Angebot für die ganz Kleinen mit ihren Eltern machen würde. »Andere Kirchgemeinden haben das schon lange. Ich wäre auch bereit, etwas mitzumachen.« Trotz ihres engagierten Angebotes und obwohl sich noch drei weitere Helferinnen fanden, blieben wir in den ersten zwei bis drei Jahren fast immer allein, wenn wir zum »Fiire« einluden. Es war frustrierend. Von verschiedener Seite wurde immer wieder signalisiert, dass ein solches Angebot gewünscht sei. Aber wie wir es auch probierten, oft waren es nur ein oder zwei Familien, die zum Leiterteam mit ihren Kindern dazukamen. Wir haben daraufhin mit den Zeiten herumprobiert, mit dem Ort, den Kindergottesdienst mal mit, mal ohne gemeinsames Essen angeboten, es half nichts. Als schwierig erwies sich zudem die Aufgabe, ein gemeinsames Programm für Kinder so unterschiedlichen Alters anzubieten: ein 2-jähriges und ein 5-jähriges Kind können zusammen Gemeinschaft erleben und feiern, aber Geschichten und Lieder brauchen eine je altersgerechte Darstellung. Hinderlich war zudem, dass viele gemischt konfessionelle Paare Mühe hatten zu entscheiden, ob sie mit ihren Kindern in die reformierte oder katholische Kirche gehen. Die Lösung bestand schliesslich darin, ein ökumenisches Angebot zu schaffen. Inzwischen haben wir mit dem Samstagmorgen auch die optimale Zeit gefunden. Das Helfer-Team ist mittlerweile auf über zehn gewachsen.

Eigentlich gehören auch noch zwei Schosspuppen dazu, Tim und Lucy. Ich persönlich liebe das Spiel mit diesen Puppen. Lucy kann ich so richtig frech und vorlaut zu Wort kommen lassen. Sie stellt alles Mögliche an und infrage und die Kinder erklären der Puppe meist sehr ernsthaft und deutlich, wie man es »richtig« macht. Dabei erlebe ich, wie sich Kinder, die sonst vor Erwachsenen scheu zurückweichen, im Spiel mit diesen gut einen Meter grossen Figuren völlig natürlich und treuherzig offen geben. Natürlich gibt es Ausnahmen, aber Kinder reagieren auf die Puppen oft schneller als auf einen Erwachsenen. Die Puppe hilft mir zudem, mich besser in die Kinderwelt hineinzufühlen. Es macht einfach grossen Spass. Wenn unsere Kirche eines gebrauchen kann, dann sicher Humor und Lebensfreude. Die Kindergottesdienste sind aufwendig in der Vorbereitung und meist dauert es nach dem gemeinsamen Mittagessen noch eine Weile, bis alles wieder aufgeräumt und geputzt ist. Aber dieser Aufwand lohnt sich. Zehnmal im Jahr erleben wir Familien aus unterschiedlichen Konfessionen, die das Leben mit ihren Kindern ganz selbstverständlich und bewusst mit Gott in Verbindung bringen. Ich schätze es besonders, dass wir abwechselnd mal in der katholischen, mal in der reformierten Kirche feiern. Hier wird Ökumene von Grund auf selbstverständlich gelebt.

Die Erfahrungen aus diesem Anlass sind sehr positiv. Die Kinder werden schnell vertraut mit der Kirche als Gebäude, sie lernen auch die jeweilige Schwesterkirche kennen und die Gepflogenheiten des Umgangs in unserer Gemeinschaft. Gemeinsame Rituale, Lieder und Gebete erschliessen ihnen zusammen mit ihren Eltern eine spirituelle Erfahrungswelt, die familiär ist und doch über den eigenen Familienkontext hinausreicht, denn jede Familie bringt eigene Erwartungen und Erfahrungen mit, die im einfachen Beisammensein sichtbar und erfahrbar werden. Da sitzen Eltern mit ihren Kindern in einem grossen Kreis zusammen, und die einen realisieren, dass andere ganz selbstverständlich religiöses Liedgut beherrschen. Daneben gibt es Kinder, die schon ein paar Mal mit dabei waren und in kindlicher Leichtigkeit beginnen, das »Unser Vater/Vater unser« mit zu sprechen, das sonst im eigenen Familienleben selten bis nie laut ausgesprochen wird. Auf diese unkomplizierte Weise teilen wir unser Glaubenswissen mit Eltern, denen es bis dahin fremd oder seit langem schon in Vergessenheit geraten war. Natürlich sind das nur sehr kleine, erste Schritte auf dem Glaubensweg, aber sie sind geprägt durch ökumenische Offenheit und die Bereitschaft, miteinander die Vielfalt der christlichen Glaubenswelt zu erkunden.

Der Austausch in der Gemeinschaft mag immer komplexer und langwieriger sein, als »seinen eigenen Glauben« zu haben, geht dafür aber tiefer und greift weiter als die milieubedingten Anforderungen, Erwartungen und substantiellen Gegebenheiten einer einzelnen Familie oder Person. Diese Pluralität ist ein Wert an sich und stellt einem Kind und später einem jungen Erwachsenen tatsächlich Entscheidungsparameter zur Verfügung, um sich selbstständig auf einen eigenen Glauben einzulassen.

## Hausdrache

Inzwischen ist es Mittag geworden. An diesem Vormittag haben wir im Sekretariat einiges abgearbeitet. Der Einladungsbrief für die nächste »Fiire«-Feier liegt zum Versand bereit auf dem Schreibtisch der Sekretärin. Wichtig war es auch, die Unterrichtszeiten für das kommende Schulhalbjahr zu fixieren. Es sind doch einige

Arbeitsabläufe – von der Idee bis zur Ausführung – miteinander zu koordinieren, bevor eine Unterrichtsstunde oder ein Konzert in den Räumen der Kirche stattfinden kann. Nun sind die entsprechenden Räume reserviert und die Einladungsbriefe an die Schülerinnen und Schüler werden rechtzeitig abgeschickt. Wir dürfen dabei nicht zu spät kommen, denn sobald die Eltern von den Schulen die Stundenpläne des kommenden Schuljahres für ihre Kinder erhalten, beginnt ein regelrechter »Run« auf Freikurse, Musikstunden oder Trainingseinheiten in diversen Sportarten. Wenn wir uns als Kirche bei den Eltern erst melden, nachdem diese bereits die Freizeitaktivitäten für ihre Kinder gebucht haben, ist es für die Eltern schwierig, die obligatorischen Unterrichtsstunden zu berücksichtigen, die ein Kind bis zur Konfirmation zu durchlaufen hat. Wir versuchen, dem mit grösstmöglicher Flexibilität entgegenzukommen, doch manche Eltern entscheiden, dass die Tennisstunde oder der Tanzkurs einen höheren Stellenwert hat als die religiöse Erziehung ihres Kindes.

Auf dem Heimweg vom Sekretariat zum Pfarrhaus stürmen Kinder an mir vorbei, um rechtzeitig zum Mittagessen zu Hause zu sein. Nur ein Schüler steht am Rand des Kirchhofs bewegungslos und starrt gebannt auf ein Smartphone. Ich weiss, es schickt sich nicht, aber im Vorbeigehen werfe ich doch einen Blick auf den Bildschirm. Jetzt wird mir auch klar, warum er mich gar nicht wahrgenommen hat, als ich ihn gegrüsst habe. Er ist völlig versunken in ein Onlinespiel. Langsam ebbt die Welle wieder ab, aber in den vergangenen Monaten blieben überraschend oft Kinder, Jugendliche und sogar Erwachsene bei der Kirche stehen. Manche gingen sogar hinein und schauten sich neugierig um. Einmal habe ich gefragt, ob ich bei etwas helfen könne. Dann wurde ich darüber aufgeklärt, dass die reformierte Kirche in Rüschlikon von den Betreibern des Onlinespiels »Pokémon Go«

zur Pokémon-Arena bestimmt wurde. Seltsam, wenn ein so altehrwürdiges Gebäude plötzlich eine digitale Umnutzung erfährt. Gefragt hatte niemand. Doch immer noch ist das Gebäude heiss umkämpft: mal ist es blau, mal ist es rot, je nachdem, welche Pokémon-Trainer gerade die Kirche besetzt halten.

Wer mit der entsprechenden App durch die Handykamera in den Kirchenraum schaut, kann sehen, wie sich bunte Fantasiegebilde auf der Kanzel und in den Kirchenbänken lümmeln. Ehrlich gesagt bin ich ganz froh, dass sie nur in der digitalen Realität sichtbar sind. Ich hätte doch Mühe, wenn ich während der Predigt sehen würde, wie sich ein quietsch-gelbes Pikachu oder spatzenähnliches Taubsi neben mir auf dem Taufstein räkelt. Wobei mir diese beiden aus den Kindertagen meiner Tochter vertrauten Figuren weitaus lieber wären als die aktuelle Herrscherin über die Kirchenarena: ein knapp 340 Kilogramm schweres und fast drei Meter langes, gefrässiges, weibliches Pokémon namens Dragoran. Es geht auf zwei Beinen und ist flugfähig, obwohl die beiden kleinen Stummelflügel das kaum erwarten lassen. Eine leidenschaftliche Spielerin des Onlinegames erklärte mir, dass der digitale Hausdrache die stärkste Barriere ist, mit der die blaue Mannschaft gerade die Arena besetzt hält.

Wer in der Kirchenarena das Sagen haben will, muss erst diesen Hausdrachen besiegen, der von seiner Pokémon-Trainerin sinnigerweise den Namen »Frau Pfarrer« erhielt. Ich bin mir nicht sicher, ob es ein Kompliment ist.

## Profilierte Diskussionen

Bevor ich heute Nachmittag zum Trauergespräch gehe, schaue ich noch einmal kurz in der Kirche vorbei, ob alles für das heutige Diskussions-Forum parat ist. Ausserdem will ich die gestern vorbereiteten Antipasti schon mal dort abgeben. Unser Sigrist hat bei der Vorbereitung wie immer keine Wünsche offen gelassen; auch das Helferteam für den Apéro im Anschluss an die Diskussion ist aufgeboten und wird rechtzeitig kommen, um Häppchen und andere Appetizer bereitzustellen. Es ist beruhigend zu wissen, dass die Infrastruktur im Hintergrund gut aufgegleist ist, so kann ich mich nachher entspannt um die Inhalte der Veranstaltung kümmern.

Die letzten Referenten, die im Forum »Zur Sache« zu Gast waren, haben die begründete Hoffnung in mir geweckt, dass sich das noch junge Format bewähren wird. Ich möchte damit einen offenen Austausch und intensives Nachdenken über aktuelle Themen aus Wirtschaft, Politik, Gesellschaft und Leben vorantreiben. Fünf bis sechs Mal im Jahr laden wir dazu Referenten und Referentinnen ein, die zu einem Sachthema Stellung nehmen und sich dann der Diskussion mit den Besuchern und Besucherinnen stellen. Es gibt natürlich auch kritische Stimmen gegenüber diesem Projekt, das die Kirche als Gesprächspartnerin auf Augenhöhe für weltliche Themen etabliert. Nicht alle sind damit einverstanden. Deutlich ausgesprochen steht die Frage im Raum: Wie weit darf Kirche sich politisch und gesellschaftskritisch engagieren?

Rüschlikon hat erst in jüngster Zeit einen heftigen Konflikt ausgetragen, bei dem es sogar zu Kirchenaustritten kam, weil sich Exponenten der katholischen und der reformierten Kirchgemeinde explizit für eine bestimmte politische Haltung ausgesprochen haben. Die Idylle im sonst recht friedlichen Dorf am Zürichsee wurde durch eines der weltlichsten Themen überhaupt tief erschüttert: Es ging um Geld. Geld, das 2011 durch den Zuzug eines grossen Rohstoffhändlers Rüschlikons Steuerkassen derart füllte, dass die Gemeindeversammlung zustimmte, den Steuerfuss um 7 Prozent auf damals 72 Prozent zu senken. Gleichzeitig lehnte diese Versammlung einen Antrag ab, die Steuern nur um 5 Prozent zu senken und die zwei übrigen Steuerprozente Drittwelt- und Schwellenländern zu spenden, in denen die Rohstoffe gefördert wurden. Damals war der Umgangston in der Gemeindeversammlung erschreckend aggressiv und teils persönlich verletzend. Die Auseinandersetzung im Vorfeld und im Verlauf des Abends schlug so hohe Wellen, dass über die finanzielle und ethische Herausforderung des kleinen Dorfes sogar international berichtet wurde. Die »Financial Times« berichtete ebenso wie der englische «Independent» und das deutsche »Handelsblatt«. Einige Gemeindemitglieder sowie Kirchenferne gingen besonders mit meiner damaligen Pfarrkollegin und dem katholischen Priester unserer Gemeinde hart ins Gericht, weil sich beide dezidiert für den zweiprozentigen Steuerverzicht zugunsten der Leidtragenden dieses Kapitalgewinns aussprachen. Es kam zu harschen Ausrufen und sogar zu Kirchenaustritten. Laut wurde der Vorwurf erhoben, dass Pfarrer sich politisch nicht zu exponieren hätten. Wir lernten einmal mehr die schwere Lektion, dass die Kirche wohl ein »Wächteramt« hat, dieses Wächteramt jedoch an eine Grenze stösst, wenn das offene Nachdenken über die moralische Praxis der Gesellschaft mit persönlichen, in diesem Fall finanziellen Interessen kollidiert.

Es sind Abende wie diese Gemeindeversammlung, die in mir den Wunsch verstärken, durch das Instrument der Kirche einen Beitrag für ein besseres gegenseitiges Verstehen zu leisten. Mir ist durchaus bewusst, dass viele sich angesichts der fortschreitenden Säkularisierung, in der die Trennlinie zwischen Religion und Staat immer schärfer gezogen wird, darüber aufregen, wenn nicht gar empören, dass die Kirche sich immer noch mit Inbrunst in politische, wirtschaftliche und ethische Diskussionen einmischt. Doch noch stehen die Worte »Im Namen Gottes des Allmächtigen!« am Anfang der Schweizer Bundesverfassung. Was für eine wunderbare Provokation! Hoffentlich bleibt sie noch lange bestehen. Solange sich Menschen daran stören, werden dadurch Diskussionen angeregt, die das Demokratieverständnis davor bewahren, in eine Nützlichkeitsdebatte umzuschlagen. Andererseits fordert sie diejenigen heraus, die sich im Zuge der Individualisierung hinter einer diffusen und subjektlosen »Ich-Religion« verschanzen und dadurch vermeiden, klar gesellschaftliche Verantwortung zu übernehmen.

Die Kirchen haben hier eine ihrer spannendsten Aufgaben in unserer Zeit. Wir haben mehr zu bieten als die Kuschelstimmung und Familienidylle am Heiligen Abend. Wir können zu profilierten Diskussionen anregen und den Meinungsbildungsprozess vertiefen. Katholische und reformierte Kirchenmitglieder machen immer noch weit mehr als die Hälfte der Stimmbürgerinnen und Stimmbürger in der Schweiz aus. Ich bin mir nicht sicher, ob sich die Gemeindemitglieder darüber im Klaren sind, mit welcher prägenden Kraft sie auf die Gesellschaft einwirken könnten, wenn sie auch ihre religiösen Standpunkte oder Bedenken mit in die Diskussionen um divergente Themen einbringen würden.

Pfarrerinnen und Pfarrer sind durch ihr Amt in besonderer Weise beauftragt, die christliche Position in die gesellschaftlichen Diskussionen hineinzutragen. Aber wenn es tatsächlich in der reformierten Kirche so etwas wie ein »Priestertum aller Gläubigen« gibt und das Recht auf einen eigenen Glauben postuliert wird, dann möchte ich genau diese Stimmen auch hören. Es kann nicht sein, dass allein Pfarrerinnen und Pfarrer von der Kanzel herab die Parolen vorgeben. Wir können Anstösse geben, provozieren und in die von uns als richtig geglaubte Richtung weisen, doch das entbindet die Gemeinschaft nicht von der Aufgabe, sich ebenfalls einzubringen. Das Christentum beruht auf Gemeinschaft, als solche kann die Kirche dazu beitragen, dass sich in einer Gesellschaft substantiell etwas verändert.

So verwies die deutsche Bundeskanzlerin Merkel 20 Jahre nach dem Mauerfall auf die besondere Rolle der Kirchen »vom Sommer bis zum Herbst 1989. Die Friedensgebete fanden nicht nur in Leipzig, sondern in fast allen Städten statt und waren der Ausdruck des Wunsches nach Veränderung, aber gleichzeitig die Bitte um einen friedlichen Weg zu dieser Revolution. Genau das ist gelungen, und die Kirchen hatten daran einen grossen Anteil. [...] Sie waren in der ehemaligen DDR eine wichtige Quelle von Kraft, von Überzeugung und von Verbindung von Werten und Glauben.«[29]

Ich hoffe, dass das Christentum aus diesen beeindruckenden Erfahrungen – ebenso aus den bitteren Lektionen der Vergangenheit – gelernt hat und sich in der Gesellschaft als hilfreich und tragend erweist, für eine Gerechtigkeit einzutreten, die sich den Schwachen verpflichtet weiss. Heinrich Böll hat dazu schon vor über 50 Jahren treffend festgestellt:

> »Ich glaube an Christus und ich glaube, dass 800 Millionen Christen auf dieser Erde das Antlitz der Erde verändern könnten. [...] Selbst die allerschlechteste christliche Welt würde ich der heidnischen vorziehen, weil es in einer christlichen Welt Raum gibt für die, für die es in keiner heidnischen Welt je Raum gab: Für Krüppel und Kranke, Alte und Schwache und noch mehr als Raum gab es für sie: Liebe für die, die der heidnischen und gottlosen Welt nutzlos erschienen und erscheinen.«[30]

Die Kirche bietet weit mehr Möglichkeiten, als nur in der Kirchenbank zu sitzen und abzunicken, was da von vorn durch die Pfarrerinnen und Pfarrer gepredigt wird. Kirche ist Freiheit, Austausch, Begegnung, sie mag auch mal Streit sein und das Ringen um einen gemeinsamen Nenner. All das ist richtig und gut, solange es im gegenseitigen Respekt geschieht und in der Offenheit gegenüber einer anderen Meinung. Heute Abend werden wir beim Forum in der Kirche die Gelegenheit geben, sich in diesem Austausch zu üben. Meine Aufgabe wird es dabei sein, vor allem darauf zu achten, dass alle in guter Weise gehört werden und in guter Weise sprechen.

## »Ich hab 'ne Beerdigung«

Zuvor steht der Nachmittag jedoch ganz im Zeichen des bevorstehenden Trauergesprächs. Der Umgang mit dem Tod gehört in meinem Beruf zum Alltag. Wie bei allen, die sich im Beruf einarbeiten, entwickelt sich dabei eine gewisse Routine, die sich auch in der Sprache niederschlägt. Eine Freundin hat mich darauf aufmerksam gemacht, wie seltsam es für sie klingt, wenn ich sage: »Ich hab 'ne Beerdigung.«

Meinerseits ist diese kurze Formel in keiner Weise despektierlich gemeint. Die wenigen Worte komprimieren den gesamten Prozess des Sterbens, die seelsorgerische Begleitung der Trauernden, deren Unterstützung bei der Verwaltung des Todes, also den Kontakt mit Ämtern und anderen, die an der Abdankungsfeier beteiligt sind. Das alles ist verbunden mit einer meiner Hauptaufgaben als Pfarrerin: das Leben und Sterben eines Menschen sowie das bevorstehende Leben ohne ihn oder sie auf Gott hin zu deuten.

Wer seltener mit Sterbenden, mit dem Tod und Trauernden in Berührung kommt, den mag die fast sorglos anmutende, natürliche Umgangsform mit dem Tod und seinen Auswirkungen befremden. Der Tod ist für viele immer noch ein Tabuthema.

Das ist auch der Grund, dass das Thema »Sterben, Tod und Trauer« jedes Jahr während der Passionszeit fester Bestandteil des Konfirmandenunterrichtes ist.

Ich möchte den jungen Frauen und Männern Gelegenheit geben, aus einer gewissen Distanz heraus über das Sterben, den Umgang mit dem Tod, den Prozess des Trauerns zu sprechen und darüber, wie wir ihn aus unserem Glauben heraus deuten. Damit die Konfirmandinnen und Konfirmanden sich ein direktes Bild davon machen können, wie wir in unserer Gesellschaft mit dem Tod umgehen, lade ich sie ein, mit mir nach Winterthur zum Friedhof Rosenberg zu fahren. Die gesamte Anlage zeichnet sich durch die Vielfalt der dort sichtbaren Bestattungskulturen aus. Auf einem Erkundungsspaziergang erforschen die jungen Leute jüdische Gräber, eine muslimische Grabstätte, einen gesonderten Bereich für Kindergräber, den Baumfriedhof und verschiedene Grabstätten, in denen sich der jeweilige Zeitgeist und Bestattungsvorlieben spiegeln. Vor allem finden die Führungen dort am Samstag statt, an einem Tag also, an dem keine Kremationen vorgenommen werden. Diese Sensibilität, die auf Effekthascherei verzichtet, halte ich persönlich für angemessener und hilfreicher als eine Führung bei laufendem Betrieb. Als ich mich vor Jahren bei einem Zürcher Krematorium erkundigte, wie dort die Führungen organisiert sind, erhielt ich die Auskunft, dass die Führung mit einem »Highlight« enden würde. Die Schülerinnen und Schüler hätten Gelegenheit, dabei zu sein, wenn der letzte Sarg des Tages in die Brennkammer geschoben würde. Auf solche dramatischen Einlagen verzichte ich dankend. Schon beim Besuch der stillen Anlage haben die jungen Menschen genügend zu verarbeiten.

Gegen 11 Uhr kommen wir am Friedhof Rosenberg an.

Ein Angestellter des Friedhofs führt uns herum und erklärt: »Im Kanton Zürich hat jeder ein ›schickliches Begräbnis‹ zugute, das

heisst, der Kanton kommt für die Kosten der Bestattung und des Sarges auf. In anderen Ländern kann es schnell passieren, dass eine Abdankung 10 000 bis 15 000 Euro kosten kann. In der bereits belastenden Trauersituation mitunter noch um die Finanzen bange sein zu müssen, bleibt hiesigen Angehörigen Gott sei Dank erspart. Einzig der Grabstein ist Sache der Angehörigen.«
Nach dem Rundgang durch die »Anlieferung« führt er uns auf die Rückseite der Aufbahrungshalle. Von hier aus werden die 20 Aufbahrungszimmer betreut. Im Rosenberg sind diese kleinen Räume während der Öffnungszeiten des Friedhofs frei zugänglich, weil die Verstorbenen hinter einer Glasscheibe aufgebahrt werden, die den gesamten Raum durchzieht. Die Angehörigen wissen das und entscheiden darüber, ob jemand aufgebahrt wird oder der Sarg bis zur Beisetzung verschlossen bleibt. Ich stelle es Konfirmandinnen und Konfirmanden jeweils frei, ob sie einen Blick auf einen Verstorbenen werfen möchten. Die meisten haben noch nie einen Toten gesehen. Diejenigen, die sich dazu entscheiden, kostet es dennoch etwas Überwindung. Vorsichtig treten sie ein. Sehr friedlich sieht die über 90-Jährige aus, wie schlafend. In einer Mischung aus Neugier und zögernder Beklemmung stehen die jungen Menschen auf der Besucherseite des Abschiedsraumes. Kaum fällt ein Wort. Sehr leise ziehen wir uns wieder zurück. Seltsam befangen stellen wir draussen unter dem freien Himmel fest, dass uns die Anwesenheit des Todes flüstern liess – so als ob alles Leben in seiner Gesellschaft eingeladen wird, still zu verharren.
Dann gehen wir hinüber ins Krematorium. Wir werden auf die rückwärtige Seite der Öfen geführt, um die Mechanismen des Verbrennungsvorgangs erklärt zu bekommen. Sechs Stunden dauert es, bis die Asche in der letzten von drei Brennkammern, die zwei Stockwerke hoch übereinander angeordnet sind, herausgenommen wird, auskühlt und für die Urne bereit gemacht wird.

Für den Fachmann im Krematorium ist der Anblick der Verstorbenen und menschlichen Überreste tägliches Geschäft. Für die Konfirmandinnen und Konfirmanden ist es ein sehr intensives und neues Erlebnis. Das bekommen sie zu spüren, als der Mann sie einlädt, dicht an einen Aschekasten heranzutreten und selbst in Augenschein zu nehmen, wie die Knochen durch den Verbrennungsvorgang kristallisieren und längst nicht alle zu Staub verfallen. Ich bin selbst entsetzt, als er sorglos mit der blossen Hand in den Aschekasten greift und ein stark verkohltes Metallstück herausnimmt. »Seht ihr, das war einmal ein Herzschrittmacher! Der kommt natürlich nicht mit in die Urne.« Spricht's, wischt einzelne kleine Aschekrümel ab und legt den ausgebrannten Schrittmacher in die grosse Tonne für die Reststoffe. Während er das tut, schaue ich in die Gesichter der Konfirmandinnen und Konfirmanden. Einer fragt: »Darf ich mal kurz auf die Toilette?«, die anderen sehen blass aus. Unser Guide hat nicht wahrgenommen, wie sehr das gesamte Prozedere der Kremation die jungen Menschen eingeschüchtert hat. Auch ich selbst bin überrascht, wie wenig pietätvoll der Umgang mit den sterblichen Überresten in dieser Führung demonstriert wird. Das habe ich bisher anders erlebt. Ich erkläre ihnen darum, dass die tägliche Arbeit im Krematorium den Umgang mit dem Tod zu etwas ganz Selbstverständlichem macht; so wie Ärzte und Rettungssanitäter an Unfallstellen beherzt zupacken, wo andere angesichts mancher grausigen Szenerie geschockt erstarren, ist auch der Tod für diejenigen, die regelmässig mit ihm in Berührung kommen, schlicht und einfach normal.
Doch als wir wieder auf dem Rückweg sind, stellen wir fest, wie gut es ist, dass die Angehörigen diese »Rückseite« des Friedhofsbetriebes nicht mitzuerleben brauchen. Der Ausflug ins Krematorium hat alle nachdenklich und stiller gemacht. Eine meint: »Es ist schön, nach dem Friedhof wieder ins Gewusel der Stadt einzutauchen. Ich will jetzt was essen und nicht mehr an den Tod denken.«

Wo wir dem Tod begegnen, kommen wir auch um das Bewusstsein der Zerbrechlichkeit des Lebens und der eigenen Sterblichkeit nicht herum. Allerdings gibt es, den Worten der Marburger Theologie-Professorin Ulrike Wagner-Rau folgend, »in unserer Gesellschaft keine Todesdeutung mehr, die von der Mehrheit der Bevölkerung geteilt wird«.[31] In Wechselwirkung damit wurde der Umgang mit dem Tod in unserer Gesellschaft professionalisiert: Die Verfahrenswege für Pflegende, Ärzte, Bestatter, Zivilstandsbeamte bis hin zum Friedhofsgärtner und Catering Service, alles ist umfassend organisiert. Die Kirchen haben nur noch für einen Teil der Bevölkerung Relevanz im Umgang mit dem Tod.

Aus der Perspektive des Pfarramtes erlebe ich im Wesentlichen zwei Verhaltensweisen, wie sich Angehörige der Verstorbenen gegenüber ihrer Kirche bei der Bewältigung und Gestaltung des Abschiedes positionieren.

## Losgelöst versus angelehnt

Die kleinste, aber durchaus wahrnehmbare Gruppe verzichtet ganz auf den Beistand der Kirche und gestaltet den Abschied aus eigenen Ressourcen oder unter Beizug von Freipredigern. Die deutlich wahrnehmbare Distanz zur Kirche beruht in den meisten der mir bekannten Fälle auf einem persönlichen negativen Erlebnis mit der Kirche oder einem ihrer Amtsträger. Ein anderer Grund besteht häufig darin, dass die Kirche im persönlichen Lebensvollzug nicht mehr in ihrer lebensbegleitenden Funktion verstanden oder in Anspruch genommen wird. Die Rituale, die liturgischen Formeln, der ganze Habitus einer kirchlichen Bestattung werden als so fremd und fern der eigenen Lebenswirklichkeit begriffen, dass sie – besonders im existenziell fordernden Moment des Abschieds von einem vertrauten Menschen – abgelehnt werden. Mitunter waren es auch die Verstorbenen selbst, die in ihrem Leben jeglichen Kontakt zur Kirche aufgegeben haben. Dieser Lebensrealität wollen die Hinterbliebenen Rechnung tragen, indem sie auch für die Gestaltung des Abschieds eine Form wählen, die der kirchenfernen Lebensweise der Verstorbenen entspricht.

In der Mehrzahl der Fälle ist es den Angehörigen jedoch wichtig, oder die Verstorbenen haben es bereits selbst verfügt, dass die Abschiedsfeier in einem kirchlichen Rahmen stattfindet. »Kirchlich« bedeutet in dem Fall nicht, dass es tatsächlich ein Kirchenraum sein muss, sondern lediglich, dass die Gepflogenheiten einer kirchlichen Bestattung dort Anwendung finden. Die Abschiedsfeier kann ebenso gut in der Friedhofskapelle oder unter freiem Himmel oder in einem Waldstück stattfinden. Ich habe auch schon dazu Hand geboten, die Asche der Lebenspartnerin im Rosengarten neben dem Haus zur letzten Ruhe zu betten, weil mir die Hinterbliebene sehr plausibel und berührend klarmachte, wie wichtig ihnen beiden der kleine Flecken Erde in ihrem Alltag gewesen war. An diesem friedlichen Ort wollte sie die sterblichen Überreste des geliebten Menschen geborgen wissen.

In der Regel sind die Hinterbliebenen sehr froh, dass jemand ein ruhiges und geordnetes Ritual in der aufwühlenden Trauersituation gewährleisten kann, um eine Umbruchssituation im Leben zu gestalten. Subjektiv beobachte ich im Rückblick auf mehr als 20 Dienstjahre im Pfarramt, wie es Angehörigen zunehmend leichter fällt, sich bei kirchlichen Feiern selbst miteinzubringen. Vielleicht liegt der Grund im selbstverständlichen Umgang mit sozialen Medien und der wachsenden Bereitschaft, sich dort mit dem eigenen Status zu zeigen?

In jedem Fall erlebe ich es als sehr berührende Vertiefung, wenn Angehörige eigenständige Gestaltungswünsche für die Trauerfeier einbringen. Besonders intensiv kann eine Feier werden, sobald Trauernde eigene Worte des Abschieds formulieren, sei es in Form eines Lebenslaufes, eines persönlichen Nachrufs oder eines Gebetes. Solche Offenheit braucht jedoch Mut und Kraft; nicht jeder hat in seiner Trauer die Kapazitäten, sich mit seinen Gefühlen und Gedanken vor anderen Menschen zu offenbaren.

Andererseits erlebe ich, wie hilfreich es für Angehörige sein kann, ihre Gedanken auf die Beziehung zu konzentrieren und das gemeinsame Leben in seinen Höhen und Tiefen zu würdigen. Dabei können ganz unterschiedliche Gefühle sichtbar werden: Dankbarkeit, Sehnsucht, Ohnmacht, Schuld, aber auch Wut, ebenso wie die nachträgliche Bitte um Verständnis, wenn der Tod es unmöglich macht, dies den Verstorbenen noch zu zeigen. Statt des Verstorbenen nimmt nun die versammelte Gemeinde diese Gedanken entgegen.

Der Ehemann einer Verstorbenen, der einen von ihm über sie verfassten Lebenslauf mit einem sehr persönlichen Dank am Ende verlesen hatte, sagte bei einem späteren Gespräch: »Es war schwer, da vorn zu stehen. Ich dachte, das schaffst du nie. Aber am Ende hat es irgendwie gutgetan. Ich wollte, dass die anderen wissen, wie wichtig sie mir war. Wer das nicht weiss, kennt mich nicht richtig.«

Nicht alle Beziehungen sind glücklich. Manche sind kompliziert und zermürbend, weil es Enttäuschungen gibt oder Krankheit und Leid, die bei den Betroffenen so viel Kraft abziehen, dass sie daran beinahe zugrunde gehen.

In solchen Fällen bin ich besonders froh, wenn in einer Trauerfeier auch angesprochen werden darf, was schwer war. Das kann befreiend und tröstend für die Angehörigen sein, ebenso für die ganze versammelte Gemeinde, weil es das gegenseitige Verstehen vertieft.

Gegen Ende ihres Lebens forderte mich eine sehr rigorose alte Dame bei meinem Besuch im Altersheim mit einem schelmischen Lächeln auf: »Dass du mir bei meiner Beerdigung bloss kein Blatt vor den Mund nimmst! Das hab ich mein Lebtag nicht getan!« Mit ihrer schonungslosen Offenheit hatte sie es einigen Mitmenschen schwergemacht, mit ihr auszukommen. Sie konnte recht verletzend sein, wenn sie anderen auf den Kopf zusagte, dass sie etwas in ihren Augen sehr Dummes taten.

Als sie schliesslich zu Grabe getragen wurde, durfte ich auf ihren eigenen Wunsch ihre Eigenheiten frei ansprechen. Es wurde eine der heitersten und friedlichsten Abschiedsfeiern, an die ich mich erinnern mag. Die Ehrlichkeit hatte eine befreiende Wirkung. Wir konnten von der Frau Abschied nehmen, die wir tatsächlich gekannt hatten, die wir ebenso geschätzt hatten, wie sie uns manchmal zur Verzweiflung getrieben hatte.

Leider hat sich in den Köpfen vieler Menschen ein altes Sprichwort festgesetzt, dass solch offenes Abschiednehmen verhindert: »De mortuis nihil nisi bene.«[32] Gern wird es so übersetzt: »Über Tote (soll man) nichts ausser Gutem (reden).« Eigentlich bedeutet der Satz jedoch: »Von den Toten (möge man) in guter Weise (sprechen).« Und eine gute Weise lässt mehr zu, als nur Gutes zu benennen und das Schwierige auszulassen. Eine gute Weise kann darin bestehen, fair und gerecht auch das Schwere anzusprechen, zu dem man unter Umständen vielleicht sogar selbst seinen Teil beigetragen hat.

Wo das gewagt wird, wird denjenigen, die sich im Angesicht des Todes vielleicht schämen, erlaubt, neben dem Beglückenden der gemeinsamen Geschichte auch Mühen und Sperriges zu benennen und diese Gefühle auch sich selbst einzugestehen. Das ist wichtig, denn wo man sich traut, auch die Kehrseite einer Beziehung zu betrachten, lässt sich erst richtig würdigen, was man miteinander versucht und bestanden hat. Ich bin überzeugt, dass man nur so wirklich in Frieden voneinander Abschied nehmen kann.

Eindrücklich schrieb ein Stiefvater einen Abschiedsbrief an sein schwerstbehindertes Kind, das in liebevoller, aber kraftzehrender Betreuung zu Hause hatte sterben dürfen:

> »Weisch, mängisch hani eusi situation dänn e zuemuetig gfunde. Es hät mich immer wieder erschöpft und ich bin verruckt gsi uf dich und uf dä oder die, wo mir all das zuemuetet.
> Da merki a dere stell grad, dass de villich schwärsti kampf vo all däne verschiedene gfächt, wo mir usgfochte händ, i de letschte zwei jahr i mim innere stattgfunde hät: de kampf ums stärche, erhalte und vertüfe vo minere liebi und zärtlichkeit zu dir und für dich. Die schöne und zarte gfühl für dich, wo im zämesii mit dir stetig gwachse sind i all däne jahr, händ mängisch under all däm schwäre droht, eifach vertruckt z wärde. Das hani uf kein fall welle zuelah. Mängisch – gäll du weisches – i bsunders verzwiflete momänt, hani de kampf trotzdem verlore.
> Wahrschinli isches genau drum, dases die erliechterig und die dankbarkeit i mir git, wänn ich gspühre, wie fescht ich um dich, ums furtgah vo dir und dim einzigartige wese vo mir und dere wält, trurig bin:
> Mis so trurig si, laht mich so klar und unverkännbar spüre, wo du jetzt bisch und wo du immer gsi bisch di ganzi ziit – trotz allem schwäre: ganz fescht und nöch bi mir i mim härz und mit mir und mim läbe immer untrännbar verbunde.«

## Durchkreuztes Leben

Die Worte des Mannes haben mich tief berührt. Er hat mit keinem Wort Gott erwähnt und doch treffend beschrieben, wozu der christliche Glaube einlädt: das Leben im Ganzen zu begreifen und wahrzunehmen, vor allem, dass Liebe auch in den Grenzerfahrungen des Lebens, bis in den Tod hinein, ihren Platz hat. Darum ist das Kreuz zu Recht das zentrale christliche Symbol.

Es kommt eben nicht biegsam, schmiegsam daher wie andere Glaubenssymbole: Die alten Ägypter verehrten die Sonnenscheibe, die Hindus haben das Rad der Wiedergeburt, die Buddhisten die Lotusblüte. Das sind lauter makellose, abgerundete Zeichen in Kreisform als Sinnbild der Vollkommenheit und Symbol göttlicher Vollendung für ein Leben ohne Leid. Da ist unser Kreuz schon ganz anders. Es ist weder rund noch schön, es ist hart und eckig: zwei klar entgegengesetzte, einander durchschneidende, widersprechende Linien. Wir zeichnen es auf Grabsteine und Todesanzeigen. Es zeigt an, dass hier der Traum eines Lebens zu Ende ging. Ohne ein Wort sagt das stumme Zeichen bloss: Mach dir keine Illusionen! Am Ende wird auch dein Leben durchkreuzt. Da kommst du nicht drum herum.

Um seiner Ehrlichkeit willen schätze ich dieses Symbol. Doch ich will hier keiner Theologie des Leidens das Wort reden, im Gegenteil. Die christliche Religion ist viel zu lange, über Jahrhunderte hinweg, so verstanden und gelebt worden, dass das Aushalten und Bestehen des Schmerzes fast schon zu einem Indikator des Glaubens wurde. Ich erinnere mich an eine Vorlesung über die Geschichte der alten Kirche an der Universität Göttingen, in der uns Professor Möller über die Märtyrer der ersten Christenverfolgungen berichtete. Er zitierte Ignatius, Bischof von Antiochien Anfang des 2. Jahrhunderts n. Chr.:

»Ich schreibe an alle Kirchen und schärfe es allen ein, dass ich freiwillig für Gott sterbe. [...] Lasst mich den Bestien zum Frass werden; durch sie ist es mir möglich zu Gott zu gelangen. Gottes Weizen bin ich und werde durch die Zähne der Bestien gemahlen, um als reines Brot Christi erfunden zu werden. Schmeichelt lieber den Bestien, damit sie mir zum Grabe werden – dann werde ich wahrhaft ein Jünger Christi sein. [...] Wenn ich aber gelitten haben werde, werde ich zum Freigelassenen Jesu Christi.«[33]

Leiden als Weg zu Gott wurde für viele zum bestimmenden Glaubensweg. Flagellanten zogen im Mittelalter durch die Strassen, geisselten sich mit Peitschen, um Jesu Schmerz nachzuempfinden, und beklagten ihre Sünden. Einen modernen Vertreter dieser Glaubensrichtung haben Tausende in der Verfilmung des Bestsellers »The Da Vinci Code« (2006) gesehen. Jahrhundertelang wurden der Schmerz und das Leiden ins Zentrum gerückt – Künstler haben diesen Gedanken in ihren Werken hervorgehoben und festgeschrieben.

Nur, wer beim Schmerz stehen bleibt, pervertiert die Bedeutung des Kreuzes. Jesus hat sich doch nicht verhaften und hinrichten lassen, um persönlichen Schmerz und Leiden zu erleben. Wo er auf Leid traf, liess er sich darauf ein, um Menschen beizustehen.

Eine Freundin aus Konstanz kommt mir in den Sinn, mit der zusammen ich schon mehrere Fastenwochen durchführte. Sie ist ausgebildete Fastenleiterin und Yogalehrerin und hat einen ganz eigenen, sehr lebhaften und persönlichen Zugang zum christlichen Glauben. Sie erzählte mir, wie sie in einem Yogaseminar, das in einem Kloster stattfand, während einer Pause in die Kapelle ging, um dort eine kurze Zeit für sich zu sein. Sie sass unter einem grossen Kruzifix in der Kirchenbank und schaute gelegentlich auf das schmerzverzerrte Gesicht des gekreuzigten Christus. Dann

> war ihr, als wenn sie eine innere Stimme hörte, die ihr sagte: »Nun holt mich endlich hier runter! Glaubt ihr, ich bin jahrelang durchs Land gegangen, habe mit Menschen gesprochen, sie aufgerichtet, berührt, geheilt und ihnen Mut gemacht, damit ich am Ende für Jahrtausende an diesem Kreuz festgenagelt bleibe und die Menschen das geballte Leid des Lebens vor Augen haben? Holt mich hier runter!«

Tatsächlich finden sich in der christlichen Kunst nur sehr wenige Bilder und Darstellungen eines heiteren, eines lachenden Christus. In der Kathedrale von Ely hat mir die Christusfigur eines freundlich lächelnden Christus ausgesprochen gut gefallen. Als ich die Figur in der Nähe der Kanzel erblickte, habe ich mich erst mal auf eine Kirchenbank gesetzt und den seltenen Anblick genossen. Auch hier in Rüschlikon, in der katholischen Kirche, ist es dem Künstler geglückt, eine Christusfigur darzustellen, die hoffnungsvoll die Arme ausbreitet, statt in sich verkrümmt ein Bild der puren Pein zu sein.

Der christliche Glaube lehrt nicht die Glorifizierung des Leidens oder des Schwachen. Stattdessen lehrt er, wie man mit dem, was einem querkommt, umgehen kann. Darum ist die christliche Gemeinde auch nicht, wie der praktische Theologe Ernst Lange einmal festgehalten hat, »ein Ensemble der Opfer«. Sie ist das genaue Gegenteil davon. Sie ist ein »Ensemble der hoffnungsvollen Realisten« und hält der Zerbrechlichkeit und Endlichkeit des Lebens entgegen, was tatsächlich hilft, um damit umzugehen: Güte und Liebe. Das klingt irgendwie kitschig, ist in Tat und Wahrheit jedoch Knochenarbeit, schwierig und anspruchsvoll.

Ein praktisches Symbol für diese Art des Umgangs habe ich fast jeden Morgen in der Hand. Es ist meine alte Kaffeetasse. Diese Tasse begleitet mich seit meinem 14. Lebensjahr. So eine typische Tasse, die es zu Hunderten auf Weihnachtsmärkten zu kaufen gibt, blau lasierte Keramik, mit weiss getupften Blümchen und meinem Namenszug mitten drauf. Irgendwann, bei einem der vielen Umzüge im Laufe meines studentischen Lebens, habe ich es geschafft, den Henkel abzubrechen. Ich kann mich nicht mehr erinnern, wann das geschehen ist. Ich weiss nur, dass mir diese Tasse dennoch ans Herz gewachsen ist und sie, was ihre grundsätzliche Funktion angeht, ja immer noch tadellos funktioniert. Einzig der Griff fehlt. Inzwischen habe ich eine Technik entwickelt, mit der ich die Tasse am Rand und an einer Bruchstelle des Henkels so greifen kann, dass sie mir weiter treue Dienste leistet. Sie hat Gebrauchsspuren. Etliche, und ich lasse eine gewisse Vorsicht walten, um mir nicht die Finger an ihr zu verbrennen. Aber wir haben eine gemeinsame Geschichte – ich kann sie nicht einfach wegwerfen, um mir eine schönere und praktischere zu kaufen.

Auch bei Menschen hinterlassen die Brüche des Lebens Spuren. Manchmal weiss man gar nicht mehr, wie man jemanden anfassen soll, aber mit Achtsamkeit und auch ein wenig Übung geht es ganz gut.

Das Leben ist Stückwerk, es hat seine Brüche. Aber was hindert uns daran, das, was im Leben Kraft gibt, auch dort zu suchen, wo man zugrunde geht? Wie Ulrike Wagner-Rau es so treffend formuliert: »Die christliche Religion ist eine Resonanz auf die unvermeidliche Erschütterung der Lebensgewissheit, und darum ist sie verbunden mit der lebenslangen Aufgabe der Menschen, solche Erschütterung zu tragen und zu gestalten.«[34]

Es wäre zynisch, wollte man einem kranken, Schmerzen leidenden Menschen sagen: »Nun lächle doch mal!« Aber vorsichtig, wie beim Hantieren mit einer angeschlagenen Tasse, zu verstehen zu geben, dass auch dieses angeschlagene Leben immer noch seinen Wert hat und geachtet wird, das kann heilsam sein.

## »Nimm dir Zeit dafür und sei sorgfältig!«

Ob mir das bei dem jetzt anstehenden Trauergespräch auch gelingt?

Ich versuche mich ganz auf dieses Gespräch einzustellen. Mit den Jahren ist es mir leichter gefallen, mich auf einen raschen Wechsel der Aufgaben und Stimmungen einzulassen, die mein Beruf mit sich bringt. Es ist ein sehr bewusster Konzentrationsakt, von den in viele Richtungen ausgestreckten und in dichter Folge aneinandergereihten Gedanken zur Organisation des Diskussionsforums binnen einer Viertelstunde in eine ruhige, besinnliche Gesprächsweise zu wechseln. Das erfordert hohe innere Präsenz. Ich stelle mir die Menschen vor, die mir jetzt begegnen werden. Die Witwe wird da sein und ihre Kinder, alle randvoll mit Erinnerungen und unterschiedlichen Erfahrungen aus dem gemeinsamen Leben mit dem Verstorbenen. Jeder von ihnen wird die Geschichte des Verstorbenen auf eigene Weise erlebt haben und deuten. Ich werde zuhören und da, wo es hilfreich ist, meine Erfahrung und Lebensdeutung mit einbringen. In anspruchsvollen Beziehungskonstellationen kann es trösten und sogar heilsam sein, wenn jemand von aussen einen Blick auf die Geschichte wirft. Natürlich bleibt das, was geschehen ist, dann immer noch bestehen, aber vielleicht entwickelt sich im Seelsorgegespräch eine Deutung des Geschehenen, auf die man aus sich selbst heraus gar nicht gekommen wäre.

Gerade in der Seelsorge erlebe ich viele Situationen, in denen Menschen in den Gedanken des Scheiterns und des Verlustes hängenbleiben. Oft übersehen sie, dass sie in den Herausforderungen, die sie zu meistern hatten, wunderbare Fähigkeiten oder Eigenschaften zeigten, die es überhaupt erst möglich machten, in der schwierigen Situation zu bestehen. Im Seelsorgegespräch versuche ich das Augenmerk auf diese Ressourcen zu richten. Dann kann es geschehen, dass ein Lebensereignis, in dem man sich von Gott im Stich gelassen glaubte, zu einem wird, in dem man starke Kräfte und Wirkmechanismen entdeckt – Kräfte, die dazu führen, dass man weit davon entfernt ist, sich verlassen und unfähig zu fühlen. Doch solche Gespräche brauchen Zeit. Natürlich kann es nicht darum gehen, zu trauernden oder leidenden Menschen zu gehen und ihnen zu sagen: »Du brauchst das nur anders anzuschauen, dann wird das schon.« Das wäre frommer Zynismus. Diese Gespräche brauchen Zeit.

»Nimm dir Zeit dafür und sei sorgfältig!« Ein Leitsatz aus Studientagen kommt mir wieder in den Sinn, während ich den steilen Bergweg hinaufgehe, um zum Trauerhaus zu kommen. Wie ein Mantra hat sich mir dieser Satz damals in der praktischen Ausbildung vor dem zweiten Staatsexamen eingeprägt. Seither begleitet er mich und hilft mir, mich innerlich auf ein ganz neues Thema einzulassen.

Am Ende unseres Studiums an der Uni Bern hatte sich eine Gruppe Studenten des Examensjahrgangs für eine »Clinical Pastoral Training«-Grundwoche, kurz CPT, angemeldet.[35] Wie aufgeregt wir damals waren, als unser Ausbildungsleiter, Martin Lienhard, uns mit ebendiesen Worten darauf vorbereitete, zum ersten Mal allein ein Seelsorgegespräch in einem Spital zu führen. Jeder von uns wurde dazu einem der Patienten zugelost, die sich vorher dazu bereit erklärt hatten, quasi als »Versuchskaninchen« ein Gespräch mit uns Seelsorge-Anfängern zu führen.
Es ist mir schon immer schwergefallen, in ein Spital zu gehen. In einer Notsituation habe ich keine Mühe, Wunden zu versorgen oder Verbände anzulegen. Wenn es chaotisch wird, kann ich am Schadensplatz ruhig und konzentriert handeln. Aber ohne Krisensituation geht es mir sehr nah, Leid und Schmerz anderer Menschen auszuhalten. Eigentlich kann ich auch kein Blut sehen. Im schlimms-

ten Fall kippe ich sogar um. Den Beweis dafür habe ich angetreten, als meiner kleinen Tochter auf Anraten des Zahnarztes der angenagte Milchzahn besser gezogen, statt gefüllt werden sollte. Ruhig erklärte der Arzt der Siebenjährigen, was er vorhatte, und sie stimmte tapfer zu. Mich lud er ein, ihm statt der Zahnarzthelferin zu assistieren, damit meine Tochter eine vertraute Person nahe bei sich hätte. Das schaffe ich, dachte ich mir. Absaugen, Tupfer, das lief alles sehr gut, bis der Zahn gezogen und die Wunde versorgt war. Ich nickte meiner Tochter noch zu, legte den Schlauch aus der Hand und nahm mir, lautlos zu Boden sinkend, eine kleine Ohnmacht.

Ich habe grossen Respekt vor Pflegenden und Ärzten, die tagtäglich diese Arbeiten verrichten. Zwei meiner Schwestern sind Krankenschwestern und haben mir mehrfach versichert, dass man sich daran gewöhnen würde, aber ich kämpfe mit meiner Empathie.

Die hat mir auch mein erstes Krankenhaus-Seelsorgegespräch sehr schwer gemacht. Natürlich wurden wir vor unserem Eintreten in die Patientenzimmer darüber unterrichtet, woran die Patienten jeweils litten, aber all das konnte mich nicht auf das schwere Leiden der Patientin vorbereiten, deren Speiseröhrenkrebs bereits ihre untere Gesichtshälfte befallen hatte. Sie konnte nur noch verzerrt sprechen und ich hatte Mühe, sie zu verstehen. Was sagt man, wenn so offensichtlich ist, dass dieses Leben bald endet? Im Seelsorge-Seminar hatten wir Studenten rege über unsere Rolle als Pfarrer und Pfarrerin diskutiert – was wir zu erwarten hätten, wenn wir solche Besuche machten, worauf es zu achten gelte. Bücher von Verena Kast, Eugen Drewermann, Peter Fässler-Weibel und Elisabeth Kübler-Ross haben wir wie Kultbücher gelesen. Noch heute steht in meinem Exemplar »Unter vier Augen. Beispiele gelungener Seelsorge« von Hans van der Geest schwungvoll festgehalten und fett unterstrichen ein Leitsatz aus dem Seminar auf der ersten Buchseite: »Seelsorger sind Anwälte der Hoffnung!«.

Aber dort, in dem abgedunkelten Krankenzimmer, löste sich die Theorie auf wie eine Sandburg bei steigender Flut. Ich spüre noch heute die grosse Hilflosigkeit und Überforderung des Augenblicks und erinnere mich dankbar daran, wie die Patientin selbst die Initiative ergriff und mir meine erste Verlegenheit nahm. Sie fragte nach, wer ich sei, woher ich komme, was man eigentlich so studiere, wenn man Pfarrerin werden wolle, und was ich denn von solchen Besuchen wie diesem hier halte. Nach und nach lernte ich ihre gurgelnde Aussprache zu verstehen und meine Scheu nahm ab. Das Gespräch kam in Gang. Mit der Zeit erfuhr ich etwas von der Frau hinter dem grausamen Bild ihrer Krankheit und begann, sie nicht nur darauf zu reduzieren. Sie war schwach und todkrank, aber sie gab mir zu verstehen, dass sie gern gelebt hatte und immer noch gern lachte. Nur leider wären alle um sie herum so traurig. Das wäre sie auch, aber noch, noch würde sie doch leben. Sie wollte dieses Leben festhalten und träumte davon, nur einmal wieder hinaus in die Natur zu gehen, weg von all den Geräten und Leitungen, den Gerüchen des körperlichen Verfalls und den Schmerzen.
Da habe ich angefangen, von ganz einfachen Dingen zu erzählen. Von dem kleinen Dorf im Norden, aus dem ich stamme. Davon, wie ich gern ganz früh am Morgen in den Wald gehe. Dort raschelt das Laub unter den Bäumen beim Durchlaufen, und bei jedem Schritt steigt dieser intensiv modrige Duft nach Regen und Wind, nach Erde und frisch gepflügtem Acker auf. Ich habe ihr die klare, frühmorgendliche Landschaft, die tiefe Weite des Himmels und die erfrischende Kühle des Bachlaufs, der sich neben dem alten Steinbruch entlangschlängelt, mit Worten ausgemalt. Es wurde ruhig im Krankenzimmer. Sie hörte mit geschlossenen Augen zu. Ich glaube, ich habe in diesem Gespräch mit keinem Wort Gott erwähnt, aber ich wollte sie mit Worten dorthin führen, wo ich hier auf Erden etwas von dem finde, was ich mit Gott in Verbindung bringe. Am Ende war ich völlig fertig – sie schlug die Augen auf

und lächelte. Ich habe sie nach diesem Gespräch nicht wiedergesehen.

Sie hatte mir gesagt, dass sie nicht mehr lange zu leben hätte, aber in der kurzen Zeit unseres Gesprächs brachte sie mir ganz praktisch bei, was Lehrbücher nur schwer vermitteln können: wie wichtig es ist, sich auf sein Gegenüber einzustellen und mehr zu erwarten, als der erste Anschein vermuten lässt.

»Nimm dir Zeit und sei sorgfältig« ist ein guter Ausgangspunkt, aber mein erstes Seelsorgegespräch lehrte mich noch etwas: Wer Anwalt der Hoffnung sein will, für den gilt auch: »Nimm dir Zeit und erwarte das Beste«.

## Die Kunst des Zuhörens

Für das heutige Trauergespräch haben wir uns diese Zeit genommen, um die Lebensgeschichte des Verstorbenen zu erinnern, und haben auch schon vorsichtig zu denken gewagt, wie das wohl sein wird, das Leben ohne ihn. Wie weit ich in diesem Trauergespräch tatsächlich »Anwalt der Hoffnung« sein konnte, wird sich erst im späteren Verlauf der Trauerfeier und der seelsorgerlichen Begleitung erweisen. Komplexe Lebenssituationen, wie der endgültige Abschied von einem vertrauten Menschen, sind ein langer Prozess, in dem schnelle Ratschläge und kurze Antworten fehl am Platz sind. Zunächst einmal habe ich aufmerksam zugehört und einmal mehr über das grosse Vertrauen gestaunt, dass einer Pfarrerin entgegengebracht wird. Durch ihre Erinnerungen und Ausblicke auf bevorstehende Aufgaben haben mir die Familienangehörigen des Verstorbenen einen guten Boden gegeben, auf dem ich stehen kann, um die Trauerfeier vorzubereiten. In der ruhigen Atmosphäre des Trauergesprächs kommt mir zudem entgegen, dass meine Hörbehinderung kaum noch eine Rolle spielt.

Seit ich in meinem fünften Lebensjahr an Mumps erkrankte, bin ich einseitig taub. Es gibt einige wenige Situationen, in denen diese Behinderung hilfreich ist, zum Beispiel wenn wir mit dem Nachtzug in das jährliche Segellager nach Holland fahren und in den Abteilen ringsum noch lebhaft diskutiert wird. Dann kann ich mich entspannt auf mein hörendes Ohr drehen und in seliger Ruhe einschlafen.

Die Nachteile dieser Behinderung wiegen jedoch bei weitem schwerer als die Vorteile. Besonders mühsam ist, dass sie von aussen nicht wahrgenommen wird. Manche haben sich schon irritiert von mir abgewandt oder sogar geschimpft, weil ich auf ihren Gruss nicht geantwortet habe. Kein Wunder, ich habe sie schlichtweg nicht gehört. Bereits in meinem Heimatdorf hielten mich manche darum für arrogant. Einige Zeit hat es gedauert, bis ich gelernt hatte, diese Behinderung offen zu kommunizieren. Doch die grösste Offenheit nützt gar nichts, wenn die Situation erfordert, dass man gut hören kann. Beispielsweise im Klassenzimmer, wenn ich unterrichte. Schüler, die auf der »tauben Seite« sitzen, lade ich mitunter zwei oder drei Mal ein, ihre Antwort zu wiederholen, bis ich sie endlich verstanden habe. Manchmal verunsichert sie das und ihre spannende Antwort, die das Gespräch hätte vorantreiben können, endet in einem resignierten: »Ach, ist schon gut«.

Hörbehinderungen gehören für mich mit zu den tückischsten Behinderungen, mit denen ein Mensch in der Gesellschaft zurechtzukommen hat. Blinden wird in der Regel nachgesagt, dass sie zwar nichts sehen können, im Gegenzug jedoch die anderen Sinne so stark ausgebildet haben, dass sie als besonders feinfühlig und sensibel gelten. Das mag auch so sein. Hörbehinderte können den fehlenden oder eingeschränkten Sinn ebenso kompensieren. Doch zunächst einmal bringt die Behinderung die Betroffenen sehr oft in Verlegenheit. Nicht nur Seniorinnen und

Senioren leiden unter Hörproblemen, auch jüngere Leute sind davon betroffen. Die Folge ist, dass Unterhaltungen mit mehr als zwei Personen sehr anstrengend werden können und es in lauter Umgebung Verständigungsprobleme gibt. Manche reagieren darauf mit Scham, andere mit Wut, einige ziehen sich stark aus dem gesellschaftlichen Bereich zurück. Das Ärgerliche ist, dass Aussenstehende bei dieser Behinderung mit den gleichen Verhaltensformen konfrontiert werden, wie sie Menschen mit einer verminderten Aufnahmekapazität zeigen.

Es bleibt eine Herausforderung, sich als Betroffene nicht unterkriegen zu lassen, immer wieder neu auf Menschen zuzugehen, nachzufragen und nach einem guten Verstehen zu suchen. Schon im Studium hatte ich hier einige Hürden zu nehmen, doch so richtig anspruchsvoll habe ich es erst im Pfarramt erlebt. Mein Beruf bringt es mit sich, dass ich in vielen Projekten, bei Anlässen oder im Unterricht eine leitende Funktion habe. Die verminderte Hörfähigkeit ist dabei ein Stressfaktor.

Heute Abend wird es wieder so sein, wenn ich im grossen Raum der Kirche meine Gesprächspartner interviewe und versuche, auch die Fragen aus dem Publikum richtig zu verstehen. Weil ich keinen Raumklang habe, weiss ich nicht, wer aus der grossen Gruppe vor mir gerade eine Frage stellt und bin auch hier darauf angewiesen, dass Fragen wiederholt werden.

Tröstend ist der Gedanke, dass gutes Verstehen nicht allein von einem guten Gehör abhängig ist. Selbst Menschen, die über ein exzellentes Gehör verfügen, meinen oft nur, den anderen richtig verstanden zu haben. Sie hören eine Aussage, versorgen sie in der Schublade des eigenen Vorstellungshorizontes und verkennen, dass jemand etwas ganz anderes gemeint haben könnte, als man selbst unter einem Begriff oder einer Sache versteht.

Um einander zu verstehen, ist eine andere Art, miteinander zu sprechen, notwendig, ja, sogar eine andere Art zu denken. Ingeborg Bachmann brachte das in einer ihrer Frankfurter Poetik-Vorlesungen auf den Punkt und sprach von einem »Denken, das zuerst noch nicht um Richtung besorgt ist, einem Denken, das Erkenntnis will und mit der Sprache und durch Sprache hindurch etwas erreichen will. Nennen wir es vorläufig: Realität.«[36]

Dieser Realität sind wir auf der Spur, wenn wir das, was wir meinen, in aller gebotenen Achtsamkeit so voreinander ausbreiten, dass die darin komprimierten Vorstellungen sichtbar werden. Besonders, wenn wir abstrakte Begriffe verwenden, ist es wichtig herauszufinden, was diejenigen, die da miteinander sprechen, überhaupt meinen, wenn sie Worte wie »Gerechtigkeit«, »Frieden«, »Schuld«, »Verantwortung« oder »Freiheit« im Munde führen.

Carolin Emcke hat das in ihrem Buch »Gegen den Hass« treffend festgehalten, indem sie »eine Pluralisierung der Perspektiven, eine kritische Befragung der Raster der Wahrnehmungen und des Kanons des Wissens«[37] fordert. So miteinander nach einem gemeinsamen Nenner zu suchen, ist wie ein Tanz, ein Vor und Zurück, in dem mit Worten ein gemeinsam verstandenes und anerkanntes Terrain abgesteckt wird, auf dem man am Ende zusammen stehen kann.

Wer sich verstehen und miteinander weitergehen will, kommt um solch einen Diskurs, von Lateinisch »discursus«, was »hin und her laufen« bedeutet, nicht herum. Der Diskurs leistet, was wir einander in einer offenen Gesellschaft schulden: Er zeigt auf, warum uns etwas überzeugt oder warum etwas fraglich ist, warum etwas kritikwürdig erscheint oder sogar inakzeptabel. Sich so auszutauschen, garantiert natürlich nicht, dass man am Ende der gleichen Meinung ist. Wer sich jedoch gegenseitig Raum lässt, die je eigene Vorstellung auszubreiten, und die Bereitschaft zeigt, die Sichtweise des anderen nachzuvollziehen, hat damit schon anerkannt, dass die Wirklichkeit unterschiedliche Facetten haben kann. Allein das wird dazu beitragen, die Lösung eines Problems für alle Beteiligten angemessen ausfallen zu lassen. Natürlich ist das ein sehr mühsamer und zeitintensiver Prozess, doch so über die aktuellen Herausforderungen unserer Zeit zu diskutieren, hilft dabei, den Werterahmen unserer Gesellschaft immer wieder neu zu hinterfragen, zu definieren und miteinander zu festigen.

Wenn die Kirche sich auf solche Diskurse einlässt, darf sie sich dabei nicht vor den Karren einer Partei oder Gruppierung spannen lassen, denn im Unterschied zu Gewerkschaften oder Wirtschaftsverbänden zeichnet sie sich dadurch aus, dass sie nicht eine einzelne Interessengruppe vertritt, sondern dass in ihr ganz verschiedene politische Ausrichtungen beheimatet sind. Manchmal ist es schwierig, genau zu sagen, wo Verkündigung aufhört und Politik beginnt. Darum kommt es in der Kirche nicht nur darauf an, *dass* über Politik und gesellschaftlich relevante Themen gesprochen wird, sondern besonders darauf, *wie* wir *das* tun.

## Der Raum der Wünsche

Die Kirche Rüschlikon ist wie gemacht für solche Diskurse. In ihr gibt es eine weite, freie Fläche zwischen der alten Kanzel und den gegenüberliegenden Bankreihen. Nur der Taufstein steht dazwischen.

Anfang der Siebzigerjahre hat ein Architekt die Ausrichtung des Innenraumes der damals gut 250 Jahre alten Kirche kurzerhand um 90 Grad gedreht. Seither ist hier jede Menge Platz für Querdenker, denn die Blickrichtung der Kirchenbesucher wurde völlig neu ausgerichtet. Gegenwärtig werden Wünsche, Kirchenräume konzeptionell zu verändern, sehr kritisch begutachtet, obwohl viele Kirchen leer stehen oder längst nicht ausgelastet sind. Doch ist die Denkmalpflege darum bemüht, den ursprünglichen Charakter und Nutzen historischer Bauwerke zu schützen und recht restriktiv, was derartige Veränderungen angeht. Vor diesem Hintergrund ist die Rüschliker Kirche eine bemerkenswerte Ausnahme. Der wesentliche Charakter einer reformierten Kirche hätte kaum besser getroffen werden können als mit diesem dramatisch-architektonischen Eingriff in die Bausubstanz, denn reformierte Kirchenräume sind Versammlungs- und Gemeinschaftsräume. Ihr Zweck ist, dass Menschen sich hier begegnen können, um miteinander Gottesdienste zu feiern, um sich zu besinnen und zu beten, um Gemeindeversammlungen abzuhalten, sich auszutauschen, zu musizieren, Neues zu erfahren, und natürlich auch, um ganz einfach miteinander Gemeinschaft zu pflegen.

Aus diesem Grund ist ein reformierter Kirchenraum offen für Veranstaltungen ganz unterschiedlicher Art, hier bei uns zum Beispiel für Kirchenkino, Tanzworkshops mit vibrierenden Hip-Hop-Rhythmen, Vorträge, Podiumsdiskussionen, Ausstellungen oder Konzerte. Mal steht an der Offenen Kirche im Advent ein grosses Nomadenzelt im freien Raum und eine Märchenerzählerin entführt Jung und Alt mit ihren Geschichten in spannende Fantasiewelten. Ein anderes Mal laden bis hinaus auf die Orgelempore festlich gedeckte Tische zum Beisammensein ein. Das war vergangene Pfingsten besonders eindrücklich beim »Weltenbrunch», zu dem Menschen unterschiedlicher Religionen und Konfessionen, sogar Menschen, die sich selbst als Atheisten bezeichnen, gekommen waren. Sie alle repräsentierten weit mehr als die Hälfte der über 40 Nationen, die in Rüschlikon eine Heimat gefunden haben. Sie füllten den freien Raum unter der Kanzel mit Stimmen aus aller Welt. Besonders schön war, dass auch in Rüschlikon aufgenommene Flüchtlingsfamilien aus Afghanistan und Syrien der Einladung folgten.

In zahlreichen Sprachen wurde an diesem Tag aus dem Neuen und Alten Testament gelesen: Finnisch, Russisch, Arabisch, Italienisch und natürlich Züridüütsch. Die Pfingstgeschichte, die davon handelt, dass Menschen verschiedene Sprachen sprechen und einander durch Gottes Geist dennoch verstehen, wurde für ein paar Stunden spürbare Realität. Eine kleine Weile bot der schlichte Raum der kleinen Dorfkirche die Möglichkeit für einen intensiven interkulturellen und interreligiösen Öffnungs- und Vermischungsprozess. Dieser einzelne Anlass wird keine grossen gesellschaftlichen Umbrüche hervorrufen, aber er steuert dennoch dem vielfach beschworenen Individualisierungsschub unserer westlichen Gesellschaft ein kleines bisschen entgegen.

Ein schönes Erlebnis war das, doch den Anlass auf die Beine zu stellen, hat auch einige Mühe gekostet. Mehr als 960 Stunden »Manpower« (obwohl es ja mehrheitlich Frauen waren, die hier vorbereiteten), die Essenzubereitung nicht mitgerechnet, kamen zusammen, bis alles für die gut 270 Mitfeiernden und das separate Kinderprogramm aufgebaut und wieder abgeräumt war. Viele Stunden habe ich am Telefon gesessen oder Menschen aus der Gemeinde direkt angesprochen, um sie einzuladen, bei diesem Fest mit dabei zu sein und etwas dazu beizutragen.

Ich freue mich jedes Mal über die Bereitschaft der Menschen, aufeinander zuzugehen und sich mit in eine Gemeinschaft einzubringen, wenn man sie erst einmal darauf anspricht. Das erlebe ich in dieser Gemeinde ausgesprochen positiv. Natürlich braucht es eine gehörige Portion Energie, um je wieder neu auf Menschen zuzugehen und sie zu fragen, ob sie bei diesem oder jenem Projekt mitmachen möchten. Mir helfen dabei meine persönlichen Wurzeln. Einerseits stamme ich aus einer sehr grossen Familie, in der man eine Sache einfach mal anpackt, weil bei neun Geschwistern gar keine Zeit bleibt, lange zu diskutieren. Dazu kommt der kulturelle Unterschied, den ich bei meinem Wechsel aus Norddeutschland in die Schweiz bemerkte: Hier erlebe ich das Zusammenwirken der Menschen meist als sehr höflich, aber auch wie bei einem mittelalterlichen Tanz, in dem alle Beteiligten die Schritte genau kennen und befolgen, dafür jedoch weniger spontan miteinander umgehen. Kurz gesagt: Nur sehr selten klingelt jemand unaufgefordert an der Pfarrhaustür, um einfach mal einen »Klönschnack« zu halten, wie man bei uns in Norddeutschland sagt. Hier macht man üblicherweise einen Termin ab oder ruft zumindest kurz vorher an, wenn man vorbeikommen möchte.

Diesen höflichen Vorbehalt sprenge ich hin und wieder mit meinen direkten Anfragen auf, doch wenn die erste Überraschung abgeklungen ist, dass die Pfarrerin – quasi als persönliche Heimsuchung – dazu einlädt, bei einem Anlass mit dabei zu sein, erlebe ich in der Regel freundliche Hilfsbereitschaft. Wie gesagt, es braucht Mut, den Raum zu anderen zu überwinden – sei es, wenn man Freiwillige sucht oder ganz praktisch, wenn es darum geht, im weiten Raum der Kirche zu sprechen.

## Gefühlte 100 Meter bis zur ersten Reihe

Meinen ersten Gottesdienst habe ich in Bevern an der Weser gehalten, in der alten Kirche aus rotem Backstein, dem Stammschloss derer von Münchhausen gleich gegenüber. Eine lutherische Kirche, in der ich als Theologiestudentin mit grade erst 22 Jahren mein Praktikum zum Vordiplom absolvierte. Den Samstag vor diesem Gottesdienst werde ich nie vergessen. Stundenlang habe ich den Weg auf die Kanzel geübt, um nur ja nicht zu stolpern und würdig dort oben zu stehen. Dann habe ich meiner Freundin den Text so oft vorgesprochen, dass ich am Sonntag darauf fast heiser war. Das Schlimmste war jedoch der Blick über die gefühlten 100 Meter Distanz von der Kanzel bis zu den erwartungsvoll emporgehobenen Gesichtern. Gott, hatte ich eine Angst, etwas falsch zu machen. Frei habe ich mich damals wahrlich nicht gefühlt, eher gefangen in meiner eigenen Idee, als Pfarrerin anderen Menschen

in aller Öffentlichkeit zu erzählen, wie ich die Heilige Schrift verstehe und warum und wie ich sie für wichtig halte.
Ermutigend war jedoch die Erfahrung, dass die meisten Menschen in den Reihen durchaus Verständnis für die Nervosität einer jungen angehenden Theologin hatten.

Mit der Zeit lernte ich die Menschen dort besser kennen. Und die übliche Ordnung im Gottesdienst aus der Perspektive der Pfarrerin wurde mir vertrauter. Man mag es Routine nennen, ich nenne es Beziehung: Beziehung zum Raum, an den ich die Erwartung stelle, dort Platz für meine Gedanken und mein Verständnis von Gott zu haben. Noch wichtiger ist die Beziehung zu den Menschen und ihren Geschichten, mit denen ich diesen Raum teile. Darunter waren auch kritische Stimmen, denn bei aller Vorbereitung und allem jugendlichen Eifer hatte eine Gottesdienstbesucherin nur Augen für meinen aus ihrer Sicht viel zu kurz geratenen Rock, der ihrer Meinung nach einfach nicht auf eine Kanzel gehörte. Ihr vorwurfsvolles »Sie sollten sich schämen!«, das sie mir mit verächtlichem Schnauben nach dem Gottesdienst entgegenwarf, klang mir noch lange in den Ohren. Manche Beziehung wird eben auch abgelehnt oder ist schwierig.

## Versöhnungsraum

In jedem neuen Gottesdienstraum, in jeder neuen Gemeinde braucht es eine Zeit des Ankommens. Das war auch in Rüschlikon so. Hier wirkt die Distanz zwischen der Kanzel und der ersten Reihe durch den freien Raum extrem weit.

Es sitzen auch nur wenige in der ersten Reihe, am ehesten Kirchenpflegerinnen und Kirchenpfleger oder Tauf- und Trauerfamilien. In der Regel ist die erste Reihe leer und die Gottesdienstbesucher fühlen sich weiter hinten wohler. Die Distanz, die ich mit meinen Worten zu überbrücken habe, ist also noch weiter. Doch von Mal zu Mal füllen die Geschichten, die mir als Pfarrerin anvertraut wurden, und die Erfahrungen aus gemeinsamen Erlebnissen, wie Seniorenferien, Feste oder die Begleitung in Trauerfällen, den Raum mit aus und machen aus dem leeren Raum einen Erlebnisraum. Manchmal kommt es mir so vor, als würde ich während der Predigt zu den Menschen, die mir zuhören, Fäden ausspannen. Es gibt Tage, da werden diese Fäden so tragfähig und belastbar, dass sie wie ein Netz sind, über dem ich selbst steile Gedanken und Theorien ausbreiten kann, ohne mich zu sorgen, dass die Gedanken bei den Zuhörenden abstürzen könnten. Es gibt aber auch Tage, da sind diese Fäden sehr fragil.

Vielleicht liegt es an der Stimmung, die wir alle auch sehr unterschiedlich mit in diesen Raum hineintragen. Ich versuche dann jeweils, wach und aufmerksam zu sein, um ebendiese Stimmungen zu erkennen, darauf einzugehen und sie mit dem zu verbinden, was ich mir zu sagen vorgenommen habe. Besonders gefällt mir, wenn ich die aktuelle Lebenswelt der Zuhörenden in meine Worte einbinden kann.

So sassen einmal zwei Männer im Gottesdienst, die sich nach langen Jahren der Freundschaft gestritten hatten und nun kaum noch miteinander sprachen. Zu Beginn des Gottesdienstes erklärte ich, dass ich an diesem Tag über Vergebung sprechen möchte, und lud alle ein, das erste Lied miteinander zu singen.
Ich kenne den Text des Liedes auswendig und kann darum beim Singen zugleich die Gemeinde ansehen. Als wir »… nun ist gross Fried, ohn Unterlass. All Fehd hat nun ein Ende« sangen, bemerkte ich, wie die beiden gemeinsam älter gewordenen Männer einander ansahen. Im Verlauf der Predigt schauten sie abwechselnd kritisch, dann immer entspannter und am Ende gelöst. Nach dem

Gottesdienst erklärten sie mir, dass ihnen die Worte des Liedes und der Predigt wieder vorstellbar gemacht hatten, was sie ja eigentlich wollten: in Frieden und gut miteinander leben. Ohne Worte hatten sie sich während des Gottesdienstes wieder miteinander versöhnt.

Dieses Beispiel zeigt, was im Kirchenraum so gut geschehen kann: Der eigenen Realität wird eine andere Wirklichkeit zugesprochen. Manchmal reicht dazu der Wechsel in den Raum, in dem man bewusst Nähe zu Gott sucht. Konkret können sich Menschen durch das gesprochene Wort im Gottesdienst ansprechen lassen, sich ihr Leben verändert vorzustellen. Eine Vorstellung, die die Entscheidung herausfordert, auf diese andere Wirklichkeit hin zu leben – im konkreten Fall war es eine Versöhnung.

Als Pfarrerin profitiere ich selbst von diesen Gottesdiensten. Wie alle anderen bringe ich meine persönliche Geschichte und momentane persönliche Verfasstheit mit in den Gottesdienstraum. Manchmal habe ich mit jemandem Streit, manchmal weiss ich nicht, wie ich ein Problem lösen kann. Dann kann es passieren, dass die Worte, die ich spreche, mir selbst einen Lösungsweg aufzeigen. Es klingt vielleicht seltsam, denn es sind ja meine eigenen Worte, die ich für die Predigt vorbereitet habe, aber erst wenn ich sie in der Kirche laut an die Gemeinde weitergebe, wird aus dem Gedankenkonstrukt eine konkret vorstellbare Wirklichkeit. Es hat etwas sehr Befreiendes, dann wieder aus der Kirche hinaus in die Welt zu gehen und statt eines Problems einen Lösungsweg mitzunehmen.

Das unterscheidet diesen Raum von profanen Räumen. Er bleibt ein einfacher Raum für das ganz normale Leben der Gemeinde; besonders ist dabei, dass dieses Leben konsequent auf Gott hin gedeutet wird und so die Möglichkeit bietet, über die eigene Lebenswelt hinaus zu denken. Dennoch ist der Kirchenraum, anders als im katholischen Kirchenverständnis, kein heiliger Raum, in dem Gott leibhaftig anwesend geglaubt wird. Nach reformiertem Verständnis ist es ein Raum, in dem der Heilige Geist in der versammelten Gemeinschaft und durch sie wirkt. Hier sammeln wir Kraft für das Leben. Im Schweigen und im Sprechen. Hier feiern wir Geburten in der Taufe, den Bund für das Leben in der Hochzeit und wir nehmen miteinander Abschied.[38] Darüber hinaus wird hier gegessen, gefeiert, geklagt, geweint, getröstet und natürlich auch kräftig diskutiert.

# III. Gestalten

MITTWOCH

## Beten vor dem Stress

Spät ist es geworden gestern Abend. Erst gegen Mitternacht waren wir mit dem Aufräumen der Kirche fertig. Heute Morgen wird der Sigrist noch letzte Hand anlegen und den Fussboden reinigen, der durch die vielen regennassen Schuhe der Forumsbesucher ziemlich in Mitleidenschaft gezogen wurde.

Ich sitze an meinem Schreibtisch, prüfe die Termine für den heutigen Tag und nehme mir vor, zukünftig grösser in meiner Agenda zu schreiben, damit nicht zu viel hineinpasst. Ich will nicht murren und es lieber mit Martin Luther halten, der hat einmal gesagt: »Ich habe heute viel zu tun, darum muss ich heute viel beten.«

Ehrlich gesagt wurde mir das Beten nicht gerade in die Wiege gelegt. Weder aus meinen Kindertagen war mir ein Kindergebet vertraut, noch kann ich mich an ein Gebet aus einem der wenigen Kindergottesdienste erinnern, die ich in jungen Jahren besucht habe. Das Einzige, an das ich mich aus dieser Zeit erinnern kann, sind die vergoldeten Engel am Altar der lutherischen Dorfkirche und die klamme Kälte, die uns selbst im Sommer noch aus den alten Mauern in die Knochen kroch. Viele Jahre fehlten mir die Worte zum Beten. Sie kamen erst, als ich mir selbst erlaubte, an so etwas wie »Gott« zu glauben. Wobei Gott für mich weit entfernt davon ist, uns wie ein Puppenspieler an Marionettenfäden zu führen und den einen gibt, was sie erbitten, während andere in ihrem Elend hocken bleiben. Das wäre ein problematisches, ein bedrohliches Gottesbild, bei dem der Mensch immer ausgeliefert wäre. Wer will und kann denn so leben? Das bedeutet Angst und Abhängigkeit. Wir glauben stattdessen, dass Gott uns Menschen unseren freien Willen lässt. Wir können denken, haben einen eigenen Verstand, und ich bin davon überzeugt, Gott erwartet auch von uns Menschen, dass wir ihn einsetzen, um das eigene Leben zu gestalten. Darum nehme ich meinen Verstand mit, wenn ich bete und prüfe, wie ich handeln will, um das Gute zu tun oder das, was heute an Schwierigem auf mich zukommt, zu ertragen. Ich bin kein Mensch langer Meditationen. Meine Gebete sind kurz und einfach. Manchmal ist es nur ein Dank für die Schönheit eines Sonnenaufgangs, für den kräftigen Aprilregen oder einen stürmischen Novemberwind. Natürlich könnte man das auch ohne ein Gebet tun. Doch zweierlei erlebe ich beim Beten als befreiend:

Zum einen hilft mir das Gebet, meine Gedanken in konkrete Worte zu fassen, statt sie als unbestimmtes Ahnen mit mir herumzuschleppen. Das schafft Klarheit für die vor mir liegenden Entscheidungen. Dazu kommt die Vorstellung und das Vertrauen, dass ich die Kraft, die ich für diesen Tag brauche, nicht nur in mir selbst zu suchen brauche. Das entlastet.

Manches Mal wandern meine Gedanken auch zu den Menschen, von denen ich weiss, dass sie gerade in schwierigen Situationen sind. Wenn ich sie in mein Gebet einschliesse, ist mir eines besonders wichtig: Sie dabei nicht in eine Form zu pressen, die ihnen nicht entspricht. Ein solch »zwängelndes« Gebet begegnete mir in der kleinen Aargauer Gemeinde Staufen bei Lenzburg. Während meines Studiums hatte ich dort für neun Monate eine Stellvertretung übernommen.

Weithin sichtbar auf dem Staufberg, der sich 100 Meter hoch über dem Dorf erhebt, steht die Staufbergkirche. Nach dem Gottesdienst verabschiede ich die Gottesdienstbesucherinnen und -besucher vor der Kirchentür. Einige verweilen zu einem kurzen Gespräch und ein alteingesessenes Ehepaar lädt mich ein, in der nächsten Woche doch einmal zu ihnen zu kommen. Ein paar Tage später klingle ich an der Tür des alten, niederen Hauses. Sie führen mich ins Wohnzimmer mit dem alten Stubenofen, bringen Tee und eine Bibel herein und fragen, ohne lang herumzureden, ob ich tatsächlich etwas anderes glauben würde als das, was in dieser Heiligen Schrift steht. Ich erzähle ihnen von meinen Studien, darüber, wie wir an der Uni in Göttingen und Bern die alten Texte bearbeitet haben, dann aufgrund von Text- und Wortanalysen feststellten, dass manche Schriftpassagen erst später eingefügt wurden oder gar ganze Abschnitte Sondergut eines einzelnen Autors sind. Auch dass es Erzählmotive gibt, die durch antike Texte wandern, beispielsweise ein Stern bei der Geburt eines besonderen Menschen oder der spätere Anführer, der im Binsenkörbchen aus dem Fluss gerettet wird. Kurz gesagt, ich versuche ihnen die historisch-kritische Methode der Bibelauslegung nahezubringen. Sie schweigen und mustern mich mit strengem und ernstem Blick. Dann erklären sie mir, dass sie für mich beten wollen. Mir wird etwas mulmig zumute. Noch nie hat jemand zu beten begonnen, wenn ich eine Erklärung abgegeben habe. Das ist neu, aber Höflichkeit und Erziehung lassen mich am Tisch sitzen bleiben, während sie zu beten beginnen. Ich erinnere mich nicht mehr an den genaueren Wortlaut, doch blieb mir, dass sie den gerechten Gott baten, er möge doch ein Einsehen haben und seinen Geist endlich auch bei mir wirken lassen. Auch ich solle verstehen und begreifen, wie die göttliche Schrift tatsächlich gemeint sei, nämlich genauso, wie sie diese verstanden, Buchstabe um Buchstabe, unverrückbar, wahr. Wie Klebstoff hingen ihre Worte an mir. Nach dem »Amen« gab es

für sie nicht mehr viel zu sagen. Sie wünschten mir alles Gute und verabschiedeten mich.
Aus ihrem Haus nahm ich das beengende Gefühl mit, nicht ernst genommen worden zu sein, und versuchte zu begreifen, was diese beiden da gerade getan hatten. Sie hatten das Gebet missbraucht, um ihre eigene Meinung als göttlichen Willen darzustellen, so als wäre das Gesagte dann erhabener und Teil einer ewigen Wahrheit. Doch das war es nicht. Es war nur Rechthaberei in einem anderen Gewand, die keinen Platz liess für einen anderen Willen als ihren eigenen. Mit Gott hatte das für mich wenig zu tun.

## Prayer-Request

Wer im stillen Kämmerlein betet, mag sich selbst prüfen, wie weit er oder sie dabei versucht, ein leidiges Thema oder eine schwierige Aufgabe Gott zuzuschieben. Manchmal tut es ja einfach gut, im Gebet seinem Kummer freien Lauf zu lassen und zu klagen und zu jammern. Ich persönlich schätze es aber, wenn mir beim Beten irgendwann klar wird, wo meine eigene Verantwortung liegt, um einen Missstand zu beheben, oder welche Kraft ich brauche, um etwas, das sich nicht ändern lässt, zu ertragen.

Bete ich jedoch mit anderen gemeinsam oder vor der Gemeinde im öffentlichen Raum, liegt es in meiner besonderen Verantwortung als Sprechender, Gott nicht als Strohmann für die eigenen Interessen zu benutzen. Gerade darin liegt ja das Befreiende eines Gebetes: Es lässt Spielraum für den Willen Gottes und damit für Möglichkeiten, die über den eigenen Vorstellungshorizont hinausweisen. Darum wird es jeweils besser sein, Gebetsanliegen, die öffentlich für andere angebracht werden, allgemeiner zu formulieren. Wer zu spezifisch spricht, läuft Gefahr, übergriffig zu werden.

Ein anschauliches Beispiel dafür bekam ich während eines England-Aufenthaltes in einer methodistischen Gemeinde in Wakefield, York. Im Vorraum der Kirche liegt jeden Sonntag ein Gebetbuch aus, in dem Gemeindemitglieder vor dem Gottesdienst ihre besonderen Gebetsanliegen eintragen können. Die so gesammelten Gebete werden später während des Gottesdienstes vorgetragen und die Gemeinde wird eingeladen, für die genannten Menschen und Nöte zu beten.

Barry, der Pfarrer der Gemeinde, erklärt mir, wie hilfreich dieses Buch ist, weil die Gemeindemitglieder nicht persönlich vor die Gemeinde zu treten brauchen, wenn sie möchten, dass andere ihr Gebetsanliegen mittragen. Die gut gemeinte Idee bringt aber auch Schwierigkeiten mit sich: Zum einen werden die Gebetsanliegen viel zu konkret formuliert und Wissen oder Vermutungen über einen Menschen aufgeschrieben, die auf persönlicher Deutung beruhen. Einmal aufgeschrieben stehen sie dann da wie eine Tatsache. Die andere Schwierigkeit besteht darin, dass Namen und Situationen benannt werden, wozu die Betroffenen gar kein Einverständnis gaben. Seither drängt der Pfarrer darauf, dass nur noch der Vorname einer Person genannt und auf detailliertere Situationsbeschreibungen verzichtet wird, um die Betroffenen zu schützen. Leider bewahrt auch die reduzierte Form nicht vor Irritationen einzelner Gemeindemitglieder. Wenn beispielsweise ein Gottesdienstbesucher namens Paul im Raum ist und jemand sich im Prayer-Request wünschte, für Paul zu beten, lässt sich mitunter beobachten, wie sich andere Gemeindemitglieder zu ihm hindrehen und ihn fragend und neugierig anschauen.

In Rüschlikon tragen wir unsere Fürbitten gegen Ende des Gottesdienstes in einer sehr allgemeinen Form vor. Zugleich schätze ich es, in diesem Gebet besonders an die eigene Verantwortung der Betenden zu appellieren, und füge gern den Satz ein: »Gott, hilf ihnen … – und hilf uns, ihnen zu helfen.«

Dass diese Hilfe eine ganz andere Gestalt haben kann, als die betende Gemeinde sich vielleicht gerade vorzustellen vermag, zeigt sich im weiteren Verlauf der Liturgie: Dort folgt auf die Fürbitte das »Unser Vater«. Darin betet die ganze Gemeinde: »Dein Reich komme, dein Wille geschehe, wie im Himmel so auf Erden.«

## Worte statt Weihrauch

Ich bin mir nicht sicher, wie vielen Gemeindemitgliedern noch bewusst ist, dass der Gottesdienst ein Zusammenspiel einzelner Elemente ist, die sorgsam aufeinander abgestimmt werden.

Verschiedene Menschen wirken mit, um alles vorzubereiten und mitzugestalten. Mittwochs gebe ich normalerweise dem Sigristen, dem Organisten und den Lektoren den Verlauf des Gottesdienstes für den nächsten Sonntag bekannt. Der Sigrist wird für die Einrichtung der Kirche sorgen: Blumen, Liedzettel, Beamer, Kerzenschale, Abendmahl – alles wird bereitgestellt, was auch immer gerade in diesem Gottesdienst vorgesehen ist.

Die Lektoren brauchen rechtzeitig die Angabe der Bibelstellen, sie bereiten sich sorgfältig vor. Ein gut gelesener Text erleichtert es den Zuhörerinnen und Zuhörern, dessen Inhalt zu erfassen. In zwei bis drei Minuten Lesezeit gibt es viel zu beachten: eine ruhige Haltung und angemessene Geschwindigkeit, den Blickkontakt zur Gemeinde, eine spannungsvolle Intonation und stete Präsenz. Der reformierte Gottesdienst ist sehr stark auf das Wort ausgerichtet. Gute Lektoren sind wie Maler oder Musiker und geben mit ihrer Interpretation des Textes den Geschichten und Lehrworten der Bibel eine eigene Farbe, einen eigenen Klang. Das ist wichtig, denn immer wieder wird der reformierten Kirche vorgeworfen, dass sie viel zu karg sei. Nicht nur die Liturgie, das ganze Erlebnis des Gottesdienstes sei sehr nüchtern. Kein Weihrauch, kaum Kerzen, keine Bilder, im besten Falle schön gestaltete Fenster, an denen sich das Auge erfreuen kann, wenn es lang genug Halt suchend die blanken Wände entlanggewandert ist.

Ja, es stimmt: Der reformierte Gottesdienst ist sehr schlicht. Doch nüchtern finde ich ihn nicht. Er ist konzentriert, fokussiert auf das Wort. Wenn dieses Wort allerdings nur dozierend besserwisserisch oder streng daherkommt, kann ich verstehen, dass man die Feier als kühl und distanziert erlebt. Dabei können Worte einfach stark sein. Dann nämlich, wenn sie von Leidenschaft zeugen, wenn sie Beziehung stiften zwischen den Menschen, die sich da versammelt haben, und zu Gott, wenn sie nachdenklich machen oder trösten. Mir persönlich ist das lieber als aller Weihrauch der Welt.

Wer sich zudem der schlichten Liturgie des reformierten Gottesdienstes bewusst ist, dem hilft sie, im Gottesdienst anzukommen und sich darin vertraut und heimisch zu fühlen. Natürlich braucht es dazu eine gewisse Aufmerksamkeit. Ein Besuch allein reicht nicht.

Das ist wie beim Sport. Einmal habe ich meinen Mann zu einem Eishockeyspiel zwischen dem SC Bern und den ZSC Lions nach Bern begleitet. Obwohl ich keine Ahnung von dem Spiel hatte, war es faszinierend und spannend, zwischen den aufgeregten Fans zu sitzen und ihre Begeisterung hautnah mitzuerleben. Ich habe das ganze Spiel über aufgepasst, aber ehrlich gesagt weiss ich bis heute nicht, welche Regeln in diesem Spiel gelten. Der Puck schoss so schnell über das Eis, die Spieler kämpften so erbittert darum, dass ich kaum wahrnehmen konnte, wo jetzt gerade was passierte. Ich müsste wohl öfter hingehen und mich genauer damit beschäftigen, um dahinterzukommen, welcher inneren Ordnung dieses Spiel folgt.

Im Gottesdienst ist das ähnlich. Zugegeben, wir schlagen nicht mit Stöcken aufeinander ein oder versuchen den anderen an den Rand zu drängen. Aber auch wir handeln hier nach einer eingespielten Tradition und Ordnung. Mag sein, dass die Ausführungen dieser Ordnung von Ort zu Ort variieren, weil sie von den Menschen unterschiedlich interpretiert und umgesetzt werden. Wir haben weder einen Papst noch eine vorgesetzte Liturgiekommission. Niemand schreibt uns vor, welche Lesung an welchem Sonntag als Predigttext zu wählen ist oder wann die Gemeinde aufzustehen oder sich hinzusetzen hat. Hier haben die Pfarrerinnen und Pfarrer eine grosse Verantwortung, das Passende für ihre Gemeinde herauszufinden. Doch gibt es ein Grundgerüst. Jeder kann sich darüber informieren. Es steht offen in den Gesangbüchern der deutschsprachigen Schweiz, die in den reformierten Kirchen im Kanton Zürich ausliegen. Irritierenderweise steht es jedoch erst unter Nummer 150 und nicht zu Beginn des Buches, wie man es vielleicht erwarten würde, wenn man nach einer Art Inhaltsverzeichnis sucht. Wer sich die Mühe macht, auf die Elemente des Gottesdienstes zu achten, kann erkennen, wie sie ineinandergreifen. Das beginnt schon mit dem Orgel- oder Klavierspiel zu Beginn des Gottesdienstes. In der Regel nimmt es bereits die Tonart oder Grundmelodie des ersten Liedes vorweg. So können sich alle, die in den Bankreihen Platz genommen haben, schon bei den ersten Klängen in das erste Lied, das es bald zu singen gilt, einhören.

## Sacro-Pop

Ich schätze es sehr, mich mit dem Organisten oder dem Chorleiter vor einem Gottesdienst darüber auszutauschen, welche Lieder wir wählen und welcher Art die Musik für das Zwischen- oder Ausgangsspiel sein kann. Für die mitwirkenden Musiker ist es wichtig zu wissen, was für ein Thema der Pfarrer oder die Pfarrerin in der Predigt am Sonntag wählt und in welche Richtung es ausgelegt wird. So wird der ganze Gottesdienst idealerweise eine Einheit, in dem Musik und Worte sich gegenseitig vertiefen.

In der reformierten Kirche ist dieses Zusammenspiel jünger als in anderen Konfessionen: Zwingli hatte den »Singsang« und die Orgelmusik im Zuge der Reformation aus den Kirchen verbannt. Ihm ging es um ein besseres Verständnis des Evangeliums. Zu seiner Zeit bedeutete Musik im Gottesdienst das Singen schwer verständlicher lateinischer Psalmen. Wer zum Gottesdienst kam, sollte sich jedoch ganz auf das Wort Gottes konzentrieren können: dies besonders beim Abendmahl, bei dem der Gläubige »nicht mehr den Zusammenklang der Saiten und die Harmonie der verschiedenen Stimmen hört, sondern die himmlische Stimme«.[39]

Erst 1809 wurde in der Stadtkirche Winterthur wieder eine Orgel in einer reformierten Kirche des Kantons Zürich eingebaut. Die erste Orgel in der Stadt Zürich bekam 1853 das Fraumünster. Andere Gemeinden folgten nach. Heute gehört die Orgel in den reformierten Kirchen zum festen Bestand der Einrichtung. In den ersten Jahrhunderten nach der Reformation wurde jedoch ohne musikalische Begleitung gesungen. Anders als im katholischen oder lutherischen Gesangbuch, in dem alle Lieder nur einstimmig aufgeführt sind, bietet das reformierte Gesangbuch darum bis auf den heutigen Tag viele Lieder zum vierstimmigen Gesang an. Es klingt schön, wenn Gemeindemitglieder davon Gebrauch machen können. In Rüschlikon ist das besonders der Fall, wenn Mitglieder des Chores oder Mitglieder der hiesigen Kommunität »Nidelbad« mit im Gottesdienst sind. Dann erreichen auch die alten Lieder eine weite klangliche Fülle. Junge Leute, beispielsweise die Konfirmandinnen und Konfirmanden, auch viele Eltern, beschreiben die Lieder im reformierten Gottesdienst dagegen als altertümlich und viel zu schwierig. Selbst die klassischen Advents- und Weihnachtslieder sind den jungen Leuten kaum bis gar nicht mehr vertraut.

Das hat mich erschüttert, als ich einen Jugendgottesdienst in der Adventzeit mit ungefähr zwanzig Fünft- bis Siebtklässlern feierte. Ich bin selbstverständlich davon ausgegangen, dass die Jungen und Mädchen in der Lage wären, das in der kirchlichen Tradition zum Grundbestand gehörende Lied »Macht hoch die Tür« zu singen. Ich glaubte nicht, dass sie es noch auswendig kennen würden, aber ich hatte angenommen, dass ihnen wenigstens die Melodie vertraut sei. Doch nur ein einziger Schüler, der Sohn eines Lehrers mit starker kirchlicher Bindung, kannte die Melodie, wenn auch nicht den Text.

Dabei ist es seit Jahrtausenden Brauch, im Gottesdienst zu singen. Immer wieder sind neue Lieder entstanden. Im Alten Testament lädt ein Psalm explizit dazu ein: »Singet dem Herrn ein neues Lied«. Viele Lieder aus unserem aktuellen Gesangbuch sind Jahrhunderte alt, die Melodien und Rhythmen sind für moderne Menschen ungewohnt und die Bedeutung der Worte erschliesst sich nicht immer auf Anhieb. Einigen bereitet die altertümliche Sprache Mühe, anderen sind die theologischen Gedanken fremd, die in wenigen Liedzeilen komprimiert werden.

Als die Lieder entstanden, waren Wortschatz und Melodien den Menschen vertraut. Besonders in den noch jungen reformatorischen Gemeinden dienten sie nicht nur der geistlichen Erbauung, sondern auch der Wissensvermittlung. Es waren die Lieder, die neben dem Buchdruck massiv zur Verbreitung des reformatorischen Gedankengutes beigetragen haben. Vor allem diejenigen, die nicht lesen und schreiben konnten, hatten über die Lieder Zugang zu den neuen Ideen.

Was damals die Welt veränderte, hängt heute der sprachlichen, musikalischen und gesellschaftlichen Entwicklung hinterher. Aber aufgeben mag ich die alten Lieder auch nicht einfach. Vielen von ihnen ist es gelungen, wenn auch in sprachlich veralteter Form, so etwas wie einen Glaubensschatz zu bewahren, der durch die Zeiten hindurch Gültigkeit besitzt.

Natürlich gibt es auch moderne Lieder, die wir im Gottesdienst singen. Einige finde ich grossartig. Wie ein Ohrwurm bleiben sie mir den ganzen Tag über im Sinn, wenn wir sie am Morgen im Gottesdienst gesungen haben. Sie sind als »Sacro-Pop« der kirchlichen Szene bekannt und sie bieten eine weite Palette unterschiedlicher Stilelemente aus den Bereichen des spirituellen Gospels, Hip-Hop, Rock, Pop, Heavy-Metal-Klängen oder Jazz. Sie klingen wie die Musik, die wir im Alltag hören, im Radio, als Hintergrundmusik im Kino oder abends, wenn man ausgeht. Aber nicht alles, was modern ist, ist auch gut. Einige Lieder sind mir einfach zu seicht in der Melodie oder im Gottesbild, das sie vermitteln. Ihre Töne sind mir zu gefällig und der liebe Gott so sanft und lieb, dass ihnen für die Realität des Lebens der Biss fehlt.

Grundsätzlich halte ich Lieder im Gottesdienst, ob alt oder neu, für eine gute Form, die Botschaft des christlichen Glaubens weiterzutragen. Die Form dieser Lieder darf gern der Gemeinde und dem Zeitgeist angepasst werden, solange sie den Tiefgang aufweisen, der unserem christlichen Glauben entspricht. In diesem Glauben ist nun einmal das Kreuz das zentrale Symbol und nicht ein knuffig weichgespülter Gott, an dem sich niemand stösst.

Pfarrschaft, Kirchenmusiker und weitere einbezogene Musikschaffende bleiben darum in der Verantwortung, in einer Kirchgemeinde einen ansprechenden Mix aus traditionellem Liedgut und modernen Umsetzungsversuchen im Bereich des Sacro-Pop zu finden.

## Blick hinter die Kulissen

Für den kommenden Sonntag brauche ich mir hinsichtlich der Musik keine Sorgen zu machen. Wir feiern die Konfirmation von zwölf jungen Männern und Frauen. Seit Wochen bereiten sie sich intensiv auf diesen Tag vor. Heute Abend werden einige von ihnen wieder in die Kirche kommen, um die Musikstücke zu proben, die sie im Gottesdienst spielen und singen werden. Bei der Wahl ihrer Stücke lasse ich ihnen gern so weit als möglich freie Hand. Wichtig ist allerdings, dass sie begründen können, was das ausgesuchte Lied mit dem Glauben und dem Thema des Gottesdienstes zu tun hat.

Jedes Jahr erwarte ich mit Spannung, wie sich die jeweilige Konfirmandengruppe einbringen wird. Mal sind sie hochmotiviert und nehmen sich vor: »Wenn wir Konfirmation feiern, rocken wir die Kirche!« Andere realisieren im Vorfeld, dass eine spannende und abwechslungsreiche Feier viel Arbeit bedeutet, und scheuen davor zurück. Ich brauche zuweilen reichlich Geduld und Nachsicht, wenn einzelne Jugendliche sich entweder gar nicht einbringen wollen oder motiviert beginnen und dann alles hinwerfen. Die meisten entwickeln jedoch im Verlauf der Vorbereitungen regelrechten Ehrgeiz und entdecken bisher ungeahnte Fähigkeiten, wenn sie sich erst einmal auf ein Projekt eingelassen haben: Sie singen, erweisen sich als unterhaltsame Moderatoren, sprechen Texte mit starker Stimme oder entwickeln beeindruckende Kreativität. Wohlgemerkt, die meisten. Manche sind durch andere Verpflichtungen schlicht unter immensem Zeitdruck oder haben grosse Mühe, sich dem Druck zu stellen, den ein solcher öffentlicher Anlass mit sich bringt.

Es ist der Tag vor der Konfirmation. Mehr als zehn Mädchen haben sich zur Gesangsprobe in der reformierten Kirche getroffen und stehen um den Flügel herum. Das Lied aus dem Film »Sister Act« ist anspruchsvoll. Die Stimmen sitzen nicht. Schliesslich entscheiden wir, dass zwei der Mädchen gemeinsam die Oberstimme singen werden. Es klappt irgendwie nicht. Die Unruhe in der Gruppe wird immer grösser, einige tuscheln, die beiden Frontsängerinnen stehen sehr unter Druck. Plötzlich knallt eine der beiden ihre Noten auf den Flügel, drängelt sich an den anderen Mädchen vorbei und rennt los. Noch bevor sie die Kirchentür erreicht hat, höre ich ihre lauten Schluchzer: »Ich kann das nicht! Ich mach da nicht mit!« Die Kirchentür knallt – weg ist sie. Ratlos stehen die anderen Mädchen im Kreis. Ich spreche mich mit der Pianistin ab. Sie wird mit der Gruppe weiterüben, während ich mich auf die Suche nach dem Mädchen mache. Ich brauche nicht weit zu gehen. In der Nähe seines Wohnhauses sitzt es tränenüberströmt allein auf einem grossen Findling. Es will gar nichts mehr. Es will nicht mehr singen. Es will nicht mehr zurückkommen. Es will auch am nächsten Tag nicht konfirmiert werden. Die ganze Welt um es herum bricht auseinander.

Als es sich so gar nicht beruhigen lässt, greife ich auf ein altes Hausmittel zurück: Eine heisse Tasse Tee.

Das Pfarramt liegt nicht weit entfernt und ich kann es überreden, wenigstens auf eine halbe Stunde mitzukommen, statt draussen auf dem Stein zu hocken.

Der Tee hat eine beruhigende Wirkung. Nach einer Weile beginnt die Schülerin zu erzählen: »Ich hab so eine Angst, morgen etwas falsch zu machen. Ich bin so nervös, ich kann die Stimme gar nicht richtig halten.«

Ihre Angst ist verständlich. Immerhin haben in der grossen Kirche über 400 Leute Platz. Morgen wird sie sicher bis auf den letzten Platz besetzt sein.

»Haben Sie Angst, wenn Sie da vorne stehen?«, fragt sie mich.

»Nicht gerade Angst. Aber ich bin immer aufgeregt. Manchmal schlägt mein Herz bis zum Hals, besonders wenn mir etwas sehr wichtig ist. Ist dir deine Konfirmation wichtig?«
»Meine ganze Familie kommt. Und ein paar Freunde aus der Schule werden auch da sein. Natürlich ist mir die Konf wichtig.«
»Und du singst gern?«
»Eigentlich schon.«
»Was glaubst du, wie werden sie sich fühlen, wenn du dort vorn stehst?«
»Sie werden sich bestimmt freuen – und vielleicht sind sie auch ein wenig stolz.«
»Wie fühlt sich das an, wenn du dir das vorstellst?«
»Irgendwie gar nicht so schlecht.«
Nach der Probe kommt ihre Freundin dazu, macht ihr Mut, weil sie ja nicht allein dort stehen würde. Das tröstet sie. Zum Abschluss malen wir ihr beide aus, wie spannend es werden kann, und laden sie ein, es sich noch einmal zu überlegen. Das tut sie. Am nächsten Morgen ist ihr Mut stärker als ihre Angst. Die Mädchen singen wunderbar zusammen.

## Sprache schafft Wirklichkeit

Angst macht eng. In ihrer Angst vor dem Auftritt hat die Konfirmandin ihren Blick nur noch auf das Bedrohliche gerichtet. Dabei ist Angst ein durchaus hilfreiches Gefühl. Sie macht uns aufmerksam und vorsichtig, sie warnt vor möglichen Gefahren. Wenn die Angst jedoch überhandnimmt, geraten andere, wichtige Aspekte einer Lebenssituation aus dem Blick. In diesem Fall das Vertrauen auf die eigenen Fähigkeiten, die Freude am gemeinsamen Musizieren, das Glücksgefühl, den Abschluss der Konfirmandenzeit gemeinsam mit Freundinnen und Freunden und der Familie öffentlich feiern zu können. Darum habe ich ihren Blick auf Erinnerungen und Szenarien gelenkt, in denen sie die bevorstehende Konfirmation mit konstruktiven, positiven Gefühlen verbinden kann.

Diese Methode fokussiert auf Ressourcen statt auf die Defizite. Es nützt ja nichts, sich ständig im Kreis der eigenen Angst zu drehen. In solchen Fällen braucht die Angst ein Gegengewicht, eine klare Vorstellung davon, wie eine Situation auch anders – nämlich positiv – verstanden werden kann, um darauf hinzuarbeiten.

Was ich damals eher intuitiv tat, habe ich später in einer Reihe intensiver Weiterbildungen bei Cornelia Schinzilarz auf eine methodische Grundlage gestellt. Ihr Kommunikationsmodell »Gerechtes Sprechen«[40] gefällt mir in seiner Gradlinigkeit. Es erweist sich besonders in der seelsorgerlichen Begleitung als hilfreiches Instrument. Der Umgang mit der Sprache und eine besondere Art und Weise des Zuhörens sind darin zentral, ebenso die Vorstellung, dass wir mit Sprache Wirklichkeit schaffen. Wenn ich morgens mit den Worten »Ich liebe dich!« begrüsst werde, ist selbst ein grauer Himmel blau. Schleudert einem jemand am Morgen zuerst einmal »Ich hasse dich!« entgegen, erscheint der Tag vielleicht schon nach den ersten Worten, die man zu hören bekommt, düster und beklemmend. Denn wir deuten, was wir hören. Diese Deutung wird Teil des eigenen Lebens. Wir lernen daraus und wer beispielsweise einmal die Erfahrung gemacht hat, beim Auftritt vor einer grossen Menschenmenge so schreckliche Angst zu haben, dass sie einem die Kehle zuschnürt und den Schweiss aus den Poren treibt, der kann sich leicht vorstellen, dass es das nächste Mal genauso sein wird. Und beim darauffolgenden Mal wieder – und wieder und wieder.

Solche Kreisläufe zu durchbrechen und dafür die Kräfte und Ressourcen auf den Plan zu rufen, die wir als stärkend und belebend wahrnehmen, ist eine wunderbare Arbeit, die ich am Pfarrberuf so schätze. Meine Aufgabe sehe ich darin, das gegenseitige Verstehen voranzutreiben und Menschen, die ich begleite, darin zu unterstützen, ihre eigenen Stärken und Möglichkeiten zu entdecken. Die Lösung besteht oft darin, das Vertrauen in sich selbst zu vertiefen und auf die eigenen Erfolge zu achten statt auf das, was man selbst oder was andere bei einem als Scheitern erkennen. Seelsorge und Psychologie spielen hier sehr eng ineinander. Wir nutzen in der Seelsorge psychologische Erkenntnisse und therapeutische Konzepte. Doch eines kommt bei uns hinzu: die Ressource Glauben. Sie führt über biologische und verhaltensorientierte Ansätze hinaus und wagt, eine Kraftquelle ausserhalb der eigenen Existenz anzunehmen. Diese besondere Wirkung der Religion beschreibt auch der Psychologe Daniel Hell: »Religion war und ist auch in einem tieferen Sinne eine gemeinschaftsbildende und gleichzeitig das Individuum stärkende Kraft, insofern sie Menschen Mut zur Veränderung gibt, kreative Fähigkeiten freisetzt und Symbole schafft, die in der Lage sind, dem Erleben des Einzelnen einen überindividuellen Ausdruck zu verleihen.«[41]

## Gott versteckt sich im Fragezeichen

Glücklicherweise verläuft die Konfirmationsvorbereitung in diesem Jahr störungsfrei und die Gruppe ist recht motiviert bei der Arbeit. Die Konfirmandinnen und Konfirmanden werden den Gottesdienst so weit als möglich eigenständig gestalten. Ich selbst brauche an diesem Tag – ausser der Begrüssung, einer kurzen Konfirmations-Ansprache und der eigentlichen Konfirmationshandlung – nur sehr wenig zum Gottesdienst beizutragen. Der Grossteil meiner Arbeit findet im Vorfeld dieses Festes statt.

Bereits im Februar haben wir uns zusammengesetzt und miteinander das Thema für diese Konfirmation bestimmt. Allein dafür brauchten wir einen ganzen Tag. Wie in jedem Jahr habe ich auch diese Gruppe gefragt, wie sie ihre Konfirmation gestalten möchte. Ganz oben auf der Wunschliste stand:

»Es soll lässig sein!«

»Wir wollen Spass haben!«

»Wir wollen etwas Besonderes machen, etwas, an das man sich noch nach Jahren hier im Dorf erinnern wird!«

»Wir wollen coole Musik!«

»Wir wollen Theater spielen!«

»Wir wollen Platz haben für unsere kritischen Fragen. Wir können doch nicht alles glauben!«

Ihre eigenen Ansprüche an diesen Gottesdienst sind hoch. Wir brauchen ein paar Stunden Zeit, um miteinander herauszuarbeiten, wie ihre persönlichen Anliegen zum Glauben, ihre Hoffnung und ihre Zweifel zum Ausdruck gebracht werden können.

Doch um einen Gottesdienst vorzubereiten und durchzuführen, sind neben den persönlichen Interessen zwei wesentliche Dinge besonders zu berücksichtigen:

Einerseits geht es darum, dass der Gottesdienst nicht nur den Menschen dient, sondern dass er auch ein »Dienst an Gott« ist. Die jungen Frauen und Männer überlegen, worin die Aufgabe des Menschen gegenüber Gott besteht. Sehr schnell wird ihnen klar, dass es dabei auch immer um die Verantwortung des Menschen gegenüber anderen und der Welt geht.

Darüber hinaus liegt ein besonderer Fokus auf der Gemeinschaft, in die sie nun bewusst als mündige Mitglieder eintreten. Darum werden sie bei ihren Vorbereitungen darauf achten, die Gemeinde bei ihren Gedanken, Hoffnungen und Zweifeln mit einzubeziehen. Zunächst einmal wird es darum gehen, die bunt gemischte Gruppe junger und alter Menschen, Männer und

Frauen, Kinder und Erwachsener, Einheimischer und Auswärtiger miteinander zu verbinden. Wie bringt man die vielen unterschiedlichen Menschen dazu, sich als eine Gemeinschaft zu empfinden?

Dazu sucht man etwas, das möglichst viele in dem Raum miteinander verbindet. Am Konfirmationstag sind es wohl der Wunsch und die Freude darüber, mit den jungen Männern und Frauen die Konfirmation zu feiern. Die Konfirmanden liegen den Anwesenden persönlich am Herzen. Mit ihnen haben sie eine gemeinsame Geschichte. Darum stehen am Beginn des Konfirmationsgottesdienstes immer eine persönliche Begrüssung der Anwesenden durch die Konfirmandinnen und Konfirmanden und der Dank an Gott, zusammen bis hierher gekommen zu sein.

Somit bildet auch im Gottesdienst der zentrale Dreiklang, in dem Gott, der Nächste und man selbst den Ton angeben, das Fundament der Gestaltung.

Im Verlauf des Vorbereitungstages haben wir Stück für Stück den gesamten Gottesdienst durchgearbeitet. Jeder und jede überlegt sich dabei, wer welchen Teil am liebsten mitgestalten will. Zwei der Jugendlichen erklären sich bereit, die anspruchsvolle Aufgabe der Predigt zu übernehmen. Dafür nehmen sie mehrere zusätzliche Treffen in Kauf. Predigtgrundlage ist ein biblischer Text, den wir gemeinsam aussuchen und untersuchen. Im nächsten Schritt überlegen sie, was ihnen selbst an diesem Text als wichtig oder schwierig erscheint und was sie über den Glauben aus ihrer Perspektive sagen möchten.

Der letzte Schritt ist für sie meist der schwierigste: Eine Predigt ist Teil der »frohen Botschaft«. Die Jugendlichen stehen vor der Herausforderung, der Gemeinde Gedanken mit auf den Weg zu geben, die nach ihrem Ermessen für die Gottesdienstbesucher eine gute Nachricht sind. Als weltlichen Vergleich nenne ich ihnen dazu gern die Schweizer Tagesschau, die allabendlich die Meldungen des Tages mit einer guten Nachricht beschliesst.

Ich hoffe, dass ihre Konfirmation kein abschliessender Punkt auf ihrem Glaubensweg ist, sondern vielmehr ein Doppelpunkt wird. Für die jungen Erwachsenen geht es erst richtig los mit dem eigenen christlichen Glauben. Von jetzt an werden sie mit eigenen Überzeugungen und Glaubenswahrheiten dafür einstehen, was sie für richtig, was sie für gut oder verwerflich halten. Sie werden in einem individuellen Auf- und Ausbau ihre eigene christliche Moral und Ethik entwickeln, die sich im Laufe ihres Lebens als tragfähig und richtungsweisend zeigen kann. Erfahrungsgemäss können nach dem Doppelpunkt Zweifel bleiben. Darum ist es wichtig, bei einer Konfirmation auch Platz für Fragezeichen zu lassen. Sie werden hilfreich sein auf ihrem Weg, damit ihnen ihre Religion und ihr Glaube nicht zu einer Zwangsjacke werden, sondern dazu dienen, ihre Beziehung zu Gott in Freiheit zu leben. Bereits im Unterricht, wenn wir das Thema »Gottesbilder« behandeln, bearbeiten die Konfirmanden mit mir ein Gedicht, in dem dieser Freiraum ausdrücklich benannt wird:

»ich glaube
gott selber erfand
das fragezeichen
als versteck
wenn besserwisser
mit ausrufezeichen
auf ihn einschlagen«[42]

## »Lieben in Tat und Wahrheit!«

Doch meine Gedanken eilen schon zu weit voraus. Erst sind noch einige Vorbereitungen zu treffen. Vor mir auf dem Pult liegt noch jede Menge Arbeit. Als Erstes sind die Konfirmationsurkunden dran. Ein befreundeter Künstler aus der Region gestaltet jedes Jahr zum Konfirmationsthema eine limitierte Auflage eines Bildes oder einer Plastik, ein Exemplar für jeden aus der Gruppe. Am Tag ihrer Konfirmation bekommen alle das Kunstwerk überreicht. Das Bild davon ziert auch die Konfirmationsurkunde. In diese Urkunde werde ich nun in meiner schönsten Handschrift den Konfirmationsspruch eintragen, den sich die Konfirmandinnen und Konfirmanden selbst gewählt haben. Manchmal wünschte ich mir, ich hätte die absolut akkurate Handschrift meiner Grossmutter, die zwar nur die Volksschule besuchte, aber gestochen scharf schreiben konnte. Meine eigene Schrift sieht sehr künstlerisch aus, aber zwei gleichmässige Buchstaben hintereinander auf eine Zeile zu bringen ist tatsächlich eine Kunst.

Dennoch geniesse ich diese Aufgabe. Bei jedem Spruch, den ich hier schreibe, habe ich einen der jungen Menschen vor dem inneren Auge, dazu den gemeinsamen Weg, den wir miteinander gegangen sind. Nach jedem Konfirmationsspruch nehme ich mir Zeit, ein eigenes Segenswort für jeden Einzelnen von ihnen zu schreiben. So werden sie am Tag ihrer Konfirmation zwei Worte zugesprochen bekommen: ein persönliches von mir und den Spruch, den sie sich selbst wählten. Sie haben sich Zeit dafür genommen, ein passendes Bibelwort auszusuchen. Ich weiss, dass ich meinen Konfirmanden mit der Auswahl dieses Spruches einiges abverlange, denn es geht um mehr, als einfach nur irgendein Bibelwort auszuwählen, das einen gerade anspricht. Ich möchte, dass sie wissen, aus welchem biblischen Buch dieser Spruch stammt, in welchem Zusammenhang er steht, und vor allem, dass sie begründen, warum dieser Spruch für ihren Glaubensweg eine Aussagekraft hat. Das ist für viele ein rechter Aufwand. Die wenigsten finden sich in der Bibel auch nur annähernd zurecht. Ich bin bereits froh, wenn sie im Verlauf des Konfirmandenjahres verinnerlichen, dass es ein Altes und ein Neues Testament gibt. Umso wichtiger finde ich, dass sie die Weisheit wahrnehmen, die in den biblischen Texten geborgen liegt. So manches Bibelwort ist schwer zu verstehen, dem Zeitgeist seiner Entstehung nach vielleicht brutal und nach unserem heutigen Verständnis inakzeptabel. Dennoch gibt es viele Perlen im Alten und Neuen Testament. Sie offenbaren Grundhaltungen im zwischenmenschlichen Miteinander und in der Einstellung zum Leben, die dem Gerechtigkeitssinn und verstandesorientierten Denken der jungen Menschen Orientierungspunkte liefern. Ihr Wunsch, authentisch zu sein und gerecht zu leben, spiegelt sich in den bei ihnen beliebtesten Konfirmationssprüchen. Spitzenreiter der vergangenen zehn Jahre waren in Rüschlikon:

»Lasst uns nicht mit Worten lieben, sondern in Tat und Wahrheit!« (1. Joh 3,18)

»Ein Mensch sieht, was vor Augen ist, der Herr aber sieht das Herz an.« (1. Sam 16,7)

Doch auch der Wunsch nach Geborgenheit und Orientierung ist in dieser Umbruchphase des Lebens spürbar. Am häufigsten gewählt wurde dazu:

»Und wenn ich durch ein finsteres Tal muss, so fürchte ich kein Unglück, denn du bist bei mir« (Ps 23,4), oder: »Denn er hat seinen Engeln geboten, dass sie dich auf all deinen Wegen behüten. Sie werden dich auf Händen tragen, damit dein Fuss nicht an einen Stein stosse.« (Ps 91,11)

Ihren Konfirmationsspruch wird ihnen ihre Patin (Gotte) oder ihr Pate (Götti) zusprechen und sie damit in einen selbstverantworteten Glaubensweg entlassen. Das Patenamt endet offiziell an diesem Tag, obwohl es schön ist, wenn die Paten auch weiterhin umsichtige Begleiterinnen und Begleiter auf dem Weg der Konfirmanden bleiben.

Die Urkunden sind fertig geschrieben, die einzelnen Segenssprüche auch. Der Stapel auf meinem Pult wird etwas kleiner. Nun kommen noch für jeden ein paar kurze persönliche Gedanken dazu, die für das jeweilige »Konf-Buch« bestimmt sind.

In Kindertagen hatten wir sogenannte Poesiealben oder Freundschaftsbücher, die wir unseren Freunden, Verwandten, manchmal auch unseren Lehrern mitgaben, damit sie auf einer oder zwei Seiten etwas Sinniges hineinschrieben. Diese Idee steckt auch hinter den »Konf-Büchern«. Die Konfirmanden können sie an ihre Freunde und Verwandten weiterreichen, damit sie ihnen an diesem Lebenswendepunkt ein paar Erinnerungen und Ausblicke mit auf den Weg geben. Später einmal mag dieses Buch ein kleiner Schatz in ihren Händen sein, der sie an die Menschen erinnert, die ihnen in dieser wichtigen Phase ihres Lebens etwas bedeutet haben.

In den meisten Familien werden diese Erinnerungsbücher sehr liebevoll gestaltet. Einzelne gehen jedoch fast leer aus, je nachdem, in welcher Lebenssituation sie gerade stecken. In einigen schwierigen Beziehungskonstellationen wird die Konfirmationsfeier zur Belastungsprobe für die Konfirmanden. Das ist ab und zu der Fall, wenn in ihrem Lebenskontext eine sehr schwierige Trennungssituation der Eltern vorliegt. In einzelnen Fällen werden die Jugendlichen im verzweifelten Versuch, beiden gegenüber loyal zu sein, gewissermassen zum Spielball im Rosenkrieg ihrer Eltern. Ich erinnere mich an Konfirmationsvorbereitungen, bei denen ich mich schon im Vorfeld extra mit den Eltern getroffen habe, nur um eine Sitzordnung in der Kirche zu vereinbaren, weil sie gemeinsam nicht zu einer Lösung gefunden hatten. Ein anderes Mal wurde der Wunsch an mich herangetragen, einen Elternteil vom Konfirmationsgottesdienst auszuschliessen, damit der Rest der Familie in Frieden feiern könnte. Das hätte jedoch bedeutet, die Offenheit des christlichen Glaubens, ebenso unserer Gottesdienste, ad absurdum zu führen. Der Gottesdienst ist und bleibt offen für jedermann. Doch es gibt Fälle, da spürt man regelrecht die düsteren Wolken der brodelnden Auseinandersetzung zwischen den ehemaligen Partnern. Sie tragen ihren Streit mit in das Fest hinein. Natürlich ist es viel verlangt, für einen Tag so zu tun, als wäre alles in bester Ordnung. Es geht ja auch nicht darum, besonders schön zu tun, aber manchmal kann ich einfach nicht begreifen, warum Eltern aus Liebe zum Kind die Streitigkeiten nicht zurückstellen können, um wenigstens durch angemessene Höflichkeit im Umgang miteinander dem Kind die Freude eines besonderen Festes zu lassen.

Die Bilder des Künstlers, die Konf-Urkunden, die Segenssprüche und auch die Seite für das Konf-Buch werden heute Mittag im Pfarrzimmer der Kirche deponiert, damit dort alles für den Gottesdienst am Sonntag bereitsteht. Fehlt nur noch die Konfirmationsansprache. Die werde ich erst nach der Probe am Samstag vorbereiten, für den Fall, dass es bis dahin noch irgendwelche Änderungen im Programm gibt oder jemand ausfällt.

Damit sind meine Vorbereitungen für die Konfirmation erst einmal abgeschlossen. Ob die Konfirmanden mit ihren Aufgaben fertig werden? Selbst wenn alle Texte geschrieben sind und das Material für den Gottesdienst bereitsteht – die Präsentation muss ebenfalls sitzen. Auch dieses Jahr werden die Konfirmanden bei der Hauptprobe tiefenentspannt ihre Texte murmeln und mir versichern, dass sie sie morgen dann sicher können werden. Das tun sie dann tatsächlich.

Adrenalin ist eine wunderbare Gabe der Natur und bewirkt, dass die jungen Leute nicht nur strahlend schön aussehen, sondern auch noch sehr aufnahmefähig und konzentriert sein werden. Darum mache ich mir jetzt keine Sorgen mehr und richte meine Aufmerksamkeit auf die Zweitklässler, die heute Mittag in die Kirche kommen.

## »Wir haben hier keinen Jesus«

Im Lehrplan ist vorgesehen, dass die Kinder unter fachkundiger Leitung der Katechetin, des Sigristen, des Organisten und der Pfarrerin eine kleine Exkursion durch ihre eigene Kirche machen. Nach dem gemeinsamen Mittagessen ist es so weit. Dieser Anlass ist bei den Kindern sehr beliebt, denn der Erkundungsgang durch den alten Kirchturm, das Betreten des riesigen Dachbodens über dem Kirchenschiff, das geheimnisvolle Ticken der mächtigen Kirchenuhr und das gewaltige Wummern und Dröhnen der riesigen Glocken sind für sich besehen schon ein Abenteuer. Mit grossem Eifer probieren sie darüber hinaus auch unter den aufmerksamen Blicken des Organisten die Orgel aus, erfahren, wie dieses alte Instrument funktioniert, und kommen schliesslich auch in kleinen Gruppen zu mir, um mit mir darüber zu sprechen, was in der Kirche eigentlich alles gemacht wird.

Wir erkunden zuerst die Kanzel. Vorsichtig steigen die Kinder nacheinander nach oben, sind aber noch so klein, dass sie kaum über die Brüstung herüberschauen können. Stolz winken sie den unten Stehenden von oben zu. Ich erkläre ihnen, dass ich auf die Kanzel gehe, damit einerseits die Gemeinde mich besser sehen und hören kann und zum anderen ich selbst einen besseren Überblick über die Gemeinde habe. An Tagen, an denen nur wenige Gemeindemitglieder im Gottesdienst sind, bleibe ich während der Predigt unten am Taufstein stehen. Nach einigem Rechnen finden die Kinder heraus, dass der Taufstein und die Kanzel, an denen gut sichtbar die Jahreszahl 1713 angebracht ist, schon mehr als 300 Jahre alt sind. Das ist für Kinder in diesem Alter eine schwere Rechenaufgabe und eine so gewaltige Zeitspanne, dass sie diese noch gar nicht mit etwas Vergleichbarem ermessen können. Auch einiges, was zum Gottesdienst gehört, ist manchen der Kinder noch sehr fremd. Sie rätseln lang und erfolglos, wie wohl das schwarze Gewand heisst, das ich am Sonntag und bei anderen Gottesdiensten in der Kirche trage. Obwohl ihre Wortschöpfungen durchaus originell sind: »Gottesdienstkittel«, »Pfarrermantel« oder »Pfarreruniform«, liegen sie damit weit weg vom korrekten Ausdruck: »Talar«.

Die spitzfindigen Einzelheiten über die beiden kurzen Leinenstreifen (Beffchen), die vom Kragen auf die Brust herunterhängen, erspare ich ihnen. An ihnen könnte man erkennen, ob die Träger zur lutherischen, reformierten oder unierten Kirche gehören, wenn sie sich an die althergebrachten Traditionen hielten. Doch über diese Traditionen ist schon lange ein Streit entbrannt. Zwar regt die neue Kirchenordnung der Zürcher Landeskirche wieder zum Tragen eines Talars an, aber ob Pfarrerinnen und Pfarrer das tun und welche Farbe und Form der Talar oder das Beffchen dazu hat, bestimmen sie selbst.

Die Kritik am Talar besteht darin, dass sowohl einige Pfarrerinnen und Pfarrer als auch Gottesdienstbesucher das traditionelle Gewand als trennende Barriere empfinden, als überdeutliche Abgrenzung zwischen den Amtsträgern und der Gemeinde. Das würde dem Priestertum aller Gläubigen widersprechen.

Es gibt Menschen, die reagieren auf den Talar hoch aggressiv.

Als ich meinen Dienst in Rüschlikon antrat, kam noch vor meinem ersten Gottesdienst eine Frau aus der Gemeinde auf mich zu und erklärte mir aufgebracht, dass es für sie kaum möglich sein werde, dem Gottesdienst zu folgen, weil ich dieses »schwarze Ding« anhätte. Seit der Beerdigung ihres Vaters, bei dem sich der Pfarrer so schrecklich benommen habe und auch einen Talar angehabt habe, vertrüge sie das nicht mehr. Natürlich tat es mir leid, dass sie eine traurige Erfahrung beim Abschied von ihrem Vater gemacht hatte und das nun mit einem Talar verband, aber ich war gerade voller Vorfreude auf meinen ersten Gottesdienst in der neuen Gemeinde. Ich wünschte mir damals, sie hätte mit ihrem Vorwurf wenigstens bis nach dem Gottesdienst warten können. Ihr vehementes Vorpreschen stand völlig quer zu meiner Vorstellung von Anstand und Höflichkeit, die ich einem fremden Menschen erst einmal entgegenbringe.

Glücklicherweise gab es an diesem Tag noch andere Stimmen, die sich sehr erfreut über den schwarzen Talar äusserten. Er würde ihnen Vertrauen geben und Ruhe vermitteln – so kannten sie es von früher, so erhofften sie es sich auch für die Zukunft.

Tatsächlich ist der Streit um den Talar ein anschauliches Beispiel für die Umbruchsituation, in der sich die reformierte Kirche befindet. Traditionen und neue Ausrichtungen treffen aufeinander. Aber es geht uns wohl noch recht gut, wenn wir in unserer Kirche Zeit und Kraft aufwenden, um uns um solche Äusserlichkeiten zu streiten. Ich denke, wir haben Wesentlicheres zu tun. Der Auftrag für unsere Kirche besteht darin, einen Raum zu schaffen, in dem die Begegnung mit dem Evangelium, mit der frohen Botschaft, möglich ist. Weil diese Botschaft jedoch auf vielfache Weise erlebt und weitergegeben wird, braucht es mindestens den gegenseitigen Respekt vor der vielleicht anders gelebten Glaubensform des Nächsten.

Die Zweitklässler haben inzwischen meinen Talar gründlich untersucht. Einige durften ihn anprobieren und warfen sich darin in stolze Rednerposen. Vielleicht wird ja der eine oder die andere später tatsächlich einmal selbst in solch einer Amtsrobe stecken?

Die Schülerinnen und Schüler inspizieren den Kirchenraum genau.

»Warum ist da ein Dach über der Kanzel? Hier drin regnet es doch gar nicht!«

»Nein, hier drin regnet es Gott sei Dank nicht. Aber kannst du mir sagen, was aus deinem Mund herauskommt, wenn du sprichst?«

»Luft!«

»Richtig. Wenn ich oben auf der Kanzel spreche, kommt aus meinem Mund genauso Luft. Worte sind wie Wind. Das Dach über der Kanzel drückt die Worte runter zu den Leuten in den Bänken. Dann können sie mich besser verstehen.«

Der Junge schaut mich skeptisch an. Dann wird sein Gesicht hell: »Ah, wie bei einem Blasrohr.«

Bevor die Kinder mit ihren Gedanken weiter abschweifen zu Blasrohren, Flitzebogen oder Indianerspielen, richte ich ihre Aufmerksamkeit auf das, was hier in der Kirche geschieht:

»Wer kann mir sagen, was eine Pfarrerin in der Kirche macht?«

»Du machst Gottesdienste.«

»Hier finden ganz verschiedene Gottesdienste statt. Manche sind ganz besonders. Dann kommen zwei Leute. Eine trägt ein weisses ...«

»Hochzeiten! Du machst Hochzeiten.«

»Sehr gut. Manchmal bringen Eltern ihre Kinder hierher.«

»Taufen!«

Eine Zweitklässlerin, die nahe der Kirche wohnt, fällt ihren Mitschülern ins Wort und erklärt, dass es auch noch ganz traurige Gottesdienste gibt. Wenn jemand stirbt. Sie hat das schon oft beobachtet und erklärt jetzt der ganzen Gruppe, wie dieses Abschiednehmen vonstattengeht. »Erst läuten die Glocken bei einer Beerdigung. Gaaanz lange. Wenn einer viele Leute kennt, dann kommen immer ganz viele Leute zur Beerdigung. Und wenn einer wenig Leute kennt, dann kommen nur ein paar.« Dann folgt ein nachdenklicher Blick zu mir. Ich kenne das Mädchen von klein auf. Sie war mit ihren Eltern schon bei mancher kirchlichen Veranstaltung dabei und hat beobachtet, mit wie vielen Leuten ich dort gesprochen habe. Nach reiflicher Überlegung kommt sie zum Schluss: »Wenn du mal stirbst, dann feiert bestimmt der ganze Kanton Zürich!« Sie schaut mich sehr zufrieden über ihren klugen Rückschluss an. Ich unterdrücke ein Lachen. Laut danke ich ihr für ihren freundlichen Beitrag, durch den sie mein späteres Ableben gerade zu einem Volksfest erklärt hat. Na, wenn das kein Kompliment ist!

Ihre Schlussfolgerung gibt mir aber auch zu denken. Nie zuvor hatte ich mich gefragt, warum wir eigentlich eine Abdankung »feiern«. Wir »feiern« Gottesdienst, wir feiern eine Hochzeit, wir feiern eine Taufe und wir »feiern« eine Abdankung. Dieses Feiern meint aber nicht eine ausgelassene Freude, sondern eher ein feierliches Beisammensein im Sinne von »ehrwürdig«. Wenn wir so feiern, erweisen wir jemandem Ehre. Im Gottesdienst ist es Gott, dem die Ehrfurcht gilt, bei einer Abdankung erweisen wir den Verstorbenen unseren Respekt und deuten auch diese letzte Ehre schliesslich auf Gott hin.

Kinderfragen führen tatsächlich tiefer. Manchmal bringen mich die Fragen und Kommentare der Kinder auf Gedanken, auf die ich ohne sie nie gekommen wäre. Das liegt daran, dass Kinder noch nicht fertig sind und neugierig und aufmerksam. Ihre Fragen und Kommentare lassen mich die Kirche und was wir hier tun manchmal in einem ganz neuen Licht sehen.

Am Ende der Stunde sitze ich mit den Kindern in der ersten Reihe. Noch einmal lassen wir unsere Augen durch den ganzen Kirchenraum schweifen.

»Fällt euch irgendetwas auf?«

Die Augen der Kinder huschen über die weissen Wände, über die grosse freie Fläche in der Mitte, hin zum Taufstein mit der aufgeschlagenen Bibel und zur Kanzel, viel mehr gibt es ja nicht zu sehen. Da ist nichts. Was sollte ihnen auffallen?

»War jemand von euch schon mal nebenan in der katholischen Kirche?«

Eine Schülerin schaut sich lebhaft um. Ihr Gesicht fängt an zu leuchten. Sie weiss etwas, meldet sich und kann gar nicht abwarten, bis ich sie drannehme. Laut und vernehmlich ruft sie in den Raum: »Wir haben hier keinen Jesus!«

Mit diesem Satz hat sie schlagartig meine volle Aufmerksamkeit. Ihre Klassenkameraden sind weniger alarmiert als ich.

Tatsächlich hängt in der benachbarten katholischen Kirche eine lebensgrosse Figur des auferstehenden Christus, der mit ausgestreckten Armen mitten im Altarraum hängt, als würde er frei zum Himmel emporschweben. Es ist eine sehr bewegte Plastik, die eine gewisse Heiterkeit ausstrahlt. Wer immer die katholische Kirche betritt, läuft direkt auf diese dominante, bronzene Christusfigur zu.

Das unterscheidet tatsächlich die reformierten und die katholischen Gottesdiensträume. Es gibt bei den reformierten keine Bilder. Vielleicht hängt in der einen oder anderen reformierten Kirche mal ein Kreuz an der Wand oder ein Kunstwerk, wie zum Beispiel in Maur (ZH), wo ein transparentes, leuchtendes Plexiglaskreuz von der Decke hängt. Auf das Kreuz mit Corpus wird grundsätzlich verzichtet.

»Ist Jesus dann nur unten in der katholischen Kirche?«, frage ich.

»Nein, der ist natürlich woanders!« Vorwurfsvoll sieht sie mich an, als hätte ich überhaupt keine Ahnung. »Das ist doch nur ein Bild von ihm.«

»Und wo ist Jesus dann?«

Etwas genervt klärt sie mich auf: »Na, der ist doch gestorben. Und jetzt ist er bei Gott im Himmel.«

So einfach ist das. Aha. Aber jetzt will ich es doch ganz genau wissen:

»Und wo ist Gott?«

So fassungslos, wie das Mädchen mich anschaut, habe ich sie wohl ziemlich aus dem Konzept gebracht. Eine Pfarrerin, die nicht weiss, wo Gott ist. Der wird sie schleunigst helfen. Sie breitet die Arme aus, zeigt in alle Richtungen und erklärt mir:

»Der liebe Gott ist überall!« Missbilligend schüttelt sie den Kopf. Dass sie mir das noch erklären muss!

»Kann man ihn gar nicht sehen?«

»Nein, der liebe Gott ist unsichtbar.«

»Dann gibt es gar keine Bilder von ihm?«

»Ich glaube nicht.«

»Aber wie weiss ich dann, dass er da ist?«

»Dann sind alle ganz lieb.«

»Wenn Gott überall ist – ist er auch hier bei uns, in der Kirche?«

»Manchmal, aber nicht immer. Wir können doch nicht immer lieb sein.«

Als die Eltern ihre Kinder abholen, erzähle ich ihrer Mutter von der engagierten Nachhilfestunde ihrer Tochter. Doch ihre Aussage: »Wir haben hier keinen Jesus!«, bleibt in meinem Gehirn kleben wie zäher Honig.

Mit argloser Klarheit hat sie zusammengefasst, worüber manche lange theologische Abhandlungen schreiben. Nicht die Bilder, die wir uns von Gott machen oder die angebetet werden, sind wichtig, sondern wie unser Glaube in unserem Leben wirkt.

Ihre einfache Erklärung erinnert mich an die Ringparabel aus »Nathan dem Weisen«. Geht es dort darum, welche der drei monotheistischen Religionen – Judentum, Islam, Christentum – die wahre sei, kommt sie doch zum gleichen Schluss wie Nathan der Weise in seinem Gleichnis: Wahren Glauben hat man nicht, man lebt ihn.

In Nathans Gleichnis geht es um einen wertvollen Ring, der die Macht hat, seinen Besitzer »vor Gott und den Menschen« angenehm zu machen. Dieser Ring wurde immer an den Sohn weitervererbt, der dem Vater am liebsten war. Doch einmal konnte sich ein Mann angesichts des Todes nicht entscheiden, welchem seiner drei Söhne er den Ring vermachen wollte. Er liebte alle gleich und liess zwei Duplikate anfertigen. Jedem gab er vor seinem Tod im Vertrauen einen der Ringe. Empört klagt nach seinem Tod jeder der Söhne vor Gericht, dass sein Ring der »echte« sei. Der Richter sieht sich ausserstande zu erkennen, welcher der drei Ringe der wahre ist, und entscheidet:

> Es strebe von euch jeder um die Wette,
> Die Kraft des Steins in seinem Ring' an Tag
> Zu legen! komme dieser Kraft mit Sanftmut,
> Mit herzlicher Verträglichkeit, mit Wohltun,
> Mit innigster Ergebenheit in Gott
> Zu Hilf'! Und wenn sich dann der Steine Kräfte
> Bei euern Kindes-Kindeskindern äussern:
> So lad ich über tausend tausend Jahre
> Sie wiederum vor diesen Stuhl.[43]

## Was wir haben, lasst uns teilen

Im Unterricht folgen solch kleine Sternstunden wie jenes Gespräch mit der Zweitklässlerin in raschem Wechsel auf Beiträge, die mangelnde Kenntnis der biblischen Geschichten und christlichen Traditionen offenbaren.

In einer ersten Oberstufen-Schulklasse wollte ich mir zu Beginn des Schuljahres einen Überblick verschaffen, mit welchen Vorkenntnissen ich bei den Jungen und Mädchen, die aus unterschiedlichen Religionen kamen, rechnen konnte. Dazu habe ich sie einfach mal aufschreiben lassen, was für Geschichten sie aus der Bibel kennen und was sie über Feste und Bräuche im Christentum wissen. Die Antworten waren teilweise lustig, aber zugleich auch ein ernüchternder Reigen aus Unwissen und Halbwissen. Ab und zu waren es auch einfach nur Schreibfehler, an die ich mich wohl bis ins hohe Alter erinnern werde:

»Als Eva den Apfel vom Baum pflücken wollte, rief die Schlange ihr zu: ›Nein, nein! Tu das nicht!‹«

»Als Jesus geboren wurde, wurden alle anderen Kinder umgebracht.«

»Jesus schwamm im Korb den Nil runter, weil er sich verstecken wollte.«

»Karfreitag ist ein Feiertag, weil wir da Fisch essen.«

»Jesus starb an der Kreuzung.«

»Als Jesus tot war, ist er aufgestanden.«

Die meisten wussten nicht, was Ostern bedeutet. Der Osterhase war weitaus bekannter, erschien den Schülern aber genauso unglaublich wie die Ostergeschichte selbst. Pfingsten war nur noch als Ferientermin vertraut. Der Heilige Geist spukt im Himmel.

Natürlich bringen die Kinder auch einiges an Wissen über das Christentum und Erfahrungen mit christlichen Traditionen in den Unterricht ein. Wenn ich das kollektive Wissen einer Gruppe herauszufinden versuche, ich also frage, ob sie zum Beispiel die biblische Weihnachtsgeschichte nacherzählen können oder die alttestamentliche Geschichte von Adam und Eva, dann kommt am Ende doch meistens ein einigermassen respektables Ergebnis heraus. Allein schaffen das nur die wenigsten.

Diese Beobachtungen veranschaulichen, wie unterschiedlich der Wissensstand und die kognitiven Fähigkeiten sind, mit denen die Kinder in die Gruppe eintreten. Eine entscheidende Frage bei jeder Unterrichtsvorbereitung ist darum, wie wir die Kinder auf einen möglichst gemeinsamen Stand bringen, bei dem sich alle wohlfühlen und sich trauen, sich auch bei mangelndem Vorwissen miteinzubringen.

Erschwerend kommt beim kirchlichen Unterricht hinzu, dass wir alle Schulformen einer Jahrgangsstufe miteinander mischen, in der sogenannten »JUKI«, der »Jungen Kirche«, arbeiten wir zudem jahrgangsübergreifend mit Fünf- bis Siebtklässlern. Da die Kinder auch noch den schulischen Religionsunterricht besuchen, kommt es manchmal zu Überschneidungen im Unterrichtsstoff. Wir versuchen, uns so weit als möglich mit den Schulen abzusprechen, was dort im Fach Religion und Kultur unterrichtet wird. Doch es sind zu viele Schulen involviert, als dass wir deren gesamtes Angebot berücksichtigen könnten. Und selbst wenn Schule und Kirche das gleiche Thema bearbeiten, bedeutet dies nicht, dass auch der gleiche Stoff vermittelt wird. Denn wir reden nicht über Religion, wir leben Glauben. Oder, anders gesagt: Wir sprechen nicht über das Gebet, wir beten.

Das ist eine ganz besondere Erfahrung, für viele der Kinder ist sie völlig neu. Selbst wenn wir sie im zweiten und dritten Schuljahr bereits mit Elementen unserer Glaubenspraxis vertrauter machen, mit altersgerechten Gebeten und Liedern, beobachte ich doch, wie die Heranwachsenden je wieder eine Hürde zu überwinden haben, um sich auf diese Form einzulassen. Fällt es ihnen als Kindergartenkind noch leicht, einfach die Hände zu falten und inniglich »Lieber Gott« zu beten, beginnen sie mit zunehmendem Alter, diese Rituale zu hinterfragen. Umso wichtiger finde ich es, ihnen Entwicklungsstufe um Entwicklungsstufe die Möglichkeit zu geben, sich in diesen Glaubensäusserungen zumindest auszuprobieren. Dazu gehört zum Beispiel das Tischgebet. Es gibt nur noch sehr wenige Familien, in denen es praktiziert wird. Manche Schüler besuchen christliche Internate oder Privatschulen und kennen dieses regelmässige Ritual, sich vor oder nach einer Mahlzeit bei Gott für die empfangenen Gaben zu bedanken.

Im Konfirmandenlager sind wir eine Woche gemeinsam unterwegs. Seit Jahren fahre ich mit meiner Konfirmandengruppe zum Segeln nach Holland. Dort leben wir Tag und Nacht gemeinsam auf einem Schiff. Wir segeln zusammen, kochen, essen, übernachten auch auf dem Schiff. Gut zwei bis drei Tage brauchen die Konfirmandinnen und Konfirmanden, bis sie das Tischgebet vor der täglichen Hauptmahlzeit so verinnerlicht haben, dass sie es auswendig sprechen können. Bewusst habe ich ein sehr einfaches Gebet ausgewählt, das sich in seinem Rhythmus gut einprägt.

> Was wir haben, lasst uns teilen,
> nichts gehört uns ganz allein.
> Hilf uns, Not und Hunger heilen
> und für andere da zu sein.
> Amen

Anfangs haben die meisten Konfirmanden Mühe, sich überhaupt an eine Tischordnung zu halten. Der entspannte Rahmen und der lockere Umgang auf dem Schiff machen es ihnen schwer. Niemand wird zum Beten gezwungen, allerdings wird erwartet, dass sich die jungen Leute während des Gebets respektvoll verhalten. Erstaunlicherweise beginnen alle nach wenigen Tagen mitzubeten. Am Ende des Lagers nehmen alle dieses Gebet mit heim und können es auch in späteren Zeiten noch abrufen.

Eine Konfirmandengruppe zeigte mir einmal sehr eindrücklich, wie schnell man diese Form verinnerlichen kann. Wir waren auf der Rückreise vom Konfirmandenlager, das wir in einem Lagerhaus in Graubünden verbracht hatten. Wir mussten das Haus am Abreisetag noch vor dem Mittagessen abgeben. Nachdem wir alles geputzt und unser Gepäck am Bahnhof deponiert hatten, luden wir die Gruppe von über 30 Konfirmanden zu einem einfachen Mittagessen ins Dorfrestaurant ein. Es war Freitagmittag. Im Restaurant sassen Handwerker, Arbeiter und Reisende, teils in ihre Gespräche vertieft oder still und einsam für sich beim Mittagessen. Dann kamen die Konfirmanden. Geräuschvoll und raumgreifend, wie junge Menschen in diesem Alter sind, übertönte ihr Stimmengewirr bald alle anderen Gespräche. Die Getränkebestellung wurde aufgegeben und zügig kam das Mittagessen, das wir bereits im Vorfeld bestellt hatten. Erstaunlicherweise warteten alle, so wie wir es bisher immer im Lager getan hatten, bis jeder seinen Teller hatte. Ich habe nicht erwartet, dass sie im öffentlichen Raum beten würden. Doch sie stimmten ohne mein Zutun gemeinsam und laut das inzwischen vertraute Tischgebet an. Überraschte Stille breitete sich im ganzen Raum aus. Alle anderen Gäste starrten auf die vorher so lebhafte Jugendgruppe, die plötzlich ins Gebet vertieft war.
Kurz darauf hob das Stimmengemurmel wieder an und die Jugendlichen begannen mit ihren üblichen Foppereien und Rangeleien. Es wurde wieder laut und fröhlich. Nur einen kurzen Moment hatten wir im Alltag Platz gemacht für das Bewusstsein, dass unser Leben und das, was wir haben und was wir verantworten, mit einer Macht in Verbindung gebracht werden kann, die wir Gott nennen.

## Es kommt nicht auf die Menge an

Solche Momente will ich nicht überbewerten, aber ich weigere mich, sie zu gering zu achten. Ich glaube nicht, dass die Männer und Frauen, zu denen diese Konfirmanden inzwischen geworden sind, nun so ein frommes und gottesfürchtiges Leben führen, dass sie jeden Tag vor dem Essen beten. Auch sie wird der Alltag wieder eingeholt haben und das Leben in einer Gesellschaft, in der solche Rituale und Ausdrucksformen des Glaubens eher an den Rand treten, wenn sie nicht sogar Befremden auslösen. Wer heute in einer Mensa, Kantine oder in einem Restaurant vor dem Essen laut ein Gebet spricht, wird eher schräg angeschaut, als dass er dafür Wohlwollen erntet.

Macht es dann überhaupt Sinn, dass wir in der Kirche versuchen, durch solche Rituale und Traditionen Grundgedanken unseres Glaubens zu fördern und zu bewahren? Macht es überhaupt Sinn, sich mit den jungen Leuten diese Mühe zu machen und ihnen etwas mit auf den Weg zu geben, das in der breiten Öffentlichkeit Verwunderung auslöst?

Meine Antwort ist und bleibt ein deutliches »Ja«. Denn wenn es auch nicht für alle in gleichem Masse gilt, so sind es doch gerade solche Rituale und einmal eröffnete Möglichkeiten spirituellen Erlebens, die zu einer späteren Zeit im Leben ein Ankerpunkt in der eigenen Biographie werden und damit individuelle Relevanz bekommen können.

Vor einer Woche habe ich ein Trauergespräch geführt, in dem mir die Tochter des Verstorbenen von den letzten Tagen mit ihrem Vater erzählte. Sie war ein Scheidungskind und trotz der inzwischen wiederhergestellten guten Beziehung war aus dieser Zeit, in der sie ihren Vater besonders gebraucht hätte, ein untergründiges Gefühl der Verlassenheit zurückgeblieben.

Ihr Vater war ein sehr selbstständiger Mann gewesen, der trotz seines hohen Alters bis zuletzt allein in seiner Wohnung gelebt hatte. In der Woche vor seinem Tod stürzte er und vermochte nicht mehr, aus eigener Kraft aufzustehen. Das Telefon, nur wenige Meter von ihm entfernt, blieb ausserhalb seiner Reichweite. Nun wurde er Opfer seiner Unabhängigkeit, denn es dauerte zwei volle Tage, ehe sein Sohn ihn hilflos auf dem Boden liegend in der Wohnung fand. Er war sehr schwach, aber bei vollem Bewusstsein. Im Krankenhaus erzählte er seiner Tochter, wie er dort am Boden, in den quälend langsam verstreichenden Stunden, zu beten begonnen habe. Das Gebet, das ihn durch seine Hilflosigkeit begleitete, war das »Unser Vater«. Wieder und wieder betete er die Zeilen der uralten Worte. Sie hatten auf ihn eine beruhigende und heilsame Wirkung. Er schilderte seiner Tochter, wie es ihm besonders beim Beten der Zeilen »und vergib uns unsere Schuld, wie auch wir vergeben unseren Schuldigern« besser gelang, sich selbst zu vergeben und denen, die auch ihn vor vielen Jahren bei der Trennung verletzt hatten, zu verzeihen.
Die Tochter war berührt von der Offenheit ihres Vaters, musste aber mit ansehen, wie sich sein Zustand nach sechs Tagen massiv verschlechterte.
Seit einem Jahr hatte ihn eine Krebserkrankung schon sehr geschwächt. Mit diesem letzten schweren Sturz war er am Ende seiner Kraft angelangt. In den folgenden fünf Tagen bis zu seinem Tod sass die Tochter an seinem Bett und nahm nun ihrerseits die Worte des alten Gebetes auf, von denen er zuvor erzählt hatte. In längst vergangenen Konfirmandenzeiten hatte sie es gelernt.
Die Worte waren noch da. Jetzt füllten und verbanden sie sich mit ihrem eigenen Leben. Besonders die Schlusszeile »Dein Wille geschehe« half ihr, schmerzliche Erinnerungen aus der lang zurückliegenden Trennungszeit ihrer Eltern nun wirklich ruhen zu lassen und Abschied zu nehmen. »Es wurde ruhiger ums Krankenbett.

Und ich betete weiter. Viele Male. Und dann begann ich, den Blickwinkel zu ändern. Von meinem Vater auf mich … Ich sagte das Gebet immer und immer wieder auf. Und plötzlich wurde es mir klar. Es war die Stelle des ›dein Wille geschehe‹, die für mich so zentral war und die ich noch nicht ›umgesetzt‹ hatte. Bis zu diesem Zeitpunkt hielt ich sozusagen das Zepter in der Hand, wollte eine schützende Hand über meinen Vater halten. War ständig im Spital, organisierte alles Mögliche, damit er sozusagen perfekt Abschied nehmen konnte. Mein Wille wurde umgesetzt ... Und dabei hatte ich aus den Augen verloren, dass wir ja nicht allein sind. Und dass es nicht meine Aufgabe ist, über Leben und Tod zu entscheiden. Nicht ich bestimme, wann mein Vater so weit ist, die letzte Reise anzutreten. Dass ich loslassen musste und auf Gott vertrauen. Dass er die Verantwortung hierfür trägt und seinen ›Job‹ gut macht. Ich wollte das Leben meines Vaters in seine Hände legen und mich dann zurücklehnen und vertrauen. ›Dein Wille geschehe, nicht meiner ...‹ Und plötzlich wurde ich ruhiger ... Ich spürte eine innere Wärme und Ruhe.«
Als ich die Frau gegen Ende des Gesprächs fragte: »Hätten Sie je gedacht, dass sich das Gebet, das Sie damals so mühsam auswendig lernen mussten, einmal als so hilfreich für Sie erweisen würde?«, lachte sie auf: »Nein, nie!«

Diese kleine Szene zeigt, dass wir mit unserer Arbeit wohl kaum je grosse Wellen auslösen werden, dass aber auch kleine Dinge, wie beispielsweise ein einmal erlerntes Gebet, einem Menschen in schwierigen Situationen Halt geben können. Es kann nicht sein, dass wir den Sinn unseres Wirkens nur daran messen, wie viele Mitglieder wir gewinnen oder in der Kirche halten, auch nicht daran, wie viele »Likes« die Kirche in sozialen Netzwerken erhält. Was wir mit unseren Bemühungen um unseren Glauben im Rahmen der Kirche bewirken, lässt sich auch nicht in grossartigen Bilanzen abbilden. Unser Wirken zieht oft stille Kreise, von denen ich als Pfarrerin meist gar nichts mehr mitbekomme, weil viele Menschen, mit denen ich bei Taufen, Hochzeiten, im Unterricht oder bei Abdankungen zu tun hatte, inzwischen weitergezogen sind.

Natürlich ist es schön, wenn viele bei dem mitmachen, was einen selbst begeistert und mit Sinn erfüllt. Es ist so wie bei einem Konzert in einer grossen Halle: Wenn nur ein paar Reihen Zuschauer vor der Bühne stehen, werden diese wenigen ein anderes Gefühl aus dem Konzert mitnehmen, als wenn sie mit Tausenden gemeinsam jubeln und klatschen würden. Wird die Musik durch die Menge tatsächlich besser? Vielleicht spielen die Musiker engagierter und holen, angeheizt von der Menge, noch ein bisschen mehr aus ihren Instrumenten heraus. Aber grundsätzlich bleibt die Musik die gleiche.

Für mich ist die Zahl der Mitglieder in der Kirche kein Referenzwert für die Bedeutsamkeit des christlichen Glaubens. Was ihn ausmacht, ist seine Tiefenwirkung.

## Eine Gemeinde kennt viele Talente

Die Kirche lebt von Menschen, die sie gestalten und mittragen. Viele Freiwillige und Ehrenamtliche bringen dafür ihr Wissen, ihre Fähigkeiten und ihre Zeit ein. Besonders Kirchenpflegerinnen und Kirchenpfleger engagieren sich in ihr mit grossem Einsatz, trotz täglicher Beanspruchung in Familie und Beruf.

Einer schrieb mir dazu: »Ich habe in der Kirchenpflege übrigens mitgemacht, weil damals die Pfarrerin gefragt hat. Da hab ich mir gesagt: Stell dir vor, dein Gott (Gott! Also höher als der Präsident oder so!) fragt freundlich, ob du ihn bei einigen Kleinigkeiten, die du bereits beherrschst, unterstützen könntest. Und du sagst: ›Ich habe jetzt leider keine Zeit. Mein Leben ist so voll mit so vielen Sachen, ich habe einfach keine Zeit für Dich …‹ Das geht natürlich nicht, deshalb habe ich ja gesagt.«

In Rüschlikon bilden sieben Frauen und Männer die Kirchenpflege. Sie teilen die Aufgabe der Kirchgemeindeverwaltung in verschiedene Ressorts auf. Je nach Interesse und besonderen Fähigkeiten konzentrieren sich die einen auf die Finanzen, andere auf den Gottesdienst oder die Musik, wieder andere auf die Diakonie, die Ökumene, die Liegenschaften-Verwaltung oder präsidiale Aufgaben. Sie werden auf vier Jahre von den Kirchgemeindemitgliedern gewählt.

In der aktuellen Kirchenpflege haben die meisten über ihre Kinder in das Amt gefunden. Das mag sich seltsam anhören, aber durch den regelmässigen Unterricht der Kinder finden viele Eltern einen neuen Zugang zur Kirchgemeinde.

Eltern, die erleben, dass ihre Kinder sich im Unterricht wohl und in ihrer Kirche zunehmend beheimatet fühlen, sind oftmals bereit, sich ebenfalls einzubringen und die Gemeinschaft hier zu teilen. Sie helfen beim weihnachtlichen Krippenspiel, treffen sich bei Gemeindeanlässen oder geniessen einfach beim Fest zum Schuljahresende das fröhliche Beisammensein unter dem Lindenbaum vor der Kirche. Stück für Stück erfahren sie dabei, wie sehr eine Gemeinschaft davon lebt, dass Menschen sich in sie einbringen. Es ist der berühmte Unterschied zwischen Betreuungskirche und Beteiligungskirche.

Eine Gemeinde kennt viele Talente. Diese zum Zusammenspiel zu bringen, gehört für mich zu einer der schönsten Aufgaben meines Berufes.

Dieses Zusammenspiel ist ein wesentlicher Schlüssel zum Gemeindeaufbau. Meinerseits braucht es dazu die Bereitschaft, auf die Menschen zuzugehen und sie einzuladen mitzumachen.

Natürlich fange ich mir auch jede Menge Absagen ein. Manchmal brauche ich ein ziemlich dickes Fell, aber in der Kirche geht es um Beziehung. Wo sie gewagt wird, wachsen daraus Vertrauen und Gemeinschaft.

Darum lohnen sich die vielen Gespräche, in denen ich versuche, Gemeindemitglieder einzuladen, bei dem einen oder anderen Anlass mitzuwirken oder sich sogar vorzustellen, wie es wäre, als Kirchenpflegerin oder Kirchenpfleger die Gemeinde in besonderer Weise mit zu prägen.

Hat sich eine Kirchenpflege erst einmal konstituiert, hilft es sehr, sorgfältig miteinander umzugehen und sich gegenseitig gut kennenzulernen.

Die gemeinsame Aufgabe besteht aus vielen Sachgeschäften. Aber es geht nicht nur um Arbeit, sondern auch darum, persönlich Freude an dieser Aufgabe zu haben. Ein schönes Beispiel für den sorgfältigen Umgang miteinander ist für mich der Apéro im Anschluss an die monatliche Kirchenpflegesitzung. Wobei »Apéro« es bei der gegenwärtigen Kirchenpflege nicht so richtig trifft. Auch in anderen Kirchenpflegen wird nach einer Sitzung miteinander noch kurz etwas gegessen oder getrunken. Aber in dieser Kirchenpflege bringt reihum je ein Mitglied mal kaltes, mal warmes liebevoll zubereitetes Essen und einen guten Schluck Wein mit. Manche Kirchenpflegemitglieder kommen direkt nach einem langen Arbeitstag zur Sitzung und nach zwei bis drei Stunden intensiver Arbeit tut es einfach gut, etwas Feines zu essen zu bekommen. Alle nehmen sich die Zeit und sitzen noch eine gute Stunde beieinander.

Der Teamgeist und die Bereitschaft, die Gemeinde voranzubringen, spiegeln sich auch darin wider, wie die Mitarbeitenden und die Kirchenpflege die Kirchgemeinde wahrnehmen. Bei einer Retraite im vergangenen Jahr wurden wir von der externen Moderatorin gefragt:

»Was macht die reformierte Kirchgemeinde Rüschlikon aus?«

»Was sind die Alleinstellungsmerkmale?«

»Was sind die Besonderheiten?«

»Mit welchen Gefühlen sind diese Zusammenhänge verbunden?«

Das waren einige Antworten der Teilnehmer:

- Hier ist Platz für Gott: in der Kirche – in der Welt.
- Hier herrscht kraftvolle Tiefe.
- Die Kirche ist im Dorf verankert und doch ein Freiraum.
- Die Kirche vermittelt vielen Gemeindegliedern ein Gefühl der Heimat.
- Wir pflegen unsere Traditionen und beleben sie mit neuer Kreativität.
- Wir feiern Feste, wir feiern das Leben! Wir wagen Vertrauen.
- Wir erfahren: Was wir geben, bekommen wir zurück.
- In der kleinen Kirchgemeinde erreichen wir die Menschen.
- Wir sind bereit, im Team und in der Behörde zusammenzuspannen.
- Gastfreundschaft wird bei uns grossgeschrieben.
- Kurze Wege, kleines Team.
- Wir unterstützen uns gegenseitig in allen Bereichen. Man ist nie alleine!
- Hier herrscht Anteilnahme, die jene tröstet, welche im Schmerz sind.
- Wir schätzen den offenen Dialog und den respektvollen Umgang miteinander.
- Wir leben ökumenische Offenheit!
- Wir freuen uns über die aktive Freiwilligenarbeit.
- Nächstenliebe, die im kleinen und grösseren Kreis erfahrbar gemacht wird.
- Natürlich haben wir den schönsten Kirchenturm weit und breit!
- Ich fühle mich in der Kirche wohl!

# Ich bin dann mal weg: Kirchenaustritte

Leider fühlen sich nicht alle wohl in dieser Kirchgemeinde, und manche sehen triftige Gründe, die sie dazu bringen, ihr den Rücken zu kehren. Obwohl die christlichen Kirchen nach wie vor die religiöse Landschaft dominieren, macht sich im gesellschaftlichen Umfeld ein deutlicher Anstieg der Konfessionslosigkeit bemerkbar. Schweizweit machen die Konfessionslosen 23,1 Prozent der Gesamtbevölkerung aus, die Evangelischen gerade noch 25,5 Prozent. Das Interesse an religiösen Themen ist durchaus vorhanden, ist aber nicht verbunden mit einem grösseren Interesse an Kirchlichkeit.

Als wir am Abend in der Kirchenpflegesitzung zusammenkommen, stehen nach der Abnahme des Protokolls gleich die Austritte aus der Kirchgemeinde auf der Traktandenliste. Sie häufen sich besonders zum Jahresende, wenn die Steuerrechnungen in den Blick kommen. Natürlich gibt es auch Eintritte, aber längst nicht so viele. Selbst wenn man die Geburten gegen die Todesfälle aufrechnet, ist unter dem Strich ein steter Rückgang der Mitgliederzahlen zu verzeichnen.

Wenn ein Kirchenmitglied schreibt, dass es aus der Kirche austreten will, nehme ich jeweils Kontakt auf, ausser jemand bittet ausdrücklich darum, das zu unterlassen. Seit einigen Jahren haben sich Anbieter im Internet auf einen formvollendeten Kirchenaustritt als Dienstleistung spezialisiert. Aber das ist Bauernfängerei. Dass diese Möglichkeit dennoch zunehmend genutzt wird, zeigt mir, wie weit entfernt manche von ihrer Kirchgemeinde sind. Dabei würden ein kurzer Blick auf die Homepage der Landeskirche, eine kleine Recherche im Internet oder – die leichteste Variante – ein Anruf im Pfarramt zeigen, wie man den Austritt bewerkstelligen kann. Wenn einmal jemand so weit ist, die Gemeinschaft zu verlassen, wird dieser Entschluss respektiert.

Wenn möglich, möchten wir aber gern wissen, warum jemand aus der reformierten Kirche austritt. Ein solches Austrittsgespräch ist für uns als Kirchgemeinde darum vor allem eine Standortbestimmung. Hier erfahren wir, ob es persönliche Divergenzen sind, eine auslösende Situation oder grundsätzliche Überlegungen zum Christentum in der Welt oder dessen sozialem Engagement, die jemanden zum Austritt bewegen. Das zu wissen ist wichtig, denn nur so können wir auch Veränderungen anstreben, falls es Missstände irgendeiner Art gibt. Doch in der Regel betonen Austretende, wie sehr sie es grundsätzlich schätzen, dass die Kirchen in der Gesellschaft eine gute soziale Arbeit leisten und sich für Bedürftige und Fragen der Gerechtigkeit im Land und in der Welt einsetzen. Das möchten sie im Prinzip auch unterstützen, dies aber eher ausgewählt tun, mit Spenden, die sie direkt nach eigenem Ermessen einsetzen.

Wenn mir jemand ernsthaft versichert, dass er oder sie aus tiefstem Herzen und gerne in dieser Kirche bleiben möchte, sich das aus finanziellen Gründen aber nicht leisten kann, wird es schwierig.

Ich habe einen solchen Fall in meiner früheren Gemeinde in Bülach erlebt, als eine Frau wirklich jeden Rappen umdrehen musste, um ihre Existenz noch sichern zu können. Sie wollte gern in der Kirchgemeinde bleiben, konnte aber definitiv das als Kirchensteuer anfallende Geld besser zur Sicherung ihres Lebensunterhaltes gebrauchen. Es gab lange Diskussionen in der Kirchenpflege, wie dieser Frau geholfen werden könne. Doch rechtlich war ein Verbleib in der Landeskirche ohne Beitragszahlung nicht möglich. Das, finde ich, sollte einer christlichen Gemeinschaft zu denken geben. Eine Kirchgemeinde ist gut beraten, wenn sie Menschen in solchen Existenznöten aus ihrem Spendengut beisteht und die Kosten für die Mitgliedschaft übernimmt oder darauf drängt, dass die Beitragszahlungen in Extremsituationen ausgesetzt werden können. Im genannten Fall sind wir so verblieben, dass es in der Kirchgemeinde hinterlegt ist, dass diese Frau überall gern gesehen und erwünscht ist und auf alle kirchlichen Dienste und Angebote zurückgreifen kann. Auch wenn sie die Steuern nicht zahlen kann.

Es ist wichtig, im Austrittsgespräch Austretende darauf aufmerksam zu machen, dass sie mit dem Austritt den Anspruch auf eine kirchliche Beerdigung und ihr Stimmrecht in der Kirchgemeindeversammlung verlieren. Darum bitte ich Austrittswillige, ihre Angehörigen über ihren Schritt zu informieren. Für uns Pfarrerinnen und Pfarrer ist es mitunter ausgesprochen schwierig, den Willen der Austretenden gegenüber deren Angehörigen zu vertreten. Es kommt regelmässig vor, dass Angehörige, die noch in der Kirche sind, Wert darauf legen, dass ausgetretene Angehörige ein christliches Begräbnis bekommen. Aus seelsorgerischen Gründen ist es uns erlaubt, Nichtmitglieder kirchlich zu bestatten. Doch ist dies immer eine Gewissensfrage. Die ist besonders heikel, wenn man selbst das Austrittsgespräch geführt hat und die Austretenden sich explizit von der Kirche abgewandt haben.

Ein Fall aus einer früheren Kirchgemeinde ist mir besonders in Erinnerung geblieben: Eine Frau, Anfang 50, rief an und teilte mir mit, dass ihr Mann plötzlich an Herzversagen verstorben sei. Ich sprach ihr mein Beileid aus und erfuhr dann, dass sie nun eine kirchliche Beisetzung wünschte. Drei Monate zuvor waren sie und ihr Mann, beide sehr wohlhabend, aus der Kirchgemeinde ausgetreten. Dazu wurde mir im Austrittsgespräch erklärt, dass sie einerseits aus Gründen finanzieller Optimierung austreten würden, andererseits der christliche Glaube für sie persönlich inzwischen keine Bedeutung mehr hätte. Der tragische Tod ihres Mannes stellte die Witwe nun vor die Aufgabe, ein angemessenes Begräbnis zu organisieren, das seiner öffentlich exponierten Stellung Rechnung trug. Ich erinnerte die Witwe daran, wie sie und ihr Mann mir erst wenige Wochen zuvor ausführlich dargelegt hatten, wie wenig ihnen der Glaube und die Kirche bedeuten würden. Nun sollte die Kirche den feierlichen Rahmen zum Abschied liefern.

Dabei bestehen viele Möglichkeiten, auch ausserhalb der Kirche eine sehr würdige Abschiedsfeier zu gestalten. Dies wird auch genutzt. Die Liste der Freipredigerinnen und Freiprediger bei den städtischen Bestattungsämtern ist lang. Ich bin mir sicher, dass viele von ihnen sehr gute Arbeit leisten. Die entscheidende Herausforderung bleibt in solchen Situationen, authentisch zu sein. Wie soll man entscheiden? Wie gehen wir mit denen um, die, besonders wenn es um finanzielle Optimierung geht, wie Trittbrettfahrer das Vehikel Kirche nutzen, aber nur dann, wenn sie es brauchen, andererseits aber nicht bereit sind, auch die Mühen mit zu tragen, die die Aufrechterhaltung einer solchen Institution mit sich bringt. Vielleicht ist gerade der Gedanke an die eigene Abdankung bei der Frage wichtig, ob man sich entscheidet, aus der Kirche auszutreten. Denn hier geht es zum einen um Fairness, darüber hinaus aber auch um ein vertieftes Nachdenken darüber, wem man neben den eigenen Interessen auch noch verpflichtet ist. Max Frisch hat einmal in seinen berühmten Frage-Katalogen die eindrückliche Aussage gemacht: »Viele Menschen denken darüber nach, wie sie leben möchten. Haben Sie schon einmal darüber nachgedacht, wie Sie sterben möchten?«[44] Zur Antwort auf diese Frage gehört für mich auch, sich zu überlegen, wie man sich die eigene Abdankung vorstellt. Eine kirchliche Abdankung ist mehr als eine Dienstleistung. Sie ist ein wichtiger Meilenstein im Trauerprozess der Angehörigen und der Gemeinschaft, in der man sein Leben bestanden hat. Eine Verzerrung der Realität eines Lebens, die entsteht, wenn ein salbungsvoller

Zuckerguss über den Abschied gegossen wird, dient niemandem, ausser dem schönen Schein. Eine heilsame Perspektive kann sich im Abschiednehmen dann entwickeln, wenn die Rituale und die Zeremonie des Abschiednehmens Anknüpfungspunkte bieten, die die Hinterbliebenen mit den Verstorbenen, mit dem, was sie selbst vom Leben und Sterben erwarten, in Verbindung bringen.

## Wenn die Braut abtaucht

Wie weit darf die Kirche gehen, wozu kann sie die Hand reichen, um doch noch im Kern authentisch zu bleiben? Um es klar zu sagen: Ich habe schon viele Abdankungen gehalten für Menschen, die bereits aus der Kirche ausgetreten waren. Doch es brauchte jeweils die glaubwürdige Aussage der Angehörigen, dass es ihnen ernst war mit ihrem Wunsch, im kirchlichen Rahmen Abschied zu nehmen. Wenn der Abschiedsgottesdienst oder die Trauung oder die Taufe zu einer Inszenierung wird, entzieht sie sich den Grund, auf dem sie steht.

Es hat allerdings einige Jahre gedauert, bis ich in dieser Klarheit eine Grenze ziehen konnte. Zu diesem »Lehrgeld« gehört sicher eine Trauung auf dem Untersee.

Ich hatte mich bereit erklärt, die Trauung auf einem eigens für diesen Anlass gemieteten Passagierschiff der Schweizerischen Schifffahrtsgesellschaft Untersee und Rhein durchzuführen. Mir wurde gesagt, dass die Braut an einem späteren Haltepunkt zur Hochzeitsgesellschaft dazustossen würde. Man wolle den Bräutigam überraschen. Tatsächlich konnte ich dann beobachten, wie das Schiff auf seiner Fahrt die Geschwindigkeit drosselte und quasi nur noch im Fluss trieb. Von einem Schiffsanlegesteg am Ufer löste sich ein Nachen, in dem vorn die tief verschleierte Braut stand.

Die Hochzeitsgesellschaft – die meisten von ihnen trugen bunte Hawaiihemden – stand gebannt an der Reling und beobachtete, wie die Braut sich dem Schiff näherte. Ich machte mich innerlich bereit, nun bald die Trauzeremonie auf dem Deck des Schiffes zu halten. Hin und wieder schaute ich auch auf das Wasser und konnte gerade noch sehen, wie die verschleierte Braut, kurz bevor sie das Schiff betreten konnte, mit lautem Kreischen ins Wasser fiel. Mir sank das Herz tief in den Talar. Und ich war genauso erschrocken wie all die Hochzeitsgäste, die ängstlich in den Fluss hinunterstarrten. Blitzschnell bedachte ich die nun folgenden Schritte. Ich selbst hatte noch nach der Trauung einen anderen Termin und war darauf angewiesen, möglichst pünktlich wieder von Bord zu kommen. Aber wie sollte das gehen, mit einer klatschnassen Braut? Und üblicherweise macht sich eine Braut an diesem besonderen Tag besonders schön. Nach einem unfreiwilligen Bad im Fluss wären Frisur und Make-up vermutlich völlig zerstört. Und auch ein Ersatzkleid musste wohl her oder zumindest genügend Handtücher. Würde all das in der vorgegebenen Zeit zu schaffen sein? Wäre diese Trauung überhaupt noch an diesem Tag möglich? Meine Gedanken überschlugen sich, bis ich lautes Gelächter hörte. Dann sah ich, wie aus dem Inneren des Schiffes die richtige Braut nach oben kam, in ihrem wunderschönen, weissen Kleid, strahlend und lachend über diesen köstlichen Scherz, den sie sich gerade mit dem Bräutigam und allen Gästen, inklusive der Pfarrerin, geleistet hatte. Ehrlich gesagt fand ich das gar nicht lustig.
Die Trauung auf dem Schiff habe ich so würdig wie möglich dann noch zu Ende gebracht. Doch wenn ich ehrlich bin, kam bei mir die Frage auf: Wie ernst haben es die beiden wohl gemeint?

Eine Trauung ist, zumindest was den zeremoniellen Teil angeht, eine ernsthafte Angelegenheit. Da darf gelacht werden, da darf es heiter sein. Und Lebensfreude gehört unbedingt dazu. Aber hier geht es um ein nachhaltiges »Ja«, das zueinander gesprochen wird. Dieses Versprechen braucht einen würdigen Rahmen. Nach der kirchlichen Trauung ist am Hochzeitstag immer noch genug Zeit für Kapriolen und ausgelassene Spässe.

Wie gesagt, heiter und fröhlich darf und wird ein solcher Anlass sein, ein Fest der Freude eben, aber kein Klamauk. Ich möchte die Menschen ernst nehmen: bei den Festen ihres Lebens, an der Grenze des Lebens, in den Entscheidungen, die sie treffen. Kirche braucht dazu nicht ernst zu sein, aber ernsthaft, das ist ein wichtiger Unterschied. Seit diesem Tag bin ich nicht mehr bereit, Trauungen auf Schiffen zu übernehmen. Und wenn ich Trauungen ausserhalb der Kirche durchführe, beispielsweise in einem Weinberg oder an einem Seeufer, dann nur mit Menschen, bei denen ich mir sicher bin, dass sie es tatsächlich ernst meinen.

## Das liebe Geld

An diesem Mittwochabend zieht sich die Kirchenpflegesitzung etwas in die Länge. Der Grund dafür ist ein Neubauprojekt der Kirchgemeinde. Die Behördenmitglieder haben etliche Vorabklärungen zu treffen, um der Kirchgemeinde die Entscheidung zu erleichtern, ob und was für Wohnungen anstelle des auf dem Grundstück momentan bestehenden Gebäudes erstellt werden sollen. Grundsatzfragen sind zu klären: Ist es besser, eine möglichst hohe Rendite anzustreben, um die knappen Finanzen der Kirchgemeinde durch Mieterträge aufzubessern, oder hat die Kirche nicht doch eher einen sozialen Auftrag und mit dafür Sorge zu tragen, dass besonders Familien oder schwächer gestellte Personen erschwinglichen Wohnraum erhalten? Und wie lässt sich das realisieren?

Die reformierte Kirchgemeinde Rüschlikon ist finanziell nicht auf Rosen gebettet. Manch einer sieht nur die attraktive Steueroase Rüschlikon und verkennt, dass die Finanzen der reformierten Kirchgemeinde nur von einem Teil der Gemeindemitglieder, eben den Mitgliedern der reformierten Kirche, geschultert werden. Dazu kommt, dass die Kirchgemeinde circa ein Drittel ihrer Einnahmen als Finanzausgleich an die Landeskirche abliefert, um schlechter gestellte Gemeinden zu unterstützen. Wohl hat es die bestehende Kirchenpflege geschafft, die roten Zahlen der vergangenen Jahre hinter sich zu lassen, doch der Preis dafür ist besonders im Pfarramt spürbar: So wurde im vergangenen Jahr eine halbe gemeindeeigene Pfarrstelle ersatzlos gestrichen. Sie war 1977 eingeführt worden, als Rüschlikon noch über 3000 reformierte Gemeindemitglieder zählte. Inzwischen ist die Gemeinde auf 1650 Mitglieder zurückgegangen, und so stehen wir vor der Aufgabe zu überlegen, welche Angebote zurückgefahren werden müssen. Das wird quer durch alle Arbeitsbereiche geschehen, wobei manche schwieriger einzukürzen sind, weil es sich um Obligatorien handelt. Wir werden sicher weiter unsere Toten bestatten und unsere Kinder taufen, wir werden unsere Gottesdienste feiern und als anerkannte Körperschaft öffentlichen Rechts weiterhin den notwendigen Aufwand für eine transparente und korrekte Organisation und Führung der Kirchgemeinde betreiben. Wir werden mit Andachten und Seelsorge in Altersheimen präsent sein und den kirchlichen Unterricht gewährleisten, wie er in unserer Landeskirche vorgesehen ist.

Der schmerzlichste Einschnitt, den diese Stellenreduktion mit sich gebracht hat, betrifft jedoch den Bereich der Seelsorge. Obwohl wir in diesem Arbeitsbereich immer defizitär arbeiten werden, weil wir niemals so viel Zeit aufbringen können, um allen Bedürfnissen der Gemeindemitglieder gerecht zu werden, ist bei den betroffenen Gemeindemitgliedern, die nicht mehr so oft besucht werden können, nur wenig Verständnis für diese veränderte Situation vorhanden. Bevor meine langjährige Kollegin pensioniert und ihr 50-Prozent-Pensum sukzessive abgebaut wurde, konnte sie gut ein bis zwei Tage in der Woche ausschliesslich für Seelsorgebesuche aufbringen. Diese Begleitung fehlt nun. Wir versuchen, mit kreativen Ideen weiterhin die wertvolle Beziehungsarbeit aufrechtzuerhalten. Beispiele dafür sind der Besuchsdienst für Jubilare, also Senioren, die ein besonderes Geburtstagsfest feiern, oder ein Ehejubiläumsfest, das wir gemeinsam mit der katholischen Kirchgemeinde organisieren. Unsere Diakonin mobilisiert viele Freiwillige, die sich dabei engagiert einsetzen, und organisiert zudem Weiterbildungen, die den Freiwilligen helfen, einerseits Freude in der von ihnen selbst gewählten Aufgabe zu finden und sich andererseits auch die notwendige Kompetenz dafür zu erarbeiten. Doch bei aller Mühe, die aufgewendet wird, stelle ich sowohl bei Fragen zur Gemeindeverwaltung als auch in der Seelsorge häufig fest, wie selbstverständlich und wichtig es für viele ist, sich mit ihren Anliegen ans Pfarramt zu wenden. Für sehr viele Menschen sind die Pfarrerinnen und Pfarrer das Gesicht der Kirche. Dies mag seinen Grund darin haben, dass viele nur noch bei Abdankungen und Trauungen, Taufen oder Konfirmationen oder bei jahreszyklischen Anlässen mit der Kirche in Kontakt kommen und dort eine Pfarrerin oder einen Pfarrer in einer leitenden Aufgabe erleben. So sind diese oftmals die Ersten, die angesprochen werden, wenn es darum geht, Dank, Erwartungen oder Missfallen gegenüber der Kirche auszudrücken.

Es gibt durchaus Bestrebungen in der reformierten Landeskirche, hier die Gewichte anders zu verteilen. Dabei wird über die bisherigen traditionellen Gemeindestrukturen in Parochialgemeinden[45] hinausgedacht. Vermehrt wird im aktuellen Reformprozess »KirchgemeindePlus« auf eine neue Kirchenstruktur hingearbeitet, die weniger pfarramts-orientiert ist, dafür aber stärker auf gemeindeübergreifende, arbeitsteilige Kooperationen setzt. Diese Kooperationen können tatsächlich ein grosses Plus bedeuten, sofern es darum geht, »dass man in einem grösseren Team auch grössere Dinge anpacken und mehr bewegen kann als in verzettelten und isolierten Teams«.[46] Inwieweit allfällige Fusionen und Kooperationen tatsächlich finanzielle Erfolge bedeuten, bleibt abzuwarten. Fakt ist, dass unsere Kirche jeweils nur der »letzte Stand des Irrtums« ist.

## Ecclesia semper reformanda est

Es gehört zum Wesen der Kirche, dass sie immer zwischen Tradition und Aufbruch steht: Ecclesia semper reformanda est.[47] Aus reformatorischer Sicht ist das Ziel nicht der Erhalt der Kirche an sich, sondern Kirche so zu leben, dass in ihr das Evangelium verkündigt und gelebt werden kann. Die reformierte Kirche ist keine statische Institution, die man nicht hinterfragen darf. Die Kirche ist nicht heilig. Was zu Gott gehört, ist heilig. Die Beziehung zwischen Gott und den Menschen und die Gemeinschaft der Menschen ist heilig. Die Kirche selbst ist dabei nur ein Instrument, um diese Beziehung zu fördern. Instrumente werden der Aufgabe angepasst. »Aufgabe« hat dabei trotz rückläufiger Mitgliederzahlen nichts mit »aufgeben« zu tun. Im Gegenteil: Zur Aufgabe gehört im Wortsinn die »Gabe«, das, was gegeben ist. Mit dem, was uns gegeben ist, dem überlieferten Wort Gottes, den Traditionen unseres Glaubens, den Ritualen unserer Gemeinschaft und den uns anvertrauten Menschen und Ressourcen wollen wir verantwortungsvoll umgehen. Darum ärgert es mich manchmal, wenn die Kirche in Bausch und Bogen kritisiert wird. Kirchliche Mitarbeiterinnen und Mitarbeiter gehen gewissenhaft und mit tiefer Überzeugung ihren Aufgaben nach. Ehrenamtliche und Freiwillige setzen ihre Zeit und Kraft ein, um diese Kirche zu einem Freiraum zu machen, in dem das Leben in seinen Höhen und Tiefen Platz hat und gemeinsam getragen werden kann. Sie alle setzen sich ein, um Kirche zu gestalten. Dabei werden Fehler gemacht. Wer das leugnet oder vertuschen will, führt die Kirche selbst ad absurdum. Wenn alle perfekt wären – bräuchte es dann noch eine Kirche, in der Menschen zusammenkommen, um sich je wieder neu auf den Grund ihres Glaubens rückzubesinnen, um sich miteinander an diesem Grund auszurichten und einen Neuanfang zu wagen?

Wo sich Kirche selbstgerecht als unfehlbar begreift, droht sie zu einer starren Institution zu werden, in der Gottes Gnade nicht geglaubt, sondern verwaltet wird. Wo Kirche verächtlich nur noch an ihren Fehlern gemessen wird, wird verkannt, was diese Kirche leistet. Ich bleibe ihr von Herzen zugetan, gerade weil Menschen hier einen Raum finden, um einen ehrlichen Blick auf das Leben zu wagen und ebendiesem zerbrechlichen und begrenzten Leben dennoch zu vertrauen. Kirche, das ist eine Gemeinschaft hoffnungsvoller Realisten.

# IV. Aushalten DONNERSTAG

## Stammplatz Schreibtisch

Im Pfarramt schätze ich die technischen Möglichkeiten ebenso wie im Sekretariat. Ohne sie wäre auch hier die Fülle administrativer Aufgaben kaum zu bewältigen.

Wenn meine Schüler vermuten, dass eine Pfarrerin vor allem in der Bibel liest und am Sonntag in der Kirche die Predigt hält, würde ein Blick hinter die stillen Mauern des Pfarrhauses sie darüber aufklären, dass ein Grossteil der Arbeit auch im Hintergrund geleistet wird. Jeden Tag verbringe ich einige Stunden am Schreibtisch, um Unterrichtsstunden, Sitzungen und Anlässe vor- oder nachzubereiten. Allein die morgendliche Post, sei es die in Papierform oder seien es E-Mails, nimmt jeden Tag mindestens eine halbe Stunde in Anspruch. Unter all diesen Dingen sind immer wieder sehr schöne Arbeiten. Gerade schreibe ich einen Willkommensgruss für einen neuen Erdenbürger, über dessen Ankunft mich das Sekretariat gestern informiert hat.

In unserer Kirchgemeinde wurde anlässlich des Kirchenumbaus eine Gruppe von Frauen aktiv, die unter fachkundiger Anleitung drei Wandteppiche webte, um das neu gestaltete Gebäude damit auszuschmücken. Diese sogenannten »Teppichfrauen« haben sich jahrzehntelang weiterhin getroffen und miteinander unzählige Kinderkleider und Socken gestrickt. Sie haben sie an Bedürftige weitergegeben, beispielsweise an die Pfarrer Sieber Stiftung, oder auf Basaren für einen guten Zweck zum Kauf angeboten. Durch die Jahre wurde die Gruppe allerdings immer kleiner. Inzwischen sind es etwas mehr als eine Handvoll Frauen, die der lieb gewordenen Tradition wöchentlicher Treffen treu bleiben. Ihnen verdanke ich, dass ich nun auch allen Neugeborenen in unserer Kirchgemeinde zur Begrüssung ein paar selbst gestrickte Kindersöckchen schicken kann. Selbst an kleine Namensschilder haben sie gedacht, von Hand gezeichnet und sorgsam zurechtgeschnitten.

Es sind solche kleinen, liebevollen Gesten, die das Leben in einer Kirchgemeinde mit ausmachen. Die Frauen erwarten keine Gegenleistung. Sie geben ihre Zeit und Sorgfalt absichtslos, einfach aus gutem Herzen, weil sie die Freude der Eltern über ihr Kind teilen und das mit ihrem kleinen Geschenk zeigen wollen. In der Regel antworten die Eltern mit einem herzlichen Dankesschreiben oder rufen kurz an. Sie freuen sich an der Anteilnahme und daran, dass ihr Kind zuerst einmal einfach willkommen ist. Es ist ein guter Anfang für ein aufmerksames Miteinander.

## Lob der Technik

Als ich in Rüschlikon begann, traf ich eine Gemeinde an, in der die Adressen noch in einer Handzettelkartei verwaltet und das 14-tägig herausgegebene Gemeindeblatt mit einem einfachen Word-Programm erstellt wurde. Regelmässig waren aus dem Sekretariat verzweifelte Ausbrüche der Sekretärin zu hören, weil das Programm ob der grossen Datenfülle kontinuierlich abstürzte. Manches Mal musste sie wieder von vorne beginnen. Ich bin froh, dass die Kirchenpflege der Sekretärin und mir recht bald eine Schulung für ein Grafikprogramm bewilligte, um hier Abhilfe zu schaffen. Seither können wir unsere Handouts und Publikationen anschaulicher gestalten, vor allem viel schneller und professioneller.

Nachdem auch noch die Adressverwaltung digitalisiert, die Homepage neu aufgegleist und alle internen Arbeitsabläufe neu strukturiert und optimiert worden waren, war auch das Kirchgemeindesekretariat endlich im 21. Jahrhundert angekommen. Besonders froh sind wir um diese Arbeitsinstrumente, seit in der reformierten Landeskirche Zürich das neue religionspädagogische Gesamtkonzept »rpg« eingeführt wurde. Mit der Einführung dieses Konzeptes kam es zu einem intensiven Anstieg der Stundenzahl des obligatorischen Religionsunterrichtes bis zur Konfirmation von 102 auf 192 Stunden, was zu einem beachtlichen Mehraufwand im Sekretariat führte.

Es gibt jedoch auch Tage, da werden die wunderbare Technik und der mit ihr inzwischen zur Gewohnheit gewordene professionelle Standard zum Fluch. Da hilft es auch nicht, in einer Kirche oder in einem Pfarramt zu arbeiten. Ich befürchte, der göttliche Geist hat es nicht so mit den Bits und Bytes. Wenn der Computer nicht will, steht erst mal alles still. Im Augenblick komme ich durch meinen Remote-Zugriff nicht auf den Server unserer Kirchgemeinde, um dort die neuen Klassenlisten abzurufen.

Aber Langeweile kommt nicht auf, denn heute Morgen ist irgendwie der Wurm drin. Fortwährend läutet das Telefon und bietet mir das ganze Spektrum der pfarramtlichen Arbeit in kleinen Häppchen. Zuerst ist es ein empörter Vater, der soeben die Einladung zum kirchlichen Unterricht für seinen Zweitklässler in der Post gefunden hat. Ich freue mich, dass er sich die Zeit genommen hat, über die Gründe dieses kirchlichen Unterrichtes mit mir zu sprechen. Am Ende legt er auf, ohne sein Kind abgemeldet zu haben, stattdessen mit dem Vorsatz, es sich noch einmal zu überlegen. Es kommt mir ein wenig vor wie Telefonwerbung, was ich hier manchmal betreibe. Ich kenne mein Gegenüber gar nicht, habe diese Gemeindemitglieder noch nie gesehen und erzähle mir völlig fremden Menschen, wie sinnvoll und gut es ist, wenn ihr Kind zu uns in den Unterricht kommt.

Dann greife ich selbst zum Telefon. Ich bin noch auf der Suche nach Freiwilligen, die bereit sind, beim ökumenischen Kirchenfest im Wald am Grill zu stehen oder beim Service mitzuhelfen. Ich mag dazu nicht nur die immer gleichen, stets freundlichen und liebenswerten Freiwilligen fragen. Irgendwie habe ich auch Sorge, dass man sie so überlasten würde. Darum versuche ich, immer neue Menschen anzusprechen. Es geschieht nicht jeden Tag, aber regelmässig, dass Gemeindemitglieder von sich aus anbieten, dass ich gerne bei ihnen anfragen darf, wenn ich mal jemanden brauche. Ich bin sehr froh um diese engagierten Menschen. Heute Morgen habe ich Glück und auf Anhieb finden sich zwei Helfende.

Ich habe kaum aufgelegt, als das Telefon wieder klingelt und ein Mann mit starkem osteuropäischen Akzent in gebrochenem Deutsch ein Seelsorgegespräch bei mir einfordert. Er möchte sofort kommen. Das wird knapp. Heute Morgen steht noch eine lange im Voraus anberaumte Sitzung an. Zweimal im Jahr trifft sich der ökumenische Konvent, um die gemeinsam verantworteten Anlässe miteinander abzusprechen und allgemeine ökumenische Anliegen auszutauschen. Das wird fast bis zum Mittag gehen und der Rest vom Tag ist auch bereits verplant.

Ich versuche herauszufinden, wie dringend die Notlage ist und worum es eigentlich geht. Irgendwie kommt mir die Situation seltsam vor. Viele Male haben sich Menschen an mich gewandt. Diese Anfragen kommen mit grosser Vehemenz und dramatischen Schilderungen. Am Anfang wird betont, es ginge um Seelsorge, am Ende steht meistens die höfliche, zunehmend auch aggressive Frage nach Geld: für die Weiterreise, für Übernachtungskosten, für die Herzoperation ihres Kindes im Nahen Osten. Die Geschichten sind so verschieden wie die Menschen, die sie stellen. Geldsorgen können die Seele schwer bedrücken. Aber ein Pfarramt ist keine Bank und die mir von der Gemeinde für Notfälle anvertrauten Spendengelder sind einerseits begrenzt und andererseits obliegt mir als Pfarrerin die Verantwortung, zu hinterfragen, ob das Anliegen berechtigt ist.

Der Mann druckst bei meinen Nachfragen etwas herum, dann stellt sich heraus, dass er nicht aus Rüschlikon kommt, wie eingangs von ihm gesagt. Als ich ihn direkt frage, ob es um eine finanzielle Unterstützung geht, stockt er und signalisiert, dass es wohl auch darum geht. Nachdem ich mich versichert habe, dass er in keiner akuten finanziellen oder seelischen Not ist, er mir seine finanzielle Situation aber unbedingt schildern möchte, verabrede ich mich mit ihm auf den nächsten Morgen zum Gespräch. Ob er wirklich ein Seelsorgegespräch möchte? Ich hoffe es. Für finanzielle Fragen werde ich ihn, wenn es einer der sogenannten »Europawanderer« ist, vermutlich an die politische Gemeinde weiterverweisen.

## Unglaublich

Vor dem Ökumene-Konvent bleibt noch etwas Zeit, um das bevorstehende Segellager nach Holland weiter vorzubereiten. In diesem Jahr werden acht ehemalige und zwölf aktuelle Konfirmandinnen und Konfirmanden mit mir gemeinsam nach Holland reisen, um ein neues Abenteuer auf See zu erleben. Obwohl ich seit 20 Jahren Segellager in Holland organisiere, ist es jedes Jahr spannend, die Neugier und Aufregung der neuen Konfirmanden und die Vorfreude der Co-Leiter mitzuerleben.

Den Reisebus und das Schiff habe ich bereits im letzten Herbst organisiert. Nun geht es darum, das Lager inhaltlich zu gestalten und im Detail gemeinsam mit einem Leiter-Team zu organisieren. Ich starte eine Terminabfrage per WhatsApp, um in den nächsten Wochen das erste Vorbereitungstreffen zu fixieren.

Das Leiter-Team setzt sich aus ehemaligen Konfirmandinnen und Konfirmanden zusammen, die zuerst einen Leiterkurs besuchen, in dem wir ihnen Grundzüge der Gruppendynamik und der Interaktion mit einer Gruppe vermitteln.

Die Begleitung und Betreuung des Leiter-Teams im Konfirmandenlager hat etwas vom Prinzip der russischen Matrjoschka-Puppen, dieser zueinander passenden, aber unterschiedlich grossen, ineinandergeschachtelten Figuren: Neben dem Programm für die Konfirmandinnen und Konfirmanden wird es jeden Tag Teamsitzungen geben, in denen die jungen Teamer ihre Erfahrungen austauschen und die nächsten Arbeitsschritte miteinander abstimmen.

Doch da in jedem Jahr »neue Ehemalige« dazukommen, gibt es im Team bereits unterschiedliche Erfahrungsstandards und dadurch auch eine gewisse Routine. In diesem Jahr werden ein bis zwei Vorbereitungstage ausreichen, um das Lager miteinander zu planen.

Das Segellager in Holland ist mehr als nur ein Plausch-Lager. Im Unterrichtskonzept werden für das Konfirmandenlager 20 Unterrichtsstunden angerechnet. Und diese Unterrichtsstunden werden dort auch tatsächlich erteilt, allerdings eher in Form von Erlebnispädagogik. Das Lager zu Beginn des Konfirmandenjahres durchzuführen hat den grossen Vorteil, dass die Mitglieder der neuen Konfirmandengruppe lernen, sich aufeinander einzustellen und füreinander Verantwortung zu übernehmen. Das geschieht in ganz alltäglichen Lebensvollzügen: beim Kochen, beim Aufräumen, beim Spielen und bei den besonderen kreativen Aufgaben, die wir der Gruppe stellen werden, damit sie sich als Team bewähren kann. Natürlich sind das Aufgaben, die ebenso in einem Schullager ihren Platz haben. Im Konfirmandenlager kommt jedoch hinzu, dass wir den jungen Frauen und Männern Anregung geben, vieles, was wir ganz alltäglich tun, sagen oder unterlassen, mit unserem christlichen Glauben in Verbindung zu bringen. Dazu haben wir Rituale am Morgen und am Abend, achten auf eine zugewandte und aufmerksame Art und Weise des gegenseitigen Umgangs.

Manchmal höre ich von Eltern, dass ich ja einen ganz besonders schönen Beruf hätte, weil meine Arbeit im Grunde genommen bezahlter Urlaub sei. Tatsächlich gehört das Konfirmandenlager definitiv zu den schönsten Arbeiten im Verlauf des Kirchenjahres und zu den intensivsten. Die Vorbereitung ist aufwendig und die Durchführung physisch anstrengend. Wir alle werden sehr wenig Schlaf bekommen und sind von morgens früh bis spät in der Nacht im Einsatz. Mit Urlaub hat das wenig zu tun.

Zudem sind nicht alle Gruppen gleich leicht zu führen. Je nach Zusammensetzung kommt es vor, dass schon bei der Abreise eine spürbare Aggressivität einzelner Teilnehmerinnen und Teilnehmer gegeneinander vorhanden ist, oder es herrscht eine Umgangssprache vor, die, gelinde gesagt, noch reichlich Verbesserungspotenzial in sich trägt.

Trotz umsichtiger Planung und solider Vorbereitung können bei solchen Reisen Situationen auftreten, mit denen man beim besten Willen nicht gerechnet hätte.

Bei einem Projektweekend mit über 120 Jugendlichen, einem Ausflug in die Region Andelfingen, habe ich gemeinsam mit der damaligen Jugendarbeiterin eine Mädchengruppe geleitet. Nach einer Wanderung kamen wir zum idyllischen kleinen Lagerhäuschen und richteten uns dort zur Übernachtung ein. Wir wollten am nächsten Morgen in aller Herrgottsfrühe bis zum Husemer See laufen, um uns dort mit den anderen Gruppen des Projektwochenendes zu treffen.

Zum ersten Mal hatten wir eine reine Mädchengruppe zu betreuen und hofften, dass wir mit den jungen Frauen zwischen 14 und 15 Jahren einen besonders regen und guten Austausch haben würden. Den bekamen wir auch – aber anders als gedacht. Bei Einbruch der Dämmerung bauten wir aus vielen kleinen Lichtern ein Labyrinth auf dem offenen Platz vor der kleinen alten Kapelle und es herrschte eine ruhige und meditative Stimmung.

Zum Abschluss des Abendprogramms gingen wir in die Kirche, in der bis auf ein paar wenige Kerzen auf dem Taufstein Dunkelheit herrschte. Die knapp 20 Schülerinnen verteilten sich auf die Bänke der Kirche und wir luden sie zu einer Zeit des stillen Gebetes ein. Immer noch erschien es uns friedlich und konzentriert, bis aus einer dunklen Ecke laut der Ruf erschallte: »Haben Sie schon mal in der Kirche gefickt?«

Plötzlich herrschte in den Reihen gespannte Aufmerksamkeit. Meine Kollegen und ich waren ehrlich gesagt geschockt. Sprachlos. Nach der vorausgehenden Idylle hatten wir weder diese rohe Sprache noch derart grenzüberschreitende Übergriffe erwartet, obwohl wir wussten, dass Bülach durchaus über soziale Brennpunkte verfügte und einige der Mädchen in diesem Kontext zu Hause waren. Währenddessen wurde die Mädchengruppe immer lauter und begann, sich im Schutz der Dunkelheit vor Lachen auszuschütten.

Ich war froh um meine Kollegin, denn halb taub, wie ich bin, habe ich keine Fähigkeit zum Richtungshören und konnte in dem dunklen Raum kein zielgerichtetes Gespräch führen. Meine Kollegin versammelte darum alle Mädchen dicht an dicht im schwachen Licht des Taufsteins. Nachdem sich diese langsam wieder etwas ob ihres, wie sie meinten, grandiosen Witzes beruhigt hatten, wollten wir von ihnen wissen, was der Antrieb zu dieser Bemerkung gewesen war. Was folgte, war eine der spannendsten Diskussionen, die meine Kollegin und ich bisher miteinander geleitet haben. Es ging um die Macht der Sprache, die ein wunderbares Instrument, aber auch eine furchtbare Waffe sein kann. Geprägt durch die damalige Musik- und Video-Szene pflegten die jungen Frauen eine sehr aggressive Sprache, und mit Vehemenz vertraten sie die Position, dass es nur normal und auch nicht weiter schlimm sei, sich gegenseitig als »Schlampe« oder »Tusse« zu bezeichnen. »Schliesslich machen das ja alle.«

Wir haben fast die ganze Nacht hindurch geredet. Irgendwann wurde es uns zu kalt in der Kirche und wir setzten das Gespräch im Lagerhaus mit »heisser Schoggi und Mitternachtskeksen« fort. Es blieb nicht das letzte Gespräch, das wir mit diesen Mädchen führten, aber in dieser Nacht wurde der Grundstein für die spätere Beziehung gelegt. Mich hat es besonders berührt, als einige dieser »coolen Mädchen«, die in jener Sommernacht in der dunklen Kirche dabei waren, am nächsten Heilig Abend wieder mit uns in einer Kirche waren. Diesmal war es unsere Bülacher Kirche und sie spielten im provozierenden Krippenspiel »Hilfe, die Herdmanns kommen« leidenschaftlich die Rollen von gesellschaftlichen Aussenseitern, die die Gewohnheiten einer etablierten Kirchgemeinde hinterfragen.

Bei der Arbeit mit Jugendlichen ist heute ein hohes Mass an Flexibilität und spontaner Belastbarkeit hilfreich. Termine werden schnell kurzfristig gecancelt oder abgesagt, was Planungen schwierig macht.

In der Seniorenarbeit ist das ganz anders: Hier ist eine ruhige und zuverlässige Routine wichtig. Es gibt Verhaltensformen, auf die sich die Seniorinnen und Senioren einfach gern verlassen. Wenn ich mit einer Seniorin oder einem Senior einen Termin abmache, kann ich mit sehr grosser Wahrscheinlichkeit davon ausgehen, dass diese Begegnung auch stattfinden wird. Viele Jugendliche sehen solche Absprachen dagegen um einiges entspannter. Die jungen Leute probieren sich aus und bedenken vielfach gar nicht, welche Folgen ihre jeweilige Handlung haben könnte.

> Bei einer Jugendreise von Zürich nach Wengen mit ungefähr 40 Jugendlichen von 15 bis 16 Jahren haben wir einen Aufenthalt im Bahnhof Bern. Alle haben einen grossen Rucksack dabei und wir warten auf den Anschlusszug auf einem Perron zwischen zwei Gleisen. Auf beiden Gleisen stehen bereits Züge, die erst noch abfahren werden, bevor unser eigener Zug einfahren wird. Während ich noch mit einem anderen Teamleiter die weitere Zugverbindung bespreche, sehe ich aus dem Augenwinkel, wie einige Jungs mit einem »Hacky-Sack« herumspielen. Sie jonglieren den faustgrossen Stoff auf Füssen und Knien hin und her und versuchen, ihn so lange wie möglich in der Luft zu behalten. Ein paar Augenblicke später schaue ich wieder hin, aber einer der Spieler ist verschwunden. Irritiert schaue ich mich um und sehe gerade noch, wie er unter den Rädern des stehenden Zuges hervorkrabbelt und wieder auf den Perron hinaufspringt. Mir bleibt das Herz stehen. Der Zug fährt jede Sekunde ab und dieser Junge hat nichts anderes zu tun, als sein Leben zu riskieren, um den Stoffball unter den Rädern hervorzuholen, der ihm wenige Augenblicke zuvor dorthin gefallen war. Solches Verhalten hätte ich bei einem Grundschuldkind erwartet, aber nicht bei einem Oberstufenschüler. Glücklicherweise ist nichts geschehen.

## Der eigene Rucksack

Eigentlich ist die Verantwortung, die wir eingehen, wenn wir mit Jugendlichen unterwegs sind, kaum zu rechtfertigen. Wir können nicht garantieren, dass wir alle heil zurückbekommen. Wollte man alle möglichen Gefahren ausschliessen, wäre man wohl zum Stillstand gezwungen. Also werden wir auch das kommende Segellager mit einer Mischung aus bestmöglicher Planung und zuversichtlichem Gottvertrauen antreten. Wie weit das, was wir uns vornehmen, gelingt, hängt aber auch damit zusammen, wie wir uns selbst als Leiterinnen und Leiter einbringen können. Jeder und jede bringt eine eigene Geschichte mit in dieses Lager. Manchmal ist diese Geschichte auch schwer und wird zu einer schier übergrossen Herausforderung.

Es war der Morgen der Abreise zum Segellager. Abends um acht würde unser Nachtzug nach Holland fahren. In meinem Büro liefen die Reisevorbereitungen auf Hochtouren. Die Lagertagebücher für die Teilnehmenden wurden erstellt, zudem Einkaufslisten für knapp 20 Personen, die wir bei unserer Ankunft vor Ort gleich brauchen würden, wenn wir Vorräte für die ersten drei Tage an Bord bunkerten. Dazu riefen immer wieder Eltern oder Teilnehmer an, um sich zu vergewissern, ob es an Bord normale Steckdosen gäbe, oder um mitzuteilen, dass jemand an einem anderen Ort als dem gemeinschaftlichen Treffpunkt zusteigen würde usw. Es war die normale, betriebsame Aufbruchsstimmung, die einer solchen Reise vorausgeht.
Gegen 10 Uhr klingelte wieder einmal das Telefon. Ich erwartete letzte Detailanfragen zum Lager, aber meine Schwester war dran. Die anfängliche Freude über ihren Anruf verwandelte sich schnell in Bestürzung. Sie erzählte mir, dass unsere Mutter einen Schlaganfall gehabt hatte und im Sterben lag. Wenn ich sie noch einmal lebend sehen wolle, müsse ich jetzt gleich aufbrechen. Wir beendeten bald das Gespräch, denn sie wollte auch die anderen Geschwister noch informieren. Nun sass ich da, inmitten des Lagermaterials, und überlegte fieberhaft, was ich tun könnte. Ich würde Hals über Kopf alles stehen und liegen lassen und so-

fort aufbrechen müssen, um die etwas mehr als 800 Kilometer bis nach Hause, bis zu meiner Mutter zu schaffen. Andererseits hatte ich die Hauptleitung für das von den Konfirmanden sehnlich erwartete Hollandlager. Bis ich einen Ersatz für die Leitung gefunden und alle anderen Leiter instruiert hätte, wer welche meiner Aufgaben übernehmen sollte, hätte es auch ein paar Stunden gedauert. Wenn es überhaupt geklappt hätte. Die Fäden zum Lager liefen bei mir zusammen. Natürlich überlegte ich mir, dass jeder ersetzbar sein müsse und so ein gravierender Notfall Vorrang hätte. Die Unterstützung meiner Kirchenpflege hätte ich sicherlich bekommen. Vernunft und Emotionen drehten sich gleichsam im Kreis. Aber die Antwort war eigentlich schon klar. Schliesslich entschied ich mich, mit der Gruppe nach Holland zu reisen und auf dem Rückweg direkt nach Hause zu fahren. Den Ausschlag gab der Gedanke, dass ich selbst bei grösster Eile vielleicht gar nicht rechtzeitig bei meiner Mutter ankommen würde. Ich sprach mit meinen Geschwistern. Einmal mehr war ich froh, dass wir so viele Kinder waren und einen guten Zusammenhalt untereinander hatten. Ich wusste, dass meine Mutter liebevoll betreut wurde.

Ich begann innerlich von ihr Abschied zu nehmen.

Die weiteren Lagervorbereitungen wurden zur Qual. Ich informierte meine Co-Leiter über die Situation und wir entschieden, dass wir den Konfirmandinnen und Konfirmanden nichts sagen würden. Ich hatte Glück im Unglück, denn meine Co-Leiter entlasteten mich, wo sie nur konnten. Doch als wir in der Nacht nach Norden reisten und wir schliesslich auf der Höhe von Hildesheim waren, fühlte ich mich wie eine Verräterin. Das Lager selbst war für mich bizarr. Nach aussen versuchte ich, den Konfirmandinnen und Konfirmanden eine aufmerksame Ansprechperson zu sein, aber innerlich war mir nur zum Heulen zumute. Vor allem als mich am frühen Sonntagmorgen die Nachricht erreichte, dass meine Mutter friedlich eingeschlafen war. In den folgenden Tagen erinnerte ich mich an den Ausspruch eines Berner Theologieprofessors, der uns, weitab von jeglicher mathematischen Exaktheit, erklärt hatte: »Im Pfarramt seid ihr immer zu einer Hälfte Pfarrer, zu einer Hälfte Schauspieler und zu einer Hälfte Clown.«

Damals war mir noch nicht so ganz klar, was er wohl damit meinte. Aber in den langen Tagen an Bord wurde es mir nun überdeutlich. Ich spielte meine Rolle. Ich spielte sie, blieb dabei auch Pfarrerin und lachte mit den KonfirmandInnen und Konfirmanden, während ich im Herzen todtraurig war.

Erschwerend kam hinzu, dass meine Geschwister und ich inzwischen abgemacht hatten, dass ich selbst die Abdankungsfeier für meine Mutter halten würde. Dafür gab es viel zu organisieren und abzusprechen, was sich durch die Distanz zwischen Holland und Deutschland ab und zu sehr schwierig gestaltete. Oftmals hatten wir tagsüber gar kein Funknetz. Am Ende des Lagers, nachdem wir das Schiff geputzt und unsere Koffer auf dem Bahnsteig abgestellt hatten, erklärte ich der Gruppe, dass ich nun einen eigenen Reiseweg vor mir hätte und sie mit den übrigen Leitern wieder zurück nach Rüschlikon fahren würden. Natürlich hatten sie inzwischen bemerkt, dass ich bedrückt war. So perfekt hatte ich die Rolle dann doch nicht gespielt.

## Entbehrlich sein

Ich werde wohl nie wissen, ob es tatsächlich eine gute Entscheidung war, der Pflicht den Vorrang zu geben. Es bleibt als Trost zu wissen, dass ich tatsächlich nicht mehr rechtzeitig angekommen wäre, um meine Mutter noch bei Bewusstsein anzutreffen. Aber hätte das Lager nicht auch ohne mich stattfinden können? Die anderen Leiter hätten es sicher hinbekommen.

Vielleicht halten wir uns doch für zu unentbehrlich. Andererseits überlege ich es mir sehr gründlich, bevor ich mich entscheide, eine Aufgabe abzutreten.

Öffentlichkeitsgebundene Anlässe lassen sich nicht so einfach innert kürzester Zeit delegieren. Lasse ich mich beispielsweise krankschreiben, obwohl am Mittag ein Hochzeitspaar darauf wartet, getraut zu werden? Diese angesichts einer heftigen Erkältung kleine und ganz normale Frage braucht Abwägung, Zeit und Gedankenkraft, um entschieden werden zu können. Denn in der Regel gehört zu einem solchen Gottesdienst eine lange und intensive Vorbereitung: Wir haben ein Traugespräch geführt, uns vielleicht sogar ein weiteres Mal getroffen. Dazu gibt es Gespräche mit Trauzeugen, mit Musikern und weiteren Mitwirkenden. Viele Hochzeitspaare beginnen bereits ein Jahr im Voraus, ihre Trauung zu planen. Dabei sind sie wählerisch. Nicht nur Kirchen und Restaurants werden daraufhin besichtigt, ob sie sich für das grosse Fest eignen. Auch die Pfarrerin oder der Pfarrer haben möglichst zu den eigenen Vorstellungen zu passen. Natürlich könnte ein anderer Pfarrer im Notfall die Trauung übernehmen und würde die Sache auch gut machen. Aber es würden Erwartungen enttäuscht, denn die sorgsam – mal über kurz, mal über lang – aufgebauten Beziehungen können dann nicht die erhofften Früchte einer sehr individuell gestalteten Trauung tragen.

Im Krankheitsfall besteht eine mögliche Lösung darin, sich »teilzeit-krank« zu melden. Das bedeutet, dass ich selbst entscheide, welche Anlässe im Rahmen der Erkrankung von mir noch geleistet werden können und welche Aufgaben ich auch zu einem späteren Zeitpunkt erledigen kann. Das ist wohl die Kehrseite der Freiheit, mit der ich im Pfarramt meinen Terminplan weitestgehend selbst bestimme.

# Der Hamster ist tot und die Glocken läuten

Grundsätzlich lässt sich ein Ausgleich zwischen pfarramtlichen Aufgaben und persönlichen Interessen und Möglichkeiten recht gut erreichen. Schwieriger wird dieser Balanceakt, wenn auch noch meine Familie ihren Tribut an das Pfarramt zu entrichten hat.

17.15 Uhr. Laut klingen die Glocken vom gegenüberliegenden Kirchturm durch unser Badezimmerfenster. Wie jeden ersten Freitag im Monat läuten die Glocken zum Jugendgottesdienst und ich bin ziemlich unter Zeitdruck. Heute erwarten wir 80 bis 100 Jugendliche, die in die Kirche drängen. Sie drängen nicht, weil sie unbedingt hierher kommen möchten. Das Gedrängel entsteht durch die riesigen Sporttaschen, die sie mit sich schleppen, damit sie gleich im Anschluss an die Feier in ihre jeweiligen Trainingsstunden gehen können. Der Stapel aus Hockey-, Tennis- und Fussball-Equipment im Eingangsbereich der Kirche ist fast mannshoch.
Diese Jugendgottesdienste sind eine pädagogische Herausforderung, denn die Stimmung ist an der Grenze zwischen Schulunterricht und dem Freizeitprogramm am Wochenende immer ein wenig überdreht. Eigentlich wollte ich jetzt schon in der Kirche sein, um mit der Jugendarbeiterin letzte Vorbereitungen für unsere Feier zu treffen.
Ich rekapituliere noch einmal die Geschichte, die ich heute Abend erzählen will, damit ich sie frei vortragen kann, als meine fünfjährige Tochter völlig verstört in mein Arbeitszimmer kommt und mir ihre kleinen Hände entgegenstreckt. Mit grossen Augen schaut sie mich an, in ihrer Hand liegt ein toter Zwerghamster. Er ist einer der beiden Weggefährten, die seit zwei Jahren zu unserem Haushalt gehören. Ich wusste, dass sie nicht sehr viel älter werden würden, aber dass er gerade in diesem Moment gestorben ist, finde ich

ausgesprochen gemein. Natürlich tut es mir leid um das Tier. Aber meine Trauer steht in keinem Verhältnis zum überwältigenden Verlustgefühl meiner kleinen Tochter. Sie fängt an zu weinen und braucht Trost. Ich jedoch habe Verpflichtungen und das drängende Läuten der Glocken im Ohr. Was kann ich nur tun? Ursprünglich habe ich mit meiner Tochter abgemacht, nach einer halben Stunde Jugendgottesdienst wieder bei ihr zu sein. So lange wollte sie mit ihren Hamstern spielen. Das ist nun nicht mehr möglich.

Im Geiste gehe ich blitzschnell meine Optionen durch:

Ich könnte hier bei ihr zu Hause bleiben, sie tröstend in die Arme nehmen und mit ihr darüber sprechen, dass ihr kleiner Hamster jetzt vermutlich im Hamster-Himmel ist, wo's ihm gut geht und sich irgendwelche Himmelsbewohner um ihn kümmern werden. Aber das wäre extrem unfair gegenüber der Jugendarbeiterin, denn der Gottesdienst war für zwei Leitende geplant. Kann ich ihr zumuten, spontan einen neuen Ablauf aus dem Hut zu zaubern und 80 aufgedrehte Jugendliche in Wochenendstimmung allein zu betreuen?

Innerhalb von fünf Minuten einen Ersatz für mich zu finden, würde sich ebenso schwierig gestalten. Mal abgesehen davon – was würde ich meinem Kollegen sagen, etwa: »Könntest du den Jugendgottesdienst für mich übernehmen, ich will bei meiner Tochter bleiben, ihr Hamster ist gestorben?«

Meine kleine Tochter mit in den Jugendgottesdienst zu nehmen, womöglich den toten Hamster immer noch in ihrer Hand, steht ebenso wenig zur Debatte. Die Reaktion der Jugendlichen ist absolut nicht einschätzbar. Ich vermute jedoch, dass einige eher Witze machen würden, als meiner Tochter angemessene Trostworte zuzusprechen.

Einmal mehr stehe ich vor der Aufgabe, sehr schnell eine Entscheidung zu treffen. Ich bin überfordert. Dann entscheide ich mich, meiner Tochter zu sagen: »Wir legen deinen Hamster jetzt noch einmal in sein Nest und lassen ihn dort noch etwas ausruhen. Ich bin bald wieder da und dann können wir ihn draussen im Garten beerdigen.«

Dieser schnell dahingesprochene und für mich selbstverständliche Gedanke löst bei meiner Tochter erst recht Schrecken aus: »Du willst ihn in der Erde vergraben?« Das scheint nun doch komplizierter zu werden, als ich es gerade gebrauchen kann. Meine innere Anspannung steigt. Mit etwas Zureden lässt sie sich vorerst beruhigen und ich stürme hinüber in die Kirche, in Gedanken immer noch bei meiner kleinen Tochter.

So tragen auch die Menschen in meinem Umfeld an den Anforderungen meines Berufes mit. Auch sie lernen und akzeptieren bis zu einem gewissen Grad, persönliche Bedürfnisse hinter den aktuellen Erfordernissen des Amtes zurückzustellen. Es gehört dabei zum täglich Brot, dass die eigene Befindlichkeit oft quer steht zu dem, was der Beruf gerade verlangt: Wir lächeln, wenn uns innerlich zum Weinen zumute ist. Wir halten Abdankungen, obwohl wir vielleicht gerade frisch verliebt sind und am liebsten die ganze Welt umarmen würden, oder wir geben Unterricht in einer fröhlichen Klasse, obwohl kurz zuvor die Nachricht vom Tod einer lieben Freundin eintraf.

Natürlich kann es nicht darum gehen, das Amt bis zur völligen Selbstaufgabe auszufüllen. Aber wo ist die Grenze? Für einen selbst, für die Familie?

Die Grenze verläuft fliessend. Sie lässt sich nicht einfach in der Theorie festsetzen und gilt ab dann unabänderlich. Immer wieder gibt es überraschende Lebensmomente, in denen eine neue Entscheidung nötig ist. Was mir hilft und woran ich mich gerne orientiere, ist eine Güterabwägung auf der Basis des Dreiklangs, in dem Gott, der Nächste und man selbst den Ton angeben.

Jesus sagte:

Du wirst den Herrn, deinen Gott, lieben mit deinem ganzen Herzen und mit deiner ganzen Seele und mit all deiner Kraft und mit deinem ganzen Verstand und deinen Nächsten wie dich selbst. (Lk 10,27)

Böse Zungen behaupten, Pfarrerinnen und Pfarrer könnten ihren Beruf überhaupt nicht authentisch ausüben, wenn sie sich mitunter so verstellen. Doch, das können wir. Wir brauchen dazu jedoch eine gehörige Portion Professionalität. Professionalität macht es möglich, sich unabhängig von der eigenen Befindlichkeit auf die Bedürfnisse des Gegenübers einzustellen. Sie wächst durch Routine und braucht angemessene Reflexion. Diese Reflexion geschieht idealerweise in der analytischen Distanz einer Supervision. Im raschen Wechsel der Aufgaben und Lebenssituationen, die das Pfarrerinsein mit sich bringt, ist es nicht nur sinnvoll und hilfreich, sondern absolut notwendig, sich stets aufs Neue zu fragen, inwieweit wir uns selbst und unseren Nächsten noch gerecht werden.

## Hospitalitas – Gastfreundschaft

Der ökumenische Konvent trifft sich diese Woche im katholischen Pfarreizentrum. Schon die Anordnung der katholischen und der reformierten Kirche im Ortsplan veranschaulicht, wie nah wir in Rüschlikon Ökumene leben. Die Kirchen liegen einander direkt gegenüber am Pilgerweg, der sich durchs Dorf zieht.

Wobei der Begriff Ökumene vielleicht etwas zu hoch gegriffen ist, denn aktuell kommen nur Vertreterinnen und Vertreter der katholischen und der reformierten Kirchgemeinde und Mitglieder der ortsansässigen Kommunität »Diakonie Nidelbad« zusammen. »Ökumene« ist jedoch viel weiter zu verstehen:

Grundsätzlich steckt hinter dem Gedanken der Ökumene die Vorstellung, dass die Einheit der Kirche in einer verborgenen Weise durch den gegeben ist, auf den wir sie zurückführen, auf Jesus Christus. Das macht insofern Sinn, als Jesus selbst nicht von der einen oder anderen Konfession als der allein seligmachenden Gemeinschaft gesprochen hat. Er stiftete eine Gemeinschaft, in der Gottes Geist sichtbar und erfahrbar wurde. Es waren Menschen, die sich im Verlauf der Geschichte dazu entschlossen haben, sich in unterschiedlichen Gruppen statt in dieser Gemeinschaft zusammenzufinden, mit der Überzeugung, dass in ihrer Gruppe der wahre Glaube gelebt werden würde.

Wenn wir heute von Ökumene sprechen, ist damit der Versuch gemeint, wieder eine sichtbare Einheit der aufgespaltenen Gemeinschaft herzustellen. Dazu betonen wir, was uns verbindet, statt das Trennende hervorzuheben.

Gastfreundschaft und Barmherzigkeit sind dabei zentrale Gedanken.

Im Mittelalter war die Gastfreundschaft in unserem Lebensraum bereits durch die germanische Kultur fest verankert. Im Zuge der Christianisierung und fortschreitender Klostergründungen verbreitete sich dazu ein Grundgedanke der benediktinischen Ordensregel in den Klöstern und auch über sie hinaus. Es ist die Kultur der »hospitalitas«, die Schutzpflicht gegenüber einem Fremden:

> »Alle Gäste, die kommen, sollen wie Christus aufgenommen werden; denn er wird einst sagen: ›Ich war fremd, und ihr habt mich aufgenommen‹«.[48]

Diese Regel verhalf Pilgern und Wanderern zu einem Gastrecht in den Klöstern, zumal »eine sich von den Klöstern fortentwickelnde kommerzielle Fremdenaufnahme verstärkt erst im 12. und 13. Jahrhundert Verbreitung fand«.[49] Es entstanden Hotels. Aus der Regel, sich der Fremden und Bedürftigen anzunehmen, entwickelten sich neben der Hotellerie erste Hospize und Hospitäler, in denen Arme und Kranke Obdach und Hilfe fanden. Freiwilligkeit, Unentgeltlichkeit und biblisch begründete Handlungsethik zeichnen diese Gastfreundschaft aus.

Der Gedanke der Gastfreundschaft und der Barmherzigkeit verbindet unsere Kirchen über alle trennenden Unterschiede hinweg. Wer einen guten Einstieg in die Ökumene sucht, ist gut beraten, es mit Gastfreundschaft und Barmherzigkeit zu versuchen, denn durch sie wird die Gemeinde aufgebaut, weil sie sich »öffnet, gastfreundlich ist und alle einlädt«.[50]

## Die Frau schweige in der Gemeinde[51]

Natürlich gibt es auch die trennenden Faktoren. Und sie bereiten mir immer wieder Mühe. Es ist vor allem die Haltung der katholischen und der orthodoxen Kirchen gegenüber den Frauen, die ich nicht nachvollziehen kann. Wo immer ich bisher mit Menschen darüber ins Gespräch gekommen bin, wurde das Argument ins Feld geführt, dass seitens der Kirchenleitung wohl noch an der Unwürdigkeit der Frau für das Priesteramt festgehalten wird, die »Basis« sähe das jedoch ganz anders und sei völlig offen und tolerant. Gleichwohl habe ich durchaus Momente erlebt, in denen mir sehr deutlich gemacht wurde, dass ich als Frau nicht als gleichwertiges Gegenüber angesehen werde. Bei einer Gemeindereise auf der Insel Zakynthos lachte mich ein griechisch-orthodoxer Priester schlichtweg aus und weigerte sich, mir die Hand zu geben, als ihm unser Reiseleiter erklärte, dass ich reformierte Pfarrerin sei.

Bei einer Studienwoche im ökumenischen Institut in Bossey am Genfer See zum »Lima-Papier«[52] wurde deutlich, dass es im Verständnis des Priesteramtes noch zu grosse Unterschiede zwischen den Konfessionen gab, als dass es eine Einigung hätte geben können. Denn die evangelischen Kirchen kennen kein Weihesakrament, dafür die Frauenordination. Das macht eine offizielle Anerkennung der Kirchen der Reformation und ihrer Amtsträger seitens der römisch-katholischen Kirche unmöglich. Die praktische Folge davon war bei dieser Zusammenkunft, dass selbst in dem ökumenischen Institut die beiden Priester, die in dieser Woche die Position der katholischen Kirche repräsentierten, wohl meinen reformierten Kollegen grüssten, als wir am Frühstückstisch zusammensassen, mich aber bei den Tischgesprächen so auffallend schnitten, dass mich mein Kollege am Ende fragte, ob ich den beiden Herren irgendetwas getan hätte. Ich hatte sie vorher noch nie gesehen.

Natürlich ist diese Einschätzung von mir eine Deutung, dessen bin ich mir bewusst. Doch manchmal gibt es diese feinen Stiche in der Begegnung und im Gespräch mit Repräsentanten oder Mitgliedern der katholischen und der orthodoxen Kirchen, die zeigen, wie weit entfernt sie noch von der Vorstellung sind, dass auch Frauen auf der Kanzel stehen können.

Nach einem Aufenthalt in Mallorca bestellte ich mir bei der Rückreise nach Zürich für die Fahrt zum Flughafen ein Taxi. Der Taxifahrer sprach nur sehr rudimentäres Englisch. Trotzdem versuchte er, sich mit mir zu unterhalten, und fragte, was ich denn arbeiten würde. Ich erklärte ihm, dass ich in der Kirche arbeite. Er wollte wissen, in was für einer Kirche, und ich erklärte ihm, dass ich in der reformierten Kirche in Rüschlikon nahe Zürich arbeiten würde. Zürich kannte er, was er nicht kannte, war die Vorstellung, dass eine Frau in einer Kirche etwas anderes tun könnte als putzen. Er fragte mich, wie viele Stunden ich dort arbeiten würde. Als ich ihm erklärte, dass ich einen Vollzeitjob hätte, konnte er sich nicht mehr einkriegen, was wir wohl für eine seltsame Kirche hätten, in der eine Frau eine ganze Woche lang jeden Tag putzen müsse. Ich habe ihn gefragt, in was für einer Kirche er Mitglied sei. Er war katholisch.

Man mag mich für nachtragend halten, aber aus evangelischer Sicht brauche ich für die ökumenische Arbeit immer so etwas wie einen Vertrauensvorschuss, den ich der katholischen Kirche entgegenbringe, wenn wir auf der Gemeindeebene zusammenarbeiten. Es hat nichts mit den Menschen zu tun, die mir hier in dieser Gemeinde begegnen. Sie sind genauso liebenswert oder schwierig wie reformierte oder konfessionslose Menschen oder Angehörige anderer Religionen auch. Aber die Erklärung der katholischen Glaubenskongregation »Dominus Iesus« aus dem Jahr 2000 hat bei mir eine feine intellektuelle und emotionale Verletzung hinterlassen, die einfach noch nicht aus der Welt geräumt ist.

In dieser Erklärung, die in ihrer Zeit hohe Wellen schlug,[53] wird Folgendes festgehalten:

»Die kirchlichen Gemeinschaften hingegen, die den gültigen Episkopat und die ursprüngliche und vollständige Wirklichkeit des eucharistischen Mysteriums nicht bewahrt haben, sind nicht Kirchen im eigentlichen Sinn [...]. ›Daher dürfen die Christgläubigen sich nicht vorstellen, die Kirche Christi sei nichts anderes als eine gewisse Summe von Kirchen und kirchlichen Gemeinschaften – zwar getrennt, aber noch irgendwie eine; und es steht ihnen keineswegs frei anzunehmen, die Kirche Christi bestehe heute in Wahrheit nirgendwo mehr, sondern sei nur als ein Ziel zu betrachten, das alle Kirchen und Gemeinschaften suchen müssen‹. In Wirklichkeit ›existieren die Elemente dieser bereits gegebenen Kirche in ihrer ganzen Fülle in der katholischen Kirche und noch nicht in dieser Fülle in den anderen Gemeinschaften‹. Deswegen ›sind diese getrennten Kirchen und Gemeinschaften trotz der Mängel, die ihnen nach unserem Glauben anhaften, nicht ohne Bedeutung und Gewicht im Geheimnis des Heiles. Denn der Geist Christi hat sich gewürdigt, sie als Mittel des Heiles zu gebrauchen, deren Wirksamkeit sich von der der katholischen Kirche anvertrauten Fülle der Gnade und Wahrheit herleitet‹.«[54]

Ich empfinde unsere Kirche nicht als »mangelhaft«, ich erlebe sie im Gegenteil als heilsam und verbindend. Solche Aussagen, vor allem wenn sie nicht revidiert werden, stören das ökumenische Miteinander in versöhnter Verschiedenheit, wie sie im Zweiten Vatikanischen Konzil angedacht wurde. Nach »Dominus Iesus« kommt es mir so vor, als würden die evangelischen Kirchen nun wie ein Kind dastehen, dass man ein wenig mitspielen lässt, über das man sich aber verständigt hat, dass seine Meinung noch nicht voll zählt.

Was kann man da tun? Die beste Möglichkeit, die ich sehe, besteht tatsächlich noch darin, durchaus selbstbewusst basisorientiert weiterzuwirken und dabei das Gefühl der Herabsetzung durch die offiziellen Verlautbarungen der Schwesterkirche hintanzustellen. Oder anders gesagt: die Menschen zu sehen, die einem direkt gegenüberstehen, und gemeinsam mit ihnen dafür Sorge zu tragen, dass die Kirchen als offen, gastfreundlich und barmherzig wahrgenommen werden.

## Lebendige Ökumene

Wir praktizieren in Rüschlikon eine sehr lebendige ökumenische Zusammenarbeit in unterschiedlichen Aufgabenfeldern. An diesem Donnerstagvormittag treffen wir uns zur Besprechung. Gemeinsam wollen wir abklären, wie wir ein Entwicklungshilfeprojekt, dass wir für zwei Jahre gemeinsam mit der katholischen Schwesterkirche in Rüschlikon unterstützen, in unseren Veranstaltungen berücksichtigen, um es in der Gemeinde bekannt zu machen und finanziell zu fördern. Dieses Jahr ist es aus aktuellem Anlass ein Hilfsprojekt für syrische Flüchtlingskinder im Libanon. Anhaltende Flüchtlingsströme zeigen das Elend und die Not der Flüchtenden und stellen die Bevölkerung in den Zufluchtsländern vor grosse Herausforderungen. Besonders der andauernde blutige Bürgerkrieg in Syrien hat Millionen Menschen in die Flucht getrieben, davon über 1,5 Millionen in den Libanon. Der libanesische Staat mit vier Millionen Einwohnern stösst an die Grenzen seiner Belastbarkeit. Die Wirkung auf den Alltag der Libanesen ist fatal: Preise, Mieten, Löhne, das Schulsystem, das Gesundheitswesen, Infrastruktur, Wasser- und Stromversorgung stehen unter hohem Belastungsdruck. Doch wie auf der Homepage der Organisation SWISS4SYRIA zu lesen ist: »Während die Türkei und Jordanien in grossem Masse internationale Hilfe erhalten, wird der Libanon aus politischen Gründen nur dürftig unterstützt, obwohl dort die grösste Flüchtlingsdichte herrscht. Infolge fehlender Organisation von Unterkünften leben viele Flüchtlinge in inoffiziellen Zelt-Siedlungen, ausserhalb behördlicher oder internationaler Kontrolle und Unterstützung.«[55]

Unsere Aufgabe sehen wir darin, einerseits das Bewusstsein für die schwierige Situation der syrischen Flüchtlingskinder bei unseren Gemeindemitgliedern zu wecken und zu fördern und andererseits Anlässe in unserer Kirchgemeinde zu realisieren, bei denen es schlicht und ergreifend darum geht, finanzielle Mittel für die unterstützenswerten Projekte zusammenzubekommen. Die Ideen gehen uns selten aus. Wir einigen uns darauf, neben den üblichen ökumenischen Gottesdiensten am See, im Wald oder auf der Autoscooterbahn an der Chilbi ein Kirchenkino auf die Beine zu stellen, bei dem wir einen libanesischen Film zeigen werden, und einen Benefiz-Kochkurs für libanesische »Mezze« zu organisieren.

Wir sind alle organisationserprobt und noch vor dem Mittag bin ich wieder zu Hause am Schreibtisch, um ein kleines Aufgaben-Protokoll zu erstellen. Ich selbst habe mir einen etwas speziellen Auftrag vorgenommen: Für den Waldgottesdienst am Ende des Monats möchten wir einen Gyrosgrill vor Ort haben, um das Hilfsprojekt aus dem vorderen Orient, das wir mit der Kollekte aus diesem Anlass unterstützen werden, ein bisschen sinnlicher nahezubringen. Aber woher um alles in der Welt bekomme ich einen Gyrosgrill?

Nach einer halben Stunde im Internet weiss ich, wie so ein Gerät genau funktioniert, was es dazu braucht und wo man so etwas mieten kann. Der Preis stimmt und die Mietkonditionen auch. Die Bestellung ist raus und das Protokoll ist bald geschrieben. Nun gibt es erst mal eine gemütliche Mittagspause, die ich mit meiner Tochter verbringen werde.

## Seelsorge

Für den Nachmittag hat sich eine alleinerziehende Mutter angemeldet. Sie ist in einer akuten finanziellen Notsituation und weiss sich selbst nicht mehr zu helfen.

Ein Seelsorgegespräch ist keine Beichte, doch viele Menschen bekennen darin frei und offen, wie sie etwas erleben oder einschätzen. Doch anders als bei einer Beichte sucht man dann gemeinsam nach Lösungen, fragt nach Verantwortung und wägt Handlungsmöglichkeiten ab.

In meiner Erinnerung begann das schon in meiner Studienzeit, als ich häufig mit dem Zug von Göttingen, später auch von

Bern aus, nach Hause fuhr und in den altvertrauten Vierersitz-Anordnungen im Intercity mit meinen Sitznachbarn ins Gespräch kam. Es hat kaum ein Jahr gedauert, bis ich den meisten Fremden auf ihre Frage, was ich denn studieren würde, sagte: »Geisteswissenschaften«. Denn kaum hatte ich gesagt, dass ich »Theologie« studierte, hörte ich stundenlang persönliche Geschichten über Ehebruch, Kindstod, gescheiterte Berufsvorstellungen und andere, meist traurige Lebenserinnerungen über gescheiterte Hoffnungen. Ich habe diese Gespräche aus meiner Studienanfangszeit sehr ambivalent in Erinnerung. Es war faszinierend und ich bin mir sicher, für diejenigen, die einer Fremden einfach mal ihr Herz ausschütteten, war es sicher auch hilfreich, das, was ihnen im Leben schwer wurde, sprechend zu erinnern. Im besten Fall konnte ich im Gespräch darauf hinweisen, wie man Erlebtes anders deuten und sich selbst und anderen liebevolles Verständnis entgegenbringen konnte.

Aber damals stand ich noch am Anfang und habe die Last und die Emotionen dieser Erzählungen sehr nah an mich herangelassen. Der Zug hielt an, die Leute stiegen aus und ich sass da – randvoll mit Menschenleid. Ein explizites Studienfach, in dem angehende Pfarrer und Pfarrerinnen lernen, solche Emotionen zu handeln, war für Studienanfänger nicht vorgesehen. Auf unserem Stundenplan standen Latein, Griechisch, Hebräisch und die Einführungsveranstaltungen in die theologischen Disziplinen. Einzig der Austausch mit anderen Studierenden, Gespräche mit Freunden und in der Familie haben damals etwas geholfen, das bedrückende Mitfühlen abzubauen. Mit den Jahren haben wir sowohl im Studium als auch in der praktischen Ausbildung und dann natürlich in der Praxis selbst gelernt, anteilnehmend zuzuhören und zugleich die Ressourcen besser zu aktivieren, die wir brauchen, um daraus für uns selbst und für andere die nötige Kraft zu ziehen.

Erst im Wachsen eigener Lebenserfahrungen nahm das tatsächliche Verstehen und Verständnis zu, um Menschen authentisch beistehen zu können.

Während meines Studiums habe ich verschiedene Nebenjobs gehabt, mal an der Uni, mal in der Industrie. Aber es waren gerade die einfachen Hilfsarbeiter-Jobs am Fliessband, die mir grössten Respekt gegenüber den Menschen abnötigten, die zeitlebens tagein, tagaus ihren Rücken krumm machen, um in diesen Arbeiten und Abhängigkeiten zu bestehen. Für mich waren diese Mühen nur ein Gastspiel, für sie war es existentiell.

Gerade in meinem Beruf als Pfarrerin ist es hilfreich, unterschiedliche Lebensperspektiven aus erster Hand erfahren zu haben, statt sich nur theoretisch in die Lebenssituationen anderer Menschen hineinzuversetzen.

In unserer Landeskirche wird in den Beschreibungen der Berufsbilder ein starker Akzent darauf gesetzt, dass Pfarrerinnen und Pfarrer vornehmlich für Verkündigung und Seelsorge zuständig sind, also für die Seele Sorge tragen. Das konkrete soziale Handeln obliegt nach Beschreibung der Aufgabenfelder den diakonischen Mitarbeitenden der Kirchgemeinde. Doch viele Menschen, die sich ans Pfarramt wenden, haben schlicht und ergreifend materielle Sorgen, die sie nachts nicht schlafen lassen und am Tag den Blick für die Schönheiten des Lebens verstellen.

Als die junge, alleinerziehende Mutter an diesem Nachmittag vor mir sitzt, schildert sie mir, dass sie am Ende ihrer Kraft und ihrer finanziellen Möglichkeiten sei. Nachdem auch noch ihre Mutter als Betreuerin ihres dreijährigen Kindes aus gesundheitlichen Gründen ausgefallen sei, stehe sie vor dem Problem, ihre begonnene Weiterbildung abbrechen zu müssen und, im schlimmsten Fall, zum Sozialfall zu werden. Wie eine Löwin hat sie bisher darum gekämpft, weiterhin selbstständig sein zu können. Sie arbeitet Vollzeit in einem Supermarkt, macht in der Abendschule ihre Weiterbildung zur Bürokauffrau und versucht, in der freien Zeit für ihre Tochter da zu sein. Doch nun sieht sie sich ausserstande, die bedrängende finanzielle Situation aus eigener Kraft zu entschärfen. Sie ist voller Angst und Sorge und sucht nach einem Ausweg.

Sie braucht kein Gebet, sondern praktische Hilfe, jemanden, der ihr zeigen kann, wie und wo sie bei Stiftungen und Hilfswerken Unterstützung beantragen kann. Manchmal ärgert es mich etwas, wenn Pfarrerinnen und Pfarrer auf den geistlichen Bereich des kirchlichen Handelns reduziert werden. Ein gemeinsames Gebet oder ein gutes, tief gehendes Gespräch über Fragen an das Leben und die Fragen an Gott kann Menschen neue Perspektiven eröffnen, Halt geben oder helfen, über die ersten kritischen Momente einer schwierigen Situation hinwegzukommen. Doch um die Herausforderungen des Lebens bestehen zu können, braucht es mitunter auch ganz praktische Hilfe. Nützt jemandem, dem der Magen knurrt, ein Gebet? Das wäre zynisch. Zuerst einmal braucht man etwas zu essen, einen warmen Platz und einen Menschen, der einen auf Augenhöhe auch als Mensch sieht.

Nachdem die junge Frau gegangen ist, dauert es nicht lange, bis es wieder an der Tür klingelt. Ein Mann steht vor mir. Er spricht Italienisch, das ich leider nicht verstehe, doch es wird schnell klar, dass er zu den sogenannten »Europawanderern« gehört. Sie klopfen regelmässig im Pfarrhaus an. Es geht eigentlich immer um Geld. Sie bitten um Geld für die Fahrkarte nach Mailand oder Bukarest, damit sie in ihr Heimatland zurückfahren können, weil sie hier keine Arbeit gefunden haben. Eltern mit Kindern, die meist nur Rumänisch oder Italienisch sprechen, stehen vor der Tür und erklären mit abgegriffenen Dokumenten in der Hand, dass ein weiteres Kind zu Hause eine Herzoperation brauche und sie jetzt dringend 200 bis 300 Franken benötigten, um das Geld für die Operation zu bezahlen. Das Ganze hat Methode, was man spätestens dann erkennt, wenn zwei Tage später eine andere Familie mit Kind und den gleichen Dokumenten in der Hand vor der Tür steht. Dass einige das System ausnutzen, kann jedoch nicht bedeuten, dass wir vor denen die Tür schliessen, die unsere Hilfe brauchen.

## Pfarrhaustourismus

Die unterschiedlichen Menschen, die sich ans Pfarramt wenden, stellen mich oft vor die Frage, inwieweit Gastfreundschaft ein Gebot der Stunde ist. Für wen gilt sie? Darf jeder kommen, immer, zu jeder Zeit?

In Not – natürlich. Aber wie ist es, wenn die Not gar nicht so gross ist?

Nehmen wir zum Beispiel den sogenannten »Pfarrhaustourismus«. Dabei ziehen die Reisenden von Pfarramt zu Pfarramt, um nach Geld, Essen und Quartier zu fragen.

An einem warmen Freitagabend im Sommer kam ein junges Paar bei mir an. Sie hatten ihre Velos dabei und schwitzten unter grossen Trecking-Rucksäcken. Braungebrannt und fröhlich erklärten sie in recht gutem Deutsch, dass sie auf einer Velotour von Tschechien zu ihrer Tante nach Basel wären. Unterwegs sei ihnen das Geld gestohlen worden und nun könnten sie es bis zum Anbruch der Nacht nicht mehr bis Basel schaffen. Ob ich nicht etwas zu essen für sie hätte und vielleicht einen Platz für die Nacht. Damals lebte ich mit meiner fünfjährigen Tochter allein in dem grossen Pfarrhaus. Zimmer gab es genug, und wir hatten einen friedlichen Sommerabend mit sehr angeregten Gesprächen und einem guten Nachtessen im Garten. Zur Sicherheit liess ich mir doch ihre Pässe geben und brachte sie in einem verschlossenen Umschlag zum benachbarten Polizeiposten. Dort bat ich einen befreundeten Polizisten, diese aufzubewahren, bis ich sie am nächsten Morgen holen käme. Das war meine Absicherung, dass man zumindest ihre Namen hätte, wenn uns etwas geschehen würde. Am nächsten Morgen schliefen die beiden lang, genossen ein ausgiebiges Frühstück und fragten, ob ich nicht etwas Arbeit für sie hätte, damit sie sich das Geld für die Weiterreise verdienen könnten. Es gab kaum was zu tun, einzig im Garten etwas Unkraut zupfen. Ich bot ihnen an, eine halbe Stunde zu arbeiten, dann würde ich ihnen 50 Franken geben, das sollte wohl bis Basel reichen. Gesagt, getan, dann gab ich ihnen das Geld, etwas Reiseproviant und sie brachen auf. Kaum war ich an meinen Schreibtisch zurückgekehrt, als das Telefon klingelte. »Wir haben eine Reifenpanne. Wir kommen jetzt nach Bülach zurück und möchten noch mal bei dir übernachten.« Ehrlich gesagt, glaubte ich ihnen nicht recht und antwortete: »Das geht nicht, ich hab gleich eine Trauung und fahre in einer Viertelstunde los.« »Kein Problem! Wir kennen ja das Haus schon, du kannst einfach den Schlüssel rauslegen.« »Kommt nicht infrage! Ihr könnt eure Tante bitten, euch abzuholen. Das solltet ihr hinbekommen.« »Nein, wir kommen zurück. Wir sind gleich da. Tschüss.« Erstaunt ließ ich den Telefonhörer sinken, griff mir meinen Talar und die Traubibel, zog meiner Tochter die Schuhe an, um sie zu ihrer Freundin zu bringen, während ich fort war, als es auch schon wieder klingelte. Fröhlich lächelnd, als wären sie ein Geschenk des Himmels, stand das junge Paar vor der Tür. Ein Reifen war ohne Luft. »Na, so kommt ihr mir hier nicht durch!«, dachte ich mir und erklärte ihnen, dass sie sich eine andere Bleibe suchen müssten. »Aber wir sind extra zurückgekommen!« »Tut mir leid, ich muss jetzt los.« Im sicheren Wissen, dass, wenn sie mich nicht belogen hatten, sie noch den ganzen Tag Zeit und ausreichend Geld in der Tasche hatten, um irgendwie nach Basel zu kommen, sah ich ent-

setzt auf die Uhr. Das Gerede vor der Tür hatte viel zu lang gedauert. Ich würde noch zu spät zur Trauung kommen!
Nachdem ich meine Tochter angeschnallt hatte, stieg ich ein und überliess sie ihrem Schicksal. Dabei hatte ich ein schlechtes Gewissen: Wenn sie nun wirklich eine Panne hatten? Ich hätte ihnen ja erlauben können, im Garten zu warten. Na, egal. Ich war ja nicht die einzige Pfarrerin in Bülach. Immerhin hatte ich allein fünf reformierte Kollegen dort. Wenn sie wirklich Hilfe bräuchten, würde sich jemand finden. Es fand sich jemand. Rasch hatten sie herausgefunden, dass unser Sigrist im Haus gegenüber wohnte. Kaum war ich weg, klingelten sie bei ihm. Er ist ein hilfsbereiter Mensch mit grossem Herzen und hatte Mitleid mit ihnen. Er richtete ihnen den Jugendraum her, damit sie dort die Nacht verbringen konnten, versorgte sie mit Speis und Trank und gab ihnen nach dem Frühstück auch noch einmal 50 Franken mit auf die Reise. Kurz darauf traf ich ihn. Freudig erzählte er von dem netten jungen Paar, dem er hatte behilflich sein können, weil ich doch nicht da gewesen sei. Natürlich hatten sie ihm nicht erzählt, dass sie schon bei mir gewesen waren. Als ich tags darauf mit meiner katholischen Kollegin sprach und ihr von diesem Erlebnis erzählte, wurde es plötzlich still am anderen Ende der Telefonleitung: »Die waren auch bei mir. Sie waren so hungrig und bekamen was zu essen. Ich hab ihnen 50 Franken gegeben. 150 Franken, dazu Kost und Logis, das war doch ein erfolgreiches Wochenende für die beiden.« So richtig in Erstaunen versetzte mich ein Anruf ein Jahr darauf. Eine jugendliche Stimme grüsste freundlich und sagte: »Wir sind wieder im Land. Dürfen wir vorbeikommen?«

Solche Erlebnisse machen mich misstrauischer, wenn die Nächsten kommen, die Hilfe brauchen. Sind sie wirklich in Not? Helfen wir nur, wenn Menschen in Not sind, oder meint Gastfreundschaft, allen, auch denen, die sich durchaus selbst weiterhelfen können, immer eine offene Tür, ein offenes Ohr zu bieten?

## Liebe geht durch den Magen

In unserer Kirchgemeinde wird gern gegessen und getrunken: sei es der Kaffee und Kuchen der handarbeitenden Teppichfrauen, sei es beim Senioren-Zmittag oder im Anschluss an einen Gottesdienst.

Wir leben tatsächlich, was unsere Kirchenpflege am Ende einer intensiven Retraite im Leitbild festhält:

»Unsere Kirche ist ein Ort der Begegnung. Wir betonen das Frohe an unserer christlichen Botschaft. Wir feiern das Leben und erzählen von unserer Hoffnung.«[56]

Gemeinsames Essen und Trinken bringt Menschen zusammen. Beim Essen öffnet sich nicht nur der Mund, beim Essen und der dabei entstehenden Musse redet es sich leichter. »Dass der Hebräer für Seele (näphäsch) denselben Begriff wie für ›offene Kehle‹ oder ›Schlund‹ verwendet, mag ein Hinweis darauf sein.«[57] Und je voller der Bauch wird, umso weniger Platz bleibt für Streit oder Groll. Das Erstaunliche beim gemeinsamen Essen ist, dass Menschen sich durch ihre Gemeinschaft gegenseitig nähren, obwohl sie doch selbst etwas verzehren.[58]

Das gilt nicht nur für fröhliche Anlässe, sondern gerade auch in traurigen Zeiten, beispielsweise beim Leidmahl, zu dem sich die Trauergemeinde noch einmal versammelt, um sich an die Verstorbenen zu erinnern.

Das Leidmahl ist wichtig, denn nach dem Schrecken des Todes beginnt damit wieder ein Stück Normalität. Wir nehmen die Fäden des Alltäglichen wieder auf und die Gemeinschaft trifft sich in der nun neuen Konstellation.

Miteinander essen: Das ist eine Grundform von Gemeinschaft, die sich auch durch die Heilige Schrift zieht.

Ralph Kunz, Professor für praktische Theologie an der Universität Zürich, hat das im Frühling 2014 in einem Gastvortrag in unserer Kirche wunderbar zusammengefasst: »Die Gemeinde Gottes ist ursprünglich eine Festgemeinde, und das hiess im Alten Orient: eine Essgemeinschaft.« Und später fährt er fort: »Gemeinde entsteht, wo gegessen und getrunken wird, wo man sich freut, liebt, labt und lobt – das ist Gottesdienst.«[59]

Gegessen und getrunken wird im Gottesdienst explizit im Abendmahl. In Rüschlikon feiern wir es stehend im grossen Freiraum um den Taufstein herum. So nehmen wir uns die Zeit, einander anzusehen, man könnte wohl auch sagen: einander Ansehen zu geben. Besonders wenn einmal im Jahr Kinder aus dem kirchlichen Drittklass-Unterricht das Abendmahl mit austeilen helfen (sie lernen nicht nur theoretisch, sondern ganz praktisch, was das Abendmahl bedeutet), ist die versammelte Gemeinde feierlich und zugleich heiter gestimmt. Menschen unterschiedlichen Alters und Geschlechts, alle an einem anderen Lebensort, greifen in diesem Augenblick gemeinsam nach einem Zipfel vom Reich Gottes.

So viele Male habe ich schon das Abendmahl in einer Kirche gefeiert, in der von Gottes Liebe und Vergebung gesprochen wurde, aber nirgends war ein Lächeln auf den Gesichtern zu sehen. So ein Abendmahl fühlt sich steif und formal an. In Bern habe ich bei Theophil Müller praktische Theologie studiert. Er hat uns angehenden Pfarrerinnen und Pfarrern ans Herz gelegt, dass wir im Abendmahl nicht nur die traditionellen Worte der Liturgie korrekt sprechen, sondern auch dafür Sorge tragen, dass in der versammelten Gemeinde erfahrbar wird, was wir da sagen. »Legitime Grundfragen sind dann etwa: Macht das Abendmahl Freude? Erfahren Menschen Gemeinschaft? Werden Menschen offen für die Welt im Blick auf das ›Gottesreich‹?«[60]

Beim Abendmahl sehe ich in der versammelten Gemeinde eine Gemeinschaft hoffnungsvoller Realisten vor mir, die wissen, dass sie Menschen mit Fehlern sind, und die dennoch geniessen, dass Gott ihnen zutraut, die Welt zum Guten zu verändern. Mir hat es damals sehr gefallen, dass unser Professor weniger den stellvertretenden Sühnetod Jesu Christi als vielmehr die »Vorschau auf das Gottesreich«[61] im Abendmahl lehrte, ganz im Sinne der alttestamentlichen Weisung: »Schmecket und sehet, wie gut der Herr ist.« (Ps 34,8)[62]

Im Abendmahl zeigen und üben wir darum grundsätzlich, wie die Vision vom Reich Gottes gelebt werden kann – als Gemeinschaft, die zueinandersteht. Verwandelt werden nicht Brot und Wein, sondern die Gesinnung der Menschen in Richtung »Liebe, Freude, Friede, Geduld, Güte, Rechtschaffenheit, Treue, Sanftmut und Selbstbeherrschung«.[63]

Obwohl Jesus das Abendmahl in dem Moment eingesetzt hat, in dem sichtbar wurde, dass er um Leid und Elend nicht herumkommen würde, setzte er sich hin und ass und trank und verband die alltäglichen Gaben Brot und Wein für immer mit seinem Leben. Er machte das Brot zum Symbol für seinen Leib, mit dem er den Menschen entgegenkam, sie tröstete, umarmte, aufrichtete, mahnte, rief und aussandte. Er machte den Wein zum Symbol für das Blut, das durch seine Adern strömt, und nach alttestamentlichem Verständnis für das Leben selbst steht. Mir gefällt die Vorstellung, dass die Menschen, die in seinem Namen zusammenkommen, sich leidenschaftlich für das Leben einsetzen und es so miteinander leben, wie Jesus es den Menschen gezeigt hat: offen und zugewandt und gütig und aus tiefstem Herzen heiter.

Allerdings hat diese Heiterkeit auch ihre Grenzen. Ich befürchte, das werde ich am kommenden Samstag meinen Konfirmandinnen und Konfirmanden wieder erklären müssen. Wie jedes Jahr feiere ich am Abend vor der Konfirmation, nach Abschluss der Proben, ein besonderes Abendmahl mit ihnen. Eines, wie es in der Alten Kirche üblich war, als in den ersten christlichen Gemeinden das Abendmahl noch in Hausgemeinschaften gefeiert und mit einem gemeinsamen Abendessen verbunden wurde; ein sogenanntes Agape-Mahl (von griech. »agápe«: Liebe, Hochschätzung des/der andern). Doch seit die Konfirmanden im Drittklass-Unti beim Abendmahl mitgeholfen haben, sind sechs Jahre vergangen. Viele haben seither kein Abendmahl mehr in der Kirche gefeiert und vergessen, worum es eigentlich geht – und wie wir uns dabei benehmen. Letztes Jahr haben zwei der jungen Männer die kleinen Abendmahlbecher wie zwei alte Zechbrüder zusammengestossen und sich laut dabei zugeprostet. Heiter waren sie, ja, allerdings liess ihre Ernsthaftigkeit zu wünschen übrig.

Vor ihrer Konfirmation – bevor erfahrungsgemäss ein Lebensabschnitt für die jungen Frauen und Männer beginnt, in dem die Kirche meist keine grosse Rolle mehr spielt – nutze ich die Chance, noch einmal zu erklären, was wir Christinnen und Christen mit dem Abendmahl verbinden. Ich erinnere sie an die Gemeinschaft, die sie in der Konfirmandenzeit erlebt und gelebt haben, im Segellager und im Unterricht. An diese Erfahrungen knüpfe ich an und lade sie ein, diese Erlebnisse auf Gott hin zu deuten. Es gibt ein Sprichwort, dass die meisten Albert Schweitzer zuschreiben, dessen Ursprung sich jedoch im Nirgendwo verliert: »Wer glaubt, ein Christ zu sein, weil er die Kirche besucht, irrt sich. Man wird ja auch kein Auto, wenn man in einer Garage steht.« Um Christ zu sein oder den Sinn des Abendmahles zu verstehen, braucht es neben der Erfahrung eben auch noch die Deutung und Erklärung aus dem Glauben. Herz und Verstand – beides ist nötig. Diesen Zusammenhang aufzuzeigen gehört zu meinen Aufgaben als Pfarrerin.

Der Mensch lebt eben nicht vom Brot allein, er lebt von jedem Wort, das aus Gottes Mund kommt (Mt 4,4).

Bei all diesen Gedanken über das Essen und die Gastfreundschaft in unserer Gemeinde hätte ich beinahe vergessen, dass ich heute Abend selbst Gäste zum Nachtessen habe. Wir werden zusammen kochen. Ich will noch einkaufen gehen, aber bis morgen brauche ich noch die Vorlage für das neue JUKI-Heft. Damit das Unterrichtsprogramm für die Fünft- bis Siebt-Klässler rechtzeitig vor den Sommerferien gedruckt und verschickt werden kann, sind noch einige Vorarbeiten nötig. Wenigstens die Themen und Daten will ich heute noch heraussuchen, damit wir sie morgen im Sekretariat mit dem Veranstaltungskalender der Kirchgemeinde abgleichen können. Danach räume ich meinen Schreibtisch auf und freue mich auf einen entspannten Abend mit Freunden.

# FREITAG

## Andacht im Altersheim

Jeden zweiten Freitag feiern wir im örtlichen Altersheim eine Andacht mit den Bewohnerinnen und Bewohnern. Mein katholischer Kollege und ich wechseln uns damit ab. An diesem Freitagmorgen bin ich dran und nutze nach der morgendlichen Hausarbeit die Ruhe des frühen Morgens, um die Feier vorzubereiten. Lange habe ich überlegt, was ich heute für eine Geschichte in der Andacht erzählen werde, welches Thema ich mit den Seniorinnen und Senioren vertiefen will. Ich lasse meine Gedanken treiben und schaue mich um, ob mir etwas in den Blick fällt. Dann hilft der Zufall: Freitags wird in unserer Strasse der Müll abgeholt. Da wir ziemlich schlaue Krähen und Katzen in der Umgebung haben, ist es ratsam, die Müllsäcke erst kurz vor der Abholung an die Strasse zu stellen. Manchmal reicht den Plagegeistern eine Viertelstunde, um einen Sack aufzureissen und dessen Inhalt in der Umgebung zu verstreuen, sodass ich die Müllsäcke vorsichtshalber in einer der grossen Komposttonnen deponiere, die neben dem Haus stehen.

Als ich die Säcke heute Morgen an die Strasse stelle, sitzt eine grosse Weinbergschnecke auf dem Deckel der Tonne. Die klebrig-glänzenden Spuren ihres langen Kletteraktes sind noch deutlich zu sehen. Ich mag Weinbergschnecken. Sie strahlen eine behäbige Ruhe aus. Schon als Kind habe ich stundenlang zuschauen können, wenn sie zwischen den Schottersteinen des stillgelegten Bahngleises in der Nähe meines Elternhauses ihre Eier ablegten.

Zu ihrer eigenen Sicherheit setze ich die »Bergsteigerin« ins Kräuterbeet. Heute werde ich also eine Andacht über Schnecken halten. Mit dem Schneckenhaus lässt sich wunderbar aufzeigen, wie hilfreich und wohltuend ein individueller Rückzugsort ist und dass die Schnecke vormacht, wie man quasi in sich selbst ruhen kann, wo immer man hingeht.

Dann mache ich mich auf den Weg. Ich geniesse die Zeit im Altersheim, denn es kommt mir so vor, als gingen die Uhren hier ein Stück langsamer und als hätten alle Gedanken mehr Zeit, um sich auszubreiten und wahrgenommen zu werden. Gleichzeitig beeindruckt mich die zuversichtliche und vor allem heitere Haltung, die mir in diesem Haus entgegenkommt. Von den Bewohnerinnen und Bewohnern ebenso wie von den Mitarbeiterinnen und Mitarbeitern.

Es ist ein grosser Schritt für einen älter gewordenen Menschen, aus einem selbstverwalteten Umfeld in ein Altersheim umzusiedeln. Verschiedene Schwellenängste machen es den betagten Menschen schwer, sich auf das neue Umfeld einzulassen. Ein Grossteil von ihnen befürchtet Bevormundung und dass sie, einmal in der Komfortzone des Heimes angekommen, ihre noch vorhandenen kognitiven und praktischen Fähigkeiten schnell einbüssen werden. Dazu kommt, dass links und rechts in den Nachbarzimmern immer mal wieder ein Todesfall auftritt. Es gibt wohl kaum einen Lebensort, ausser einem Sterbe-Hospiz, in dem die Mitbewohner so häufig mit dem Tod und dem Abschied von vielleicht gerade lieb gewonnenen Menschen konfrontiert werden.

Auch die notwendige Reduktion der persönlichen Habseligkeiten stellt viele vor die schwierige Entscheidung, von welchen lieb gewordenen Dingen sie sich trennen können. Ich denke, das

Altwerden stellt eine viel grössere Herausforderung für uns Menschen dar als das Erwachsenwerden. Ein junger Mensch, der heranwächst, weiss noch gar nicht, was auf ihn zukommt. Ein alt gewordener Mensch weiss dagegen sehr wohl, was er aufgeben muss. Und das tut weh.

Heute Morgen besuche ich eine Frau, die neu im Altersheim eingezogen ist. Sie hat sich mit der Entscheidung schwergetan und sich, nachdem sie sich definitiv angemeldet hatte, immer wieder überlegt, ob es wohl wirklich der richtige Zeitpunkt und Schritt für sie wäre.

»Ich wusste gar nicht, wohin mit all den Dingen, die sich im Laufe unseres Lebens angesammelt hatten«, erzählt sie mir. »Wie um Himmels Willen soll ich eine Dreizimmerwohnung in dieses kleine Zimmer bekommen? Als ich begonnen habe, die Kleider und Gegenstände auszuwählen, die ich hierher mitnehmen wollte, fielen mir so viele Dinge in die Hand, die mich an meinen verstorbenen Mann erinnerten. Es waren schöne Erinnerungen, aber sie haben mich auch furchtbar traurig gemacht. Jetzt lebe ich hier zwischen so vielen Menschen und fühle mich doch schrecklich allein. Aber es nützt ja nichts, ich werde das schon schaffen, man muss ja nur Vertrauen haben.«

Ich nehme mir Zeit, um ihr zuzuhören. Sie versucht, den schwierigen Wechsel tapfer zu ertragen. Nach einer Weile verabreden wir, dass sie gleich runter in die Andacht kommen wird.

Es ist eine ökumenische Andacht, sie ist offen für alle Konfessionen. Auch die Bewohnerinnen und Bewohner der Wohngruppe, der Demenzabteilung, sind zum Teil mit bei diesen Andachten dabei. Diese Konstellation bedeutet, dass ich die intellektuelle Spannweite der Andachten sehr breit anlege. Einige der Seniorinnen und Senioren haben einen ausgesprochen wachen Geist, sind interessiert am Tagesgeschehen in der Welt und an lebensweltlichen Fragen. Andere sind in ihrer Aufnahmefähigkeit leider so weit eingeschränkt, dass es auch sinnliche Elemente braucht, damit sie etwas wiedererkennen. Wieder andere freuen sich über die Musik, denn auch unser Organist ist dabei und begleitet unsren Gesang am Klavier. Diese Mischung aus ganz einfachen und anspruchsvollen Elementen ist immer eine kleine Herausforderung.

Nach der Andacht begleite ich eine Bewohnerin der Demenzabteilung zurück in den Gemeinschaftsraum der Wohngruppe. Sie fühlt sich sichtlich wohl und setzt sich wieder zufrieden lächelnd zu den anderen Bewohnern der Wohngruppe an den Tisch.

Viele Menschen haben grosse Angst davor, ein Pflegefall zu werden. Ich erinnere mich an eine Frau, die ihren demenzkranken Mann bis zu seinem Tod pflegte.

Sie hatte eine quälend schwere Zeit erlebt. Der Mann, den sie geheiratet hatte, war geistig schon lange vor seinem physischen Tod gegangen. Seine intensive Betreuung und Pflege hat sie sehr viel Kraft gekostet. Nach seiner Beerdigung sagte sie mir: »Ich würde das nicht mitmachen. Sollte ich dement werden, gehe ich, sobald ich merke, dass das Vergessen beginnt. Ich will keinem zur Last fallen!«

Natürlich ist es eine bedrückende Vorstellung, dement oder zu einem Pflegefall zu werden, aber woher will ich wissen, ob das Leben dann tatsächlich seinen Sinn und seine Würde verliert? Geht es im Leben immer nur darum, zu funktionieren und damit eine Art Leistung zu erbringen? Nachrichten über unsere immer älter werdende Gesellschaft und die damit verbundene Herausforderung, für angemessene und ausreichende Betreuungs- und Pflegeplätze Sorge zu tragen, können älter werdenden Menschen durchaus das Gefühl vermitteln, nur noch Ballast zu sein.

Aber warum nicht auch darüber sprechen, dass es Menschen gibt, die gern für andere da sind und sie liebevoll und sorgfältig begleiten? Es gibt sie. Ich sehe sie hier in diesem Haus: Mitarbeitende, Angehörige und Freiwillige aus dem Dorf, die hierherkommen, mit den Bewohnerinnen und Bewohnern einkaufen gehen, ihnen Geschichten vorlesen oder mit ihnen zusammen singen und spielen. Und sie tun es gern. Unsere Gesellschaft hat angesichts ihrer Überalterung tatsächlich einige Aufgaben zu lösen. Es ist wichtig, dass wir die damit verbundenen Probleme benennen, um miteinander nach tragfähigen Lösungen zu suchen. Für genauso wichtig erachte ich es aber, den Menschen die Angst davor zu nehmen, dass sie eine Last sind. Besonders nachdem nun auch in öffentlichen Alters- und Pflegeheimen zunehmend darüber diskutiert wird, den Bewohnerinnen und Bewohnern den begleiteten Suizid in den eigenen Räumlichkeiten zu gewähren. Ich weiss, dass auch in diesem Haus einige Bewohnerinnen und Bewohner neben einer Patientenverfügung eine Mitgliedschaft bei einer Sterbehilfeorganisation unterschrieben haben.

»Glauben Sie, Frau Pfarrer, das war richtig, dass ich das gemacht habe?« Solche und ähnliche Fragen wurden schon in manchem Seelsorgegespräch an mich herangetragen. Aber ich will dieses moralische Urteil nicht für die Fragenden fällen. Diese Entscheidung steht in ihrer eigenen Freiheit. Ich verstehe meine Aufgabe als Seelsorgerin jedoch darin, sie an das Gute zu erinnern, das sie in ihrem Leben bewirkt haben und immer noch bewirken. Manchen ist gar nicht bewusst, wie viel Respekt sie anderen einzig dadurch abnötigen, dass und wie sie ihr Leben bestanden haben.

Heute will ich mit einer über 90-Jährigen hier im Altersheim zu Mittag essen, die mir eben solchen Respekt abnötigt. Sie hat ihre vier Kinder mit harter Knochenarbeit nach dem frühen Tod ihres Mannes allein grossgezogen. Ihre abgearbeiteten Hände erzählen von einem entbehrungsreichen Leben, aber sie strahlt eine Heiterkeit und Zuversicht aus, auf die ich mich jetzt schon freue.

# Lehrgeld

Nach dem Mittagessen habe ich, wieder zurück im Pfarrhaus, kaum den PC hochgefahren, als eine Frau an der Tür klingelt. Starker Knoblauchdunst weht mir entgegen. Sie stützt sich auf Krücken und trägt am rechten Bein einen Gipsverband. Ob ich Zeit hätte, sie hätte ein schwieriges Problem. Ich schaue auf die Strasse. Kein Auto, kein Velo, wie denn auch, sie geht ja an Krücken. Was sie wohl möchte? »Ich kenne Sie gar nicht«, sage ich. »Kommen Sie aus Rüschlikon?« »Ja, ich bin aus Rüschlikon. Ich wohne an der Seestrasse«, gibt sie zurück. Ich kenne den grossen Mehrfamilienblock dort, aber bei weitem nicht alle Mieter darin. Ich lasse sie ein, mache ihr einen Kaffee. Sie sieht abgehärmt aus und mager. Dann erzählt sie mir eine sehr traurige Geschichte mit Ortskolorit: »Meine Kinder gehen ins Schulhaus Dorf, aber ich lebe grad in Scheidung. Erst seit kurzem habe ich einen Job als Telefonistin und bin noch in der Probezeit. Das Geld, das ich verdiene, reicht knapp, aber der erste Lohn kommt erst am Monatsende. Noch bin ich auf die Alimente vom Vater angewiesen. Der zahlt nicht regelmässig. Diesen Monat hat er noch gar nichts überwiesen. Heute Nachmittag kommen meine beiden Mädchen aus dem Klassenlager. Ich hab kein Geld mehr, um ihnen was zu essen zu kaufen. Zum Frühstück habe ich selbst nur noch den Knoblauch gehabt, den ich essen konnte. Können Sie mir 200 Franken geben, nur, um bis zum Monatsende durchzukommen?« Sie sieht erbarmungswürdig aus. Ich mache sie aber darauf aufmerksam, dass sie bei der Gemeinde eine Alimentenbevorschussung beantragen kann. Aber das will sie auf keinen Fall. »Bei der Gemeinde wollen die alles von einem wissen. Da muss man total die Hosen runterlassen, wenn man Unterstützung will. Dabei geht es doch nur um die paar Tage. Danach komme ich doch wieder klar.«

Ich denke nach. Sie ist aus Rüschlikon, offensichtlich in Not, und wir haben extra ein Spendgut in der Kirchgemeinde, aus dem wir spontan Nothilfe leisten können. »Also gut, ich gebe Ihnen jetzt 50 Franken, damit können Sie das Nötigste einkaufen. Den Rest bringe ich Ihnen nachher vorbei.« »Warum wollen Sie mir nicht gleich alles geben? Dann brauchen Sie nicht noch mal zu kommen?« »Ich hab jetzt eh nicht mehr im Haus. Das ist kein Problem.« Das ist es dann aber doch. Denn eine Frau mit ihrem Namen finde ich in der ganzen Überbauung nicht, als ich am Abend vorbeigehe, um ihr das restliche Geld zu bringen.

Was für eine seltsame Frau: Sie hat eine gute halbe Stunde bei mir gesessen und mir ihre Geschichte erzählt. Gefühlvoll, anschaulich, vielleicht hat sie sich am Ende selbst geglaubt. An diesem Abend mache ich mir bittere Vorwürfe. Bin ich zu leichtgläubig? Muss ich mir tatsächlich immer einen Ausweis zeigen lassen, bevor ich jemandem vertrauen kann? Mag sein, aber vor allem will ich durch diejenigen, die bewusst das Vertrauen und die Hilfsbereitschaft anderer ausnutzen, nicht die Offenheit für meine Mitmenschen verlieren.

## Netzwerk

Darum brauchen wir in der Seelsorge und Diakonie eine Art »Arbeitshygiene« – damit meine ich Anlaufstellen, in denen uns Helfenden geholfen wird. Das ist zum einen die Zusammenarbeit im Sozial-Netzwerk der Gemeinde. Wir stehen im Austausch mit der katholischen Kirche und der Sozialabteilung der politischen Gemeinde, um uns gegenseitig davon in Kenntnis zu setzen, ob es gerade besondere Situationen gibt, die über den Einzelfall hinausgehen. So hatten wir vor einiger Zeit regelmässig vor den Gottesdiensten Gruppen von Blumenverkäufern und durchziehenden Bettlern in der Kirche, die in sehr intensiver Weise die Gottesdienstbesuchenden angingen, ihnen vor oder nach dem Gottesdienst Geld zu überlassen. Sie kamen sehr nah an die Menschen heran, postierten sich gleich neben dem Opferstock und reklamierten sogar, als einmal jemand nur Kleingeld statt Scheine gab.

Mitunter gibt es solche Phänomene, bei denen wir überhaupt erst durch den gemeinsamen Austausch vom gehäuften, teils methodischen Auftreten erfahren. Wir versuchen zu erkennen, ob es tatsächlich um individuelle Not geht oder um einen fast schon professionalisierten Betteltourismus. Die Art und Weise, wie dabei vorgegangen wird, ist manchmal recht aggressiv und manipulativ. Davor möchten wir unsere Gemeindemitglieder schützen. Darum einigen wir uns, wie wir das Gespräch mit den »Passanten« suchen oder wie wir unsere Gemeindemitglieder, wenn es zu bedrohlich wird, schützen können.

Manchmal brauchen wir sogar selbst Schutz. Mehr als einmal war ich froh, dass mein Mann oder jemand anderes im Haus war, wenn ein durchreisender und alkoholisierter Bittsteller an der Tür mich zuerst mit unflätigen Worten beschimpfte und schliesslich in Angriffsstellung ging, weil ich ihm nicht die gewünschte Summe Geld aushändigte, die er von mir haben wollte.

Neben dem Netzwerk in der Gemeinde und familiären Ressourcen sind Pfarrerinnen und Pfarrer auch auf die Zusammenarbeit mit weiteren Behörden, Ämtern und Organisationen angewiesen. Sei es, wenn es darum geht, »Sans-Papiers«, die um Hilfe anfragen, angemessen zu unterstützen, oder aber medizinische Auskünfte einzuholen, wenn Menschen mit Rezepten für Medikamente über mehrere 100 Franken vor der Tür stehen und um Hilfe bitten. Letzteres habe ich in Bülach erlebt. Zu der Zeit lebte ich noch alleinerziehend mit meiner kleinen Tochter im Pfarrhaus neben der Kirche.

Es ist Heiligabend. Ich sitze noch an meiner Predigt für den Familiengottesdienst um 17 Uhr, die Geschenke für meine Tochter habe ich auch noch nicht eingepackt, ausserdem brutzelt auf dem Herd das Essen. Nach dem Gottesdienst bieten wir Alleinstehenden einen »offenen Tisch« am Weihnachtsabend. Ich bin vollauf beschäftigt, zumal meine Tochter voller Vorfreude auf Weihnachten durch das Haus springt und kaum abwarten kann, dass es endlich Abend wird. Mir geht es genau umgekehrt – ich hoffe, bis dahin noch etwas Zeit zu haben. Gegen 15.30 Uhr klingelt ein Mann, Anfang 40, an der Tür. Er wirkt nervös, ist fahrig in den Bewegungen, streckt mir ein Rezept entgegen und sagt: »Ich brauche 200 Franken!«

»Ich muss heute noch zu meiner Schwester ins Tessin fahren und ich brauche vorher diese Medikamente. Wenn ich sie nicht bekomme, drehe ich durch.«

»Was sind das für Medikamente? Wer hat Sie Ihnen verschrieben?«

»Der Arzt. Ich brauche das Geld. Wir müssen zur Apotheke gehen.«

Das Rezept ist heute ausgestellt worden. Was ist das für ein Arzt, der am Heiligen Abend ein Rezept ausstellt, ohne sicherzugehen, dass der Patient sich die verschriebenen Medikamente auch leisten kann?

Warum hat er ihm die Medikamente nicht gleich mitgegeben? Ich kann diesem Mann doch nicht einfach 200 Franken geben. Ich kenne ihn ja gar nicht. Wer weiss, was das für ein Rezept ist.

Heiligabend, 15.45 Uhr. Alle Ärzte haben schon Feierabend. Ich lasse mir das Rezept geben, bugsiere ihn in mein Arbeitszimmer auf die Besucherbank und greife zum Telefon. Langsam komme ich unter Druck, so wie das Essen auf meinem Herd, um das ich mich auch kümmern sollte. »Wogegen haben Sie diese Tabletten verschrieben bekommen?«

»Das sind Psychopharmaka.« Ah, Psychopharmaka. Alles klar. Ich suche die Nummer der Klinik Hart in Embrach heraus, dort sollte hoffentlich noch irgendwer erreichbar sein. Tatsächlich, nach einigem Hin und Her habe ich die diensthabende Ärztin am Telefon und schildere ihr kurz die Situation. Meine Frage an die Ärztin: »Was sind das für Medikamente? Und was geschieht, wenn er sie jetzt nicht bekommt?« Sie erklärt mir, dass die verschriebenen Medikamente angstlösend und beruhigend wirken und darüber hinaus ein Verzicht auf diese Medikamente dazu führen könnte, dass der Patient aggressiv gegen sich selbst oder andere werden kann. Na wunderbar! Inzwischen ist es kurz vor vier. Die nächste Apotheke ist in Zürich. Was tue ich?

Ich habe vier Kollegen in Bülach. Bei allen läuft der Anrufbeantworter oder das Telefon ist besetzt. Ich stelle mir vor, wie die Gemeinde reagiert, wenn ich statt einer Weihnachtsgeschichte am Heiligen Abend davon erzähle, wie ich mit diesem Mann nach Zürich hineinfahre, mit ihm zur Apotheke am Bellevue rase, vermutlich meine kleine Tochter im Schlepptau, die dann wohl die Welt nicht mehr versteht und fragt, was ich da will, wie ich schliesslich das Medikament erstehe, den Mann in den Zug ins Tessin setze und mit etwas Glück nur etwas zu spät zum Gottesdienst komme. Ich stelle das Kopf-Kino ab.

Im Nachhinein habe ich es bereut, damals nicht den Mut gehabt zu haben, genau das zu tun. Aber ich war noch zu jung im Amt und der Respekt vor der bis auf den letzten Platz besetzten Kirche hat mich so unter Druck gesetzt, dass ich versuchte, das pfarramtliche Dilemma dieses Weihnachtsabends so schnell wie möglich zu lösen. Es braucht viel Mut, sich gegen die Macht der Konventionen und Traditionen zu stemmen.

Vielleicht habe ich in diesem Moment einen wahrhaft reformatorischen Augenblick versäumt. Denn so sollte Kirche sein: dem eigentlichen Auftrag nachkommen und nicht für die äussere Form leben. Wobei natürlich auch ein Weihnachtsgottesdienst sein Recht hat. Ich wiege die Güter gegeneinander ab und frage die Ärztin, ob sie das Medikament in der Klinik Hart vorrätig haben. Wir haben

Glück. Das Einzige, was ich nun noch zu tun habe, ist, mit dem Mann zum Bahnhof Bülach zu gehen und ihm ein Taxi nach Embrach zu besorgen. Mit der Ärztin habe ich ausgemacht, dass die Kirchgemeinde Bülach die Kosten wohl übernehmen würde, falls die Schwester des Patienten diese nicht zahlt. Er selbst könne sie nicht bezahlen.

Gegen 16.30 Uhr bin ich wieder zurück in meinem Büro, habe gerade noch Zeit, meine Predigtmappe zu schnappen und den Talar, meiner aufgeregten Tochter zu versichern, dass Weihnachten ein ganz prächtiges Fest ist, was auch stimmt, und hinüber in die Kirche zu stürmen. Dort predige ich über die Liebe Gottes, die in der Welt Gestalt angenommen hat, und denke für mich, wie vielfältig diese Gestalt sein kann. Während mein Herz langsam wieder ruhiger schlägt, erfüllt mich die Atmosphäre der festlich geschmückten Kirche mit Freude, und der tröstlich vertraute Gang der Liturgie lässt Ruhe in meinem Inneren einkehren.

# V. Weitergehen SAMSTAG

# Authentizität

Eigentlich hatte ich mir vorgenommen, den heutigen Vormittag ganz in Ruhe zu verbringen. Die Landeskirche gesteht uns pro Arbeitswoche anderthalb »Freitage« zu. Dieser Samstagmorgen wäre also eigentlich frei. Wäre da nicht das »reformiert lokal«, die monatlich erscheinenden Gemeindeseiten der Kirchenzeitung. Eine Grafikerin wird später die Texte und Bilder professionell aufarbeiten, die ich nun aus der Zusammenstellung der Sekretärin auswähle und fertigstelle.

Danach stehen die Proben für den Konfirmations-Gottesdienst auf dem Programm. Die Konfirmandinnen und Konfirmanden haben ihre Texte für den morgigen Gottesdienst fertiggeschrieben. Ich habe alle Texte für sie kopiert, sie liegen in der Kirche bereit. Aber ich möchte ihnen Gelegenheit geben, diese Texte sorgfältig einzuüben, denn in einer Kirche angemessen zu sprechen ist anspruchsvoll. Es lohnt sich auch für Pfarrerinnen und Pfarrer, das Sprechen im Gottesdienst sorgfältig zu üben.

Mich ärgert es, dass sich in der Kirche eine Art zu sprechen festgesetzt hat, die fürchterlich steif und weltfern klingt. Ich rede hier von dieser merkwürdigen klerikalen Sprache, in der fast jede Silbe betont, die Stimme erhöht und der Satz am Ende ausgehaucht wird, vermutlich um einfühlsam und zugleich eindringlich zu klingen. Niemand redet im Alltag so, doch seltsamerweise können selbst kirchenferne, junge Menschen dieses Klischee bedienen, wenn sie eine Kanzel betreten.

Auch jetzt treten die beiden ersten Konfirmanden mutig an den Taufstein und nach den üblichen Blödeleien und dem Klopftest mit dem unvertrauten Mikrophon holen sie tief Luft und beginnen mit einem singsang-gleichen »Liebe Gemeinde ...«.

Es ist fast immer dasselbe und reflexartig stellt sich bei mir als Zuhörerin Langeweile ein. Ich habe nachgefragt, woher sie diese Betonung hätten, die ich nie zuvor an ihnen hörte – sie können es nie genau sagen.

Ich bitte die Konfirmanden, sich vorzustellen, dass sie das, was sie der Gemeinde sagen wollen, einem guten Freund unter vier Augen erzählen, weil es ihnen wichtig ist, genau das zu erzählen. Wie würden sie dort betonen? Schnell merken sie, ob sie authentisch sind, ob die Person, die auf der Kanzel spricht, zur Person passt, die sie im Alltag leben. So authentisch zu sprechen ist eine Mischung aus Talent und Übung.

Bis ich mich selbst auf der Kanzel sicherer, besser gesagt, ein Stück »zu Hause« fühlte, war es ein langer Weg. Ein wesentlicher Meilenstein wurde für mich dabei eine Weiterbildungswoche unter dem Motto »Ausdruck macht Eindruck« im Centre de Sornetan im Berner Jura. Der Titel klang vielversprechend und die erste Aufgabe an uns war auch einfach: »Kommt in die Kapelle am Ortsrand und bringt den ersten Satz aus eurer letzten Predigt mit!«

Erwartungsvoll sassen wir in den ersten Reihen. Dann kam unser Kursleiter Edi Furrer mit Meret Matter – einer Berner Schauspielerin und freischaffenden Theaterregisseurin, unter anderem am Schauspielhaus Zürich – herein. Meret Matter bat den ersten Teilnehmer, auf die Kanzel zu steigen. Er kam nicht weit. Schon auf den ersten Stufen stoppte sie ihn und lachte tief erheitert auf: »Das sieht aus wie der Gang zum Schafott!« Schauspielerisch erfahren ahmte sie seinen Gang überzeichnet nach, er konnte selbst über sich und seinen schleichenden Gang lachen. Wir begriffen die erste Lektion: Die Predigt beginnt schon vor der Kanzel, in der Dynamik des Sprechenden, wie er oder sie der Gemeinde gegenübertritt. Jeder Schritt ist Teil der Verkündigung und macht unsere Glaubwürdigkeit aus, auch die Gestik und Haltung. Sie bat ihn, sich wieder zu setzen und es nochmals zu versuchen. Mehrfach liess sie ihn aufstehen, die Kanzel hinaufsteigen und wieder umkehren, bis sie mit seiner Haltung und seinem Tempo einigermassen einverstanden war. Ohne dass er auch nur ein Wort hatte sprechen können, schickte sie ihn wieder zurück auf die Wartebank, wo Gottes Bodenpersonal die Köpfe einzog, um nur ja nicht als Nächster auf dieses Folterinstrument geschickt zu werden, das den Gottesdienstbesuchern als Kanzel vertraut ist. Doch die Regisseurin war gewissenhaft. Jeder und jede kam dran.

Ich glaube, nur wenige sind sich im sonntäglichen Gottesdienst bewusst, wie viel Aufmerksamkeit und Mühe wir der Haltung und Präsenz im Gottesdienst widmen.

Nachdem Meret Matter uns auf unsere Haltung aufmerksam gemacht hatte, begann sie an unserer Sprechweise zu arbeiten.

Sie erklärte uns, wie wichtig es beim Sprechen, besonders beim Sprechen eines biblischen oder liturgischen Textes ist, moralisierende Intentionen zu vermeiden. Das wirke wie Watte in den Ohren: »Es tötet die Durchschlagskraft besonders der direkten Rede, weil man die Grossartigkeit, die in den Worten stecken könnte, als Zuhörer und Zuhörerin gar nicht mehr erkennen kann.« Leiernder Singsang bricht die Dynamik und erschütternde Nähe der biblischen Worte ebenso wie betuliche Betroffenheitsromantik oder salbungsvolle Einfühlsamkeit.

Gewarnt vom ersten Auftritt meines Kollegen schritt ich dynamisch und doch so würdevoll wie möglich aus, als ich selbst an der Reihe war. Nun, ich hatte an diesem Kurstag keinen Bibeltext zu lesen, in dem Jesus den Sturm zum Schweigen bringt oder er Pilatus erklärt, dass sein Reich nicht von dieser Welt sei. Ich hatte nur die simplen, vertrauten Worte zu sagen, die alle kennen, die jemals eine Predigt gehört haben: »Liebe Gemeinde«. Ich weiss heute nicht mehr genau, wie oft ich die beiden Worte an diesem Morgen aufsagte, bis Meret Matter damit zufrieden war. Zudem geschah, was ich von Anfang an befürchtet hatte: Auch mein erster Versuch brachte sie zum Lachen. Während ich die Kanzel hinaufging, hatte sie sich in die erste Reihe gesetzt und rief mir nun erheitert zu: »Viel zu lieb!«

Verwirrt und noch zaghafter klang mein zweiter Versuch. Die Antwort folgte prompt: Lautes Schnarchen imitierend liess sie den Kopf auf die Brust sinken wie ein Bahnreisender nach dreistündiger Fahrt in einem Bummelzug, dann setzte sie sich wieder auf und kommentierte: »Das kommt so moralisch rüber, da hat man keine Lust mehr zuzuhören.« Bei weiteren Versuchen hörte ich: »Wie, das soll ich dir glauben? Du hast die Gemeinde lieb? Woran merkt man das? Du schaust mich nicht einmal an!«, »Zu schnell!«, »Zu langsam!«, »Zu distanziert!« …

Ich begann, sie zu hassen, doch nach einiger Zeit schlug mich ihre direkte und praktische Lehrmethode in den Bann. Sie hielt uns einen Spiegel vor – und das war heilsam. Ihre erfrischende Ehrlichkeit, fern jeglicher theoretischer Abgeklärtheit, hatte etwas Läuterndes.

An nur zwei Worten wurde mir klar, dass ich viele Jahre meines Pfarrerinnendaseins, ganz ohne bösen Willen, den Einstieg in die Predigt zu wenig gewürdigt hatte. Dabei spiegelt sich bereits in dieser liturgischen Eröffnung meine Haltung und Vorstellung von den Menschen, zu denen ich sprechen will. Zwei simple Worte, die die Beziehung zwischen Pfarrerin und Gemeinde ausdrücken. Ist sie wirklich lieb, diese Gemeinde? Hab ich sie lieb, lieben sie mich? Worin besteht diese Liebe, die uns da miteinander verbindet? Lange haben wir an diesem Kurstag darüber diskutiert und die zwei kleinen Worte bleiben für mich in jedem Gottesdienst, bei jeder Trauung und Beerdigung ein Prüfstein der eigenen Aufmerksamkeit, ob ich auch meine, was ich da sage. Denn Authentizität ist wichtig, um das, was man als Wahrheit aussagt, auch selbst für wahr zu halten. Nur so gehen Wahrheit und Wahrhaftigkeit Hand in Hand.

Der gleiche Gedanke wird nun auch für die Konfirmandinnen und Konfirmanden wichtig. Dies umso mehr, wenn man bedenkt, dass nach evangelischem Predigtverständnis Gott selbst zu Wort kommt, der in jeder Predigt eine neue Wirklichkeit schafft, sowohl für die Zuhörenden als auch für die Predigenden. Jede »Predigerin muss sich der Herausforderung stellen, dass er [Gott] zu Wort kommen kann«.[64] Heinrich Bullinger hält das in der provokanten Formel des Zweiten Helvetischen Bekenntnisses mit den Worten fest: »Praedicatio verbi Dei est verbum Dei« (»Die Predigt des Wortes Gottes ist Gottes Wort«). Bullinger schrieb dazu: »Wenn also heute dieses Wort Gottes durch rechtmässig berufene Prediger in der Kirche verkündigt wird, glauben wir, dass Gottes Wort selbst verkündigt und von den Gläubigen vernommen werde, dass man aber auch kein anderes Wort Gottes erfinden oder vom Himmel her erwarten dürfe; und jetzt müssen wir auf das Wort selber achten, das gepredigt wird, und nicht auf den verkündigenden Diener; ja wenn dieser sogar ein arger Bösewicht und Sünder wäre, so bleibt nichtsdestoweniger das Wort Gottes wahr und gut.«[65]

Für mich als Predigerin ist dieser Gedanke tatsächlich in jedem Gottesdienst eine grosse Erleichterung. Bewahrt er mich doch davor, die Predigt und ihre Wirkung allein meinem rhetorischen Geschick zuzuschreiben. Ich möchte mich aber nicht nur auf den durchaus erleichternden Gedanken zurückziehen, »dass der liebe Gott es schon richten wird«.

In jedem Fall gilt: Es braucht Sorgfalt im Umgang mit der Sprache, durch die wir, ohne einen Finger zu rühren, in der Lage sind, neue Wirklichkeiten zu erschaffen, sei es, dass wir eine Liebeserklärung aussprechen, ein Lob, einen Tadel, eine Ermahnung, oder, wie morgen bei der Konfirmation, einen Segen.

Unsere Worte haben die Macht, etwas zu bewirken. Darauf mache ich die Konfirmandinnen und Konfirmanden abschliessend aufmerksam, als wir nach den Proben müde, aber mit Vorfreude auf den morgigen Tag zum abschliessenden Agape-Mahl zusammenkommen.

Anschliesssend räumen wir noch die Kirche auf. Alles ist bereit für ihren morgigen, grossen Tag.

# SONNTAG

## Guten Flug

An diesem Morgen strahlt nicht nur die Sonne von einem klaren blauen Himmel. Vor mir stehen die festlich gekleideten Konfirmandinnen und Konfirmanden.

Sie sind nervös und stolz und das ist gut so. Die Kirche ist genauso voll wie an Heilig Abend und eine festlich heitere Stimmung breitet sich aus.

Für die Konfirmanden war es ein langer Weg bis hierher. Intensiv sowie begleitet von vielen Fragen, und ich hoffe, dass sie mit diesen Fragen niemals aufhören werden, sondern sich auch weiterhin mit ihrem Glauben auseinandersetzen.

Viele Jahre habe ich Konfirmandinnen und Konfirmanden am Tag ihrer Konfirmation dazu eingeladen, sich nun, als mündige Mitglieder unserer Gemeinschaft, auch in diese einzubringen. Auch bei Vorstellungsgesprächen wurde ich in Pfarrwahlkommissionen regelmässig gefragt, was ich denn dafür tun würde, dass junge Männer und Frauen nach der Konfirmation immer noch zur Kirche kommen und nicht einfach wegbleiben.

Für konkrete Anlässe, für einzelne Projekte, lassen sich immer Menschen begeistern, die sich gern für eine gute Sache engagieren. Doch ist unsere Gesellschaft inzwischen so mobil und die Intensität der Freizeitaktivitäten so umfassend geworden, dass ein soziales und kirchliches Engagement im Rahmen der Kirchgemeinde üblicherweise nicht an vorderster Stelle steht. Vor allem für junge Leute geht die Vorstellung komplett an der Realität vorbei, wenn man darauf hofft, sie dauerhaft an die Kirche zu binden. Diese jungen Menschen sind dabei, sich ihre eigene Welt aufzubauen. »Vielen ist es wichtig, die eigene ›Komfortzone‹ möglichst früh zu verlassen und sich auf neuen (Lebens-)Wegen zurechtzufinden. Beispielsweise sind sie nicht nur am interessiertesten, auf Reisen fremde Kulturen zu entdecken, sondern sie sympathisieren auch am stärksten damit, beruflich viel unterwegs zu sein.«[66] Heutzutage ist es selbstverständlich, dass Schüler Austauschjahre auf anderen Kontinenten absolvieren, dass sie vor Ort fremde Sprachen lernen, Praktika absolvieren und spätestens in der Lehre oder im Studium so ausgelastet sind, dass neben den Freizeitaktivitäten kaum noch Platz ist für soziales Engagement in der Heimatgemeinde. Darunter leiden auch Vereine vor Ort und klagen über Nachwuchsprobleme. Schon die Eltern sind im Stress, um die vielfachen Aktivitäten ihrer Kinder überhaupt zu koordinieren. Familien mit mehr als zwei oder drei Kindern kommen an die Grenzen der Belastbarkeit. Dies umso mehr, wenn die Kinder auch noch in verschiedenen Schulhäusern oder Schulformen etabliert sind. Das idealisierte Bild einer Kirche, in der ein Pfarrer oder eine Pfarrerin Zeit hat für ein Schwätzchen, in der man friedlich beieinander ist, reibt sich mit der Realität, in der Menschen eben keine Zeit mehr haben und ausgelastet sind bis hin zum Freizeitstress.

Darum ist es ehrlicher, den jungen Menschen am Tag ihrer Konfirmation für ihr bisheriges Engagement zu danken und ihnen eine grosse Portion Neugier zu wünschen für den nun bevorstehenden Ausflug in das eigene Leben. Statt sie beklemmend zu ermahnen, nun selbst in der Kirche mitzuwirken, ist es sinnvoll, ihre Freude an der Freiheit zu teilen. Wichtig ist, dass sie den Freiraum zugesprochen bekommen, den sie in diesem Lebensabschnitt brauchen. Genauso wichtig ist, dass sie erfahren, dass sie bei ihrer Lebenssuche stets willkommen sind mit ihren Fragen, Zweifeln und Gaben. Ihre Kirche ist ein Ort, der auf sie wartet, wenn sie so weit sind, vielleicht wenn sie selbst wieder Kinder haben. Denn die Kirche ist mehr als das Gebäude, das in ihrer Heimatgemeinde steht. Kirche ist überall, »wo zwei oder drei in meinem Namen versammelt sind«. Sie ist dort, wo Gottes Geist Gestalt annimmt, und: »Wo der Geist des Herrn ist, da ist Freiheit«. Mit Zwang ist da kaum etwas zu machen. Ich habe selbst die Erfahrung gemacht, dass ich, sofern ich nicht mehr gezwungen wurde oder moralisch gedrängt, von mir aus eine viel grössere Bereitschaft hatte, mich der Kirche zuzuwenden.

So ging es mir in meiner eigenen Konfirmandenzeit. In meiner Heimatgemeinde war es Brauch, dass die Konfirmanden und Konfirmandinnen während zwei Jahren den Konfirmandenunterricht und – ausser in den Schulferien – bis auf einen Sonntag im Monat jeden Sonntag den Gottesdienst besuchten. Ich habe es gehasst. Manches Mal, wenn am Sonntagmorgen das erste Glockenläuten eine Stunde vor Gottesdienstbeginn einsetzte, fühlte ich mich sehr schwach und krank. Erst zum Ausgangsgeläut des Gottesdienstes fühlte ich mich wieder so stark und gesund, dass ich endlich aus meinem Bett aufstehen konnte. Diese wundersame Heilung löste in meiner Familie Heiterkeit aus. Erstaunlicherweise war es ebendieses erste Läuten, das mich nach meiner Konfirmation dazu verführte, aufzustehen und freiwillig zum Gottesdienst zu gehen. Ich brauchte die Freiheit der eigenen Entscheidung, um tatsächlich gern in der Kirche zu sein.

## »Dear God«: Briefe an Gott

Die »Konf« ist mehr als nur der Abschluss des kirchlichen Unterrichts. Sie ist ein Initiationsritus in die Welt der Erwachsenen, in dem junge Menschen öffentlich als mündige Christinnen und Christen in unserer Gemeinschaft vorgestellt und in sie eingeführt werden. Es ist ihr eigenes, erwachsenes »Ja« zu Gott, mit dem sie auf Gottes »Ja« bei ihrer Taufe antworten. Begleitet von Familie und Paten geben sie im abschliessenden Gottesdienst zu verstehen, dass sie von nun an versuchen wollen, ihren Weg im Sinne Jesu Christi zu gehen.

Aus der Praxis meines Konfirmandenunterrichts weiss ich, dass ich dort Jugendliche vor mir habe, die sich mehr oder weniger mit der reformierten Kirche identifizieren oder identifizieren wollen. Die meisten kommen freiwillig, manche, weil ihre Eltern das so wollen und für sie Konfirmation »einfach zur Ausbildung dazugehört«. In der Regel ist wenigstens der Wille zur Identifikation mit dem reformierten Glauben vorhanden, wobei die konkreten Inhalte dieses Glaubens, die Geschichten und Leitsätze, den meisten Schülerinnen und Schülern weitgehend unbekannt sind. Auf meine Frage, warum sie sich konfirmieren lassen wollen, werde ich in schöner Regelmässigkeit von Jugendlichen darauf hingewiesen, dass die Konfirmation auch eine Frage der Geschenke sei.

Ich finde daran nichts Verwerfliches, ist doch die Freude am Schenken und auch das Beschenktwerden ein tiefes und wunderbares Glücksgefühl. Doch ich mache die Schülerinnen und Schüler darauf aufmerksam, dass es im Leben, und dem Konfirmandenunterricht im Besonderen, auch darum geht, dass wir lernen, verantwortungsbewusst mit den uns anvertrauten Gütern umzugehen. Wenn sie also mit ihrer Konfirmation Geld verdienen, dann gehört zum Konfirmandenunterricht auch die Frage, was sie mit diesem Geld anstellen wollen. Die Bereitschaft der Jugendlichen, von ihrem Geld am Ende etwas abzugeben, hält sich jedoch in Grenzen. Jahr um Jahr lade ich sie ein, selbst einen kleinen Beitrag an die Konfirmationskollekte zu geben. Als Masseinheit nenne ich ihnen, so viel zu geben, dass es ihnen ein ganz kleines bisschen weh tut. Nach mehr als zwanzig Jahren im Pfarramt freut es mich heute besonders, dass sich in diesem Jahr erstmals eine Konfirmandengruppe dazu durchringen konnte, einen eigenen Beitrag an die Kollekte zu geben. Geheimnisvoll hat jede und jeder für sich etwas in das »Kielschwein«, das grosse Sparschwein, das uns seit dem Segellager begleitet, eingeworfen. Für vorher festgelegte, »besser nicht gesagte Wörter« hatten wir das Jahr über schon kleine Rappenbeträge eingezahlt. Feierlich werden sie es dem Sigristen bei der Kollekten-Ankündigung im Konfirmationsgottesdienst überreichen.

Jedes Jahr bin ich beeindruckt, wie eindrucksvoll die jungen Leute elementare Aussagen aus dem Evangelium zu ihrem eigenen Leben in Beziehung setzen und ihre Gedanken über die Welt und den Glauben formulieren.

2011 erklärten sich Julia und Seline bereit, die Predigt im Konfirmationsgottesdienst zu übernehmen. Jeder und jede aus der Gruppe schrieb einen persönlichen Brief an Gott, in dem alle ihre ganz persönlichen Fragen und Gedanken an Gott aufschrieben. Mehrere Male habe ich mich anschliessend mit den beiden jungen Frauen getroffen, um diese Briefe auszuwerten. Mich beeindruckten die intensive Auseinandersetzung der beiden mit den Briefen und ihre persönlichen Gedanken über den Glauben, ihre ehrlichen Fragen, die sie an mich stellten, und die Offenheit, mit der sie sich dem Thema näherten. Es braucht Mut, sich vor eine so grosse Gemeinde von über 250 Leuten zu stellen und über Gott zu sprechen.

Bereits zu Beginn war es ihnen wichtig, zum Ausdruck zu bringen, dass sie den christlichen Glauben nicht nur als etwas für sie Persönliches verstehen, sondern als eine Grösse, die Menschen rund um den Globus miteinander verbindet. So erklären sich die Grussformeln in den ausgewählten Landessprachen, mit denen sie ihre Predigt als direkte Ansprache an Gott begannen:

»Dear God, Cher Dieu, Querido Dios, Egregio Signore,
Daragoi Bog, Lieber Gott, Lieve God, Käre Gud!

Wir haben im vergangenen Konfirmandenjahr viel über Dich nachgedacht. Unsere ganze Konfklasse hat sich Gedanken gemacht. Und wir beide breiten diese Gedanken nun vor Dir aus. Wir machen das vor dieser Gemeinde, vor unseren Eltern, Verwandten und Freunden.

Wir wollen sorgfältig alle unsere Gedanken zusammenfassen, denn vor Dir und dieser Gemeinde zu sprechen ist eine grosse Verantwortung und Herausforderung. Jeder Mensch trägt eigene Gedanken und Anschauungen in sich. Nur wenn wir diese Gedanken miteinander teilen, wenn wir uns zuhören und akzeptieren, haben wir die Chance, unsere Welt und uns Menschen vielfältiger zu sehen, sie so besser zu erkennen und zu achten.

Wir haben auch versucht, Dich zu erkennen und besser zu verstehen. Es war gut, das miteinander zu tun, denn so haben wir erleben können, dass Menschen Dich ganz unterschiedlich sehen, erfahren und brauchen.

Um die klassische Grundfrage gleich vorwegzunehmen: Wir halten Dich nicht für den alten Mann auf der Wolke hoch über unserer Welt.

Aber wir fragen uns natürlich schon, wer Du bist und wie Du bist. Wir haben sehr unterschiedliche Vorstellungen von Dir: Für die einen bist Du ein unsichtbarer Geist, andere glauben, dass man Dich nicht greifen, sondern nur in Gedanken wahrnehmen kann. Wieder andere sehen Dich als Beschützer, als Leader fürs Leben oder als wichtigen Begleiter. Und einige sehen in Dir denjenigen, der

Kraft gibt und jeden einzelnen Menschen stärkt, damit sie schwierige Zeiten und Aufgaben bestehen können.
Und – ganz ehrlich, Gott, immer wieder schleichen sich Zweifel ein, ob es Dich wirklich gibt. Viele von uns haben Dich eben noch nie gesehen, gehört oder gespürt. Wir wollen ja an Dich glauben, aber es wäre schon cool, hilfreich eben, endlich mal ein Zeichen von Dir zu bekommen.
Wir würden Dich wirklich gern sehen. Dann könnten wir Dir unsere Fragen, die wir mit uns rumtragen, direkt stellen. So können wir nur hoffen, dass Du wenigstens unsere Fragen hörst und uns irgendwie verständlich machst, wie Deine Antwort dazu aussehen würde. Eine von uns schrieb Dir: ›Ich hoffe, Du gibst mir ein Zeichen, was ich machen sollte, am besten, Du flüsterst Deine Meinung in meine Gedanken.‹
Welche Antwort wirst Du uns wohl geben, wenn wir Dich fragen, warum im Leben so viel schiefläuft und Schlimmes geschieht? So jung wir sind, sind wir doch schon Zeugen vieler Katastrophen geworden: Zwietracht, Streit, Todesfälle, Kriege, Krankheiten, Erdbeben, Tsunamis, Terroranschläge und sogar Reaktorunfälle. Wir machen uns Sorgen, wir haben Sorgen – und wo bist Du?
Wer bist Du für uns und was bist Du für uns? Wer willst Du für uns sein? Und wenn Du es gut mit uns meinst – können wir uns auf Dich verlassen? Als Kinder konnten wir noch leicht an Dich glauben:
›Lieber Gott, es ist schön, dass es Dich gibt und dass Du immer da bist, wenn man Dich braucht.‹ Als Kind betete ich oft still im Bett. Es half mir, Dinge, die mir Sorgen bereiteten, zu verarbeiten und darüber nachzudenken. Ich betete auch immer für meine Grosseltern.
Jetzt sind wir schon ziemlich erwachsen, auch wenn es unseren Eltern manchmal schwerfällt, das zu akzeptieren, und aus unserem Kinderglauben hat sich eine ernsthafte Betrachtung des Lebens entwickelt.

Kannst Du Dir überhaupt vorstellen, wie schwer es ist, an Dich zu glauben? Und wie wir uns fühlen angesichts der Schwierigkeiten, die wir Menschen zu bestehen haben?

Denn inzwischen wissen wir, dass unser Leben begrenzt ist. Und in diesem begrenzten Leben streben wir nach Zufriedenheit und suchen nach Liebe, nach der wahren Liebe – und wir wissen nie, ob wir sie tatsächlich gefunden haben. Und manchmal, vielleicht gerade dann, wenn wir glauben, am Ziel zu sein, und wir glücklich sind mit den Menschen, die wir lieben, und mit dem Leben, wie wir es uns eingerichtet haben, sterben wir. Im besten Fall sind wir dankbar für alles, für all die schönen Erlebnisse und Erfahrungen.

Und wir fragen Dich: Ist dann alles zu Ende? Oder kommt dann noch was? Einer schrieb:

›Wenn manchmal totale Stille ist, wenn ich zu Hause bin, denke ich über die Welt nach: Weshalb gibt es den Tod? Oder eine Frage, die mich öfters beschäftigt: Was passiert mit uns, wenn wir gestorben sind. Kommen wir in den Himmel oder leben wir als Geister weiter?‹

Doch diese Fragen führen schon über den Rand unseres Lebens hinaus. Wir leben ja jetzt und im Wesentlichen geht es darum, dass wir unser Leben hier und jetzt bestehen können. Einige von uns haben zum Beispiel die traurige Erfahrung machen müssen, dass ihnen liebe Menschen gestorben sind und ihre Angehörigen traurig zurückbleiben. Ist es sinnvoll, nach einem Jenseits zu fragen?

Wir wollen lernen, mit dem Schmerz umzugehen und weiterzuleben, auch wenn das oft so schwerfällt. Eigentlich ist es nicht gerecht, Dir die Verantwortung zuzuschieben und Dich zu bitten, alles wieder gut zu machen. Wir haben ja selbst die Möglichkeit, etwas zu ändern und zu unternehmen, füreinander da zu sein, uns zu trösten, uns Mut zu machen. Wir selbst tragen Verantwortung. Du hast uns viele Talente anvertraut, um diese Verantwortung auch tragen zu können.

Talente machen nur Sinn, wenn man sie braucht, darum wollen wir unsere einsetzen. Und wir hoffen, dass sie alle – wie sie hier sind – das auch tun, damit wir auf das, was wir tun, auch stolz sein können. Das halten wir fest: Wir glauben, die Bausteine für unser Leben hast Du uns geschenkt – es ist an uns, was wir daraus machen. Vertrauen und Freiheit, das ist Dein Geschenk für uns. Wir wollen beides nicht missbrauchen, sondern Dir hier auch einmal sagen, dass wir Dir sehr dankbar sind:

Wir sind dankbar für unsere Familien, die uns immer beistehen und Halt geben.

Wir sind dankbar für unsere Freunde, mit denen wir unsere Sorgen teilen und lachen können. Für die vielen Momente, in denen wir einfach Spass am Leben hatten.

Wir sind dankbar für die Menschen, die uns Mut machen, wenn wir am Ende der Kräfte sind.

Wir sind dankbar für alles Schöne und für die Liebe, die wir erfahren und geben können.

Wir sind dankbar für die Zukunftsperspektiven, die sich uns in diesem sicheren Land bieten, und für den Frieden, in dem wir unser Leben gestalten können.

Wir sind dankbar, dass wir mit unseren Gedanken zu Dir kommen können, so verschieden sie auch sein mögen: Zweifel und Vertrauen, Glaube und Hoffnung, Liebe und Sehnsucht, Leid und Trauer, Freude und Dank.

So weit gehen unsere Gedanken, wenn wir versuchen, Dich zu fassen. Ganz wird uns das wohl nie gelingen. Doch wir erzählen einander von unserer Hoffnung, wir teilen auch unsere Zweifel und machen dabei die schöne Erfahrung, dass wir mit unserem Glauben, der mal stark und mal schwach ist, nicht allein unterwegs sind.

Wir wissen, dass dadurch unsere Welt noch kein Stück besser geworden ist, aber unsere Hoffnung gibt uns Kraft, dass wir sie mit zum Besseren verändern können. Wenn wir diese Hoffnung einmal verlieren, dann, bitte, stärke uns innerlich, unser Selbstvertrauen, unsere Achtung vor uns selbst und vor den anderen und unseren Mut, was Du uns anvertraust, zum Guten zu wenden. AMEN.«

## Alles prüfen, das Gute behalten

Die Konfirmandinnen und Konfirmanden werden sich auf ihren Weg machen.

Manchmal werden sich unsere Wege noch kreuzen. Mag sein zu Zeiten, in denen sie besonders nach Gott fragen, an Lebenswendepunkten. Vielleicht suchen sie Gott aber auch an ganz anderen Orten als in ihrer Heimatgemeinde.

Um Gott zu suchen und zu finden, ziehen sich heute viele Menschen an besondere Orte oder zu besonderen Zeiten mit besonderen Gruppen zurück. Sie gehen in Klöster, fahren mit der Yogagruppe auf eine Insel, wandern Abschnitte oder auch die ganze Strecke auf einem Pilgerweg, probieren körperliche und geistliche Entspannungsmethoden aus, um ihr äusseres Leben in eine Form zu bringen, die es leichter macht, Gott zu finden. Als würde hier das Schlüssel-Schloss-Prinzip greifen, das überall in der belebten Natur wirksam ist, wo zwei molekulare Strukturen zueinander passen müssen, um eine bestimmte Funktion zu erfüllen. Es stellt sich die Frage, ob das in der Beziehung Gott – Mensch genauso funktioniert. Reicht es, wenn ein Teilchen die optimale äussere Form hat oder anstrebt, um sich nahtlos in die entsprechende Andockstelle des Gegenübers einzufügen? Braucht es diese besondere Art der Ausrichtung überhaupt? Oder ist der Mensch nicht schon so geschaffen, dass er allemal, in allem was er tut, zu seinem Gegenüber, zu Gott passt?

Meister Eckhart, ein Mystiker des 13. Jahrhunderts, erklärt, dass ein Mensch Gott in jedweder Lebenssituation finden kann, wenn er es will, allerdings nicht in der Abkehr aus der Welt, sondern in sich selbst:

»Die Leute, die Frieden suchen in äusseren Dingen, es sei an bestimmten Stätten oder in bestimmten Verhältnissen, bei Leuten oder in Werken, in der Fremde, Armut oder Schmach [...] Es ist dennoch alles nichts und verleiht keinen Frieden. Sie suchen auf unrechte Weise, die so suchen. Je weiter sie hinausgehen, desto weniger finden sie, was sie suchen. Sie gehen wie einer, der seinen Weg verfehlt; je weiter er geht, desto mehr geht er in die Irre.«[67]

Stattdessen fordert der Mystiker dazu auf, aufmerksam und mit Verstand Gott in allen Dingen und zu allen Zeiten zu erwarten.[68] Jesus sagte selbst, dass Gott immer da ist: »Siehe, ich bin bei euch bis ans Ende der Welt.« (Mt 28,20) Gott ist da – ich brauche nicht wegzugehen, um ihn zu finden. Oder, anders gesagt: Der Schlüssel steckt bereits im Schloss, ich brauche ihn nur noch zu benutzen, um die Tür zu Gott zu öffnen. Und genau das ist es, was ich an dieser reformierten Kirche so sehr schätze: Es ist meine eigene Entscheidung, mein freier Wille, mich Gott zuzuwenden und mich auf seinen Weg einzulassen und ihm zu folgen, so gut, wie ich kann.

Ein Psalmbeter sagt: »Du stellst meine Füsse auf weiten Raum.« (Ps 31,9b): In dieser reformierten Kirche ist eigenes Denken Pflicht, aber hier ist auch der Freiraum, um das eigene Denken und Glaubensbild mit anderen zu teilen und diese Fülle in gegenseitiger Toleranz zu tragen. Erst das Zusammenspiel dieser unterschiedlichen Lebenswelten bietet eine Weite, die ein Einzelner in seinem Leben niemals realisieren kann. Wer sagt: »Ich hab meinen eigenen Glauben, ich brauche die Kirche nicht«, verzichtet auf die Herausforderung dieser Weite. Weil es schon genug Menschen gibt, die – von eigener Herrlichkeit überzeugt – Mauern bauen und sich für sich selbst oder in ideologischen Gruppen abgrenzen, lohnt es sich, dass die Kirche einen Freiraum dagegensetzt, in dem Menschen sich nicht nur theoretisch, sondern ganz real hinterfragen, besinnen und gegenseitig bestärken können.

Dieser Freiraum lässt sich »vielfältig, lebensnah und profiliert«[69] gestalten. Unsere Kirche darf und wird sich verändern.[70]

Die Freiheit dazu ist Teil unserer reformierten Identität. Im Auf- und Umbruch sind wir jedoch gut beraten, uns den paulinischen Ratschlag zu Herzen zu nehmen: »Prüft aber alles, das Gute behaltet!« (1. Thess 5,21)

Dieses »Gute« zielt auf ein »Wir«. Immerhin macht dieses »Wir« noch über ein Viertel der schweizerischen Gesamtbevölkerung aus, gemeinsam mit der katholischen Kirche über 50 Prozent. Ich bin überzeugt, dass dieses »Wir« ein grosses Potenzial hat,[71] besonders da es sich stetig verändert, weil die Einzelnen unterschiedliche Fähigkeiten und Kräfte darin einbringen. Das »Wir« ereignet sich bei einfachen Dingen, wo Menschen miteinander essen und trinken, einander zuhören und Verständnis füreinander aufbringen, Verzeihen wagen und sich für ihre Nächsten einsetzen. Das »Wir« wird Realität zwischen alten und jungen, fernen und nahen Menschen, zwischen Männern und Frauen, Zweifelnden und Hoffnungsvollen. Weil hier jeder ganz schlicht Mensch sein und auf Frieden für die eigene Seele und das Miteinander der Menschen hoffen darf, sind mir die Arbeit und das Sorgen für und in dieser reformierten Kirche so ans Herz gewachsen. Natürlich machen wir auch Fehler, aber ich habe die Hoffnung, dass wir miteinander wieder ausbügeln können, was schiefgegangen ist, um es besser zu machen. Ich für meinen Teil will mit dieser Kirche weitergehen, so wie ich hoffe, dass es auch eine weitere Geschichte für diese Kirche gibt.

Darum schliesse ich mit zuversichtlichen Worten von Hanns Dieter Hüsch. Ich schätze den predigenden Kabarettisten besonders, weil es ihm gelingt, dass wir uns mit seinen einfachen Bildern und leisen Zwischentönen den Himmel auf Erden vorstellen können.

Im Übrigen meine ich,
Gott, der Herr,
rufe in uns alle guten Dinge und Gedanken,
die in uns schlummern durch die Jahrtausende
in Herz und Hirn und Leib und Seele,
wieder wach.
Alles, was wir oft vergessen,
oder auch für unnütz halten,
oft auch gar nicht wollen,
das freundliche Wort und den guten Blick,
die einfache Weise, miteinander umzugehen,
als wäre jeder ein Stück vom anderen
und ohne den einen gar nicht möglich.
Und nehme von uns die dunklen Gedanken
des Herrschens und Kriechens
und das Rechthaben und alle Besserwisserei.

Es ist nicht des Menschen Glück auf Dauer.
Es ist sein Krieg und sein Verderben.
Der Herr möge uns nach seinen Sätzen den Frieden lehren,
nach seinen Haupt- und Nebensätzen.
Allumfassend, ohne Rest für den Himmel
und für die Erde.

Und nicht nach unseren Grundsätzen,
mit denen wir uns oft genug zugrunde richten,
wenn wir Hintergründe suchen,
um dem Abgrund zu entgehen.

Gott, der Herr, möge uns Jesus Christus
an unsere runden Tische setzen,
auf dass wir ihm auf unseren Gedankengängen begegnen
und ohne Furcht die Weltgeschichte überleben.
Jenes Flickwerk aus Eitelkeit und Ruhmsucht
Glücksspiel und Götzendienst,
Tingeltangel und Totentanz.

Gott, der Herr, mache uns wieder anfällig
für seine Geschichte, die nicht von dieser Welt ist,
nicht erklärbar, keine Diskussionen braucht,
und uns doch tröstet, hoffen lässt, Mut macht,
frohgemut macht.
Und uns in allem Kraft gibt
und uns Zuversicht schenkt.[72]

# Quellennachweise

Die Bibelzitate wurden der Zürcher Bibel entnommen.
Zürcher Bibel von 2007, Zürich 2007.

1 »Lob des Zweifels«, aus: Bertolt Brecht, Werke. Grosse kommentierte Berliner und Frankfurter Ausgabe, Band 14: Gedichte 4. © Bertolt-Brecht-Erben / Suhrkamp Verlag 1993.
2 Grund und Ursache aller Artikel D. M. Luthers, so durch römische Bulle unrechtlich verdammt sind, 1521, D. Martin Luthers Werke, Hg. H. Böhlhaus, Weimar 1897, WA 7, 336, 31–36: »Das alßo ditz lebenn nit ist eyn frümheyt, ßondernn eyn frum werden; nit eyn gesundheyt, ßondernn eyn eyn gesund werdenn: nit eyn weßen ßondernn eyn werden: nit eyn ruge ßondern eyn ubunge Wyr sehnß noch nit wyr werdenß aber. Es ist noch nit gethan unnd geschehen [...] es ist aber der weg.«
3 In epistolam Pauli ad Galatas commentaries, 1519, WA 2, 456, 11 f.
4 Dass Zweifel ihre Berechtigung haben, hat Dieter Nuhr 2008 in seinem Programm »Nuhr die Wahrheit« mit bitter-komischem Humor aufgezeigt: »Und das sind die Allerschlimmsten: die keinen Zweifel kennen. Die Menschen, die Welten in Schutt und Asche gelegt haben, haben immer zu wenig gezweifelt. Ich sag immer: Wer zweifelt, detoniert nicht! Zumindest nicht aus eigenem Antrieb. Aber wer glaubt, er hätt' die Wahrheit gepachtet, das sind die ganz Schlimmen, die wollen ja nur was Besseres sein, darum geht's im Grunde: besser zu sein als der andere.«
5 Teresa von Ávila. Das Buch der Gründungen (F 5,8). Originalausgabe, Freiburg i. Br., 2007, S. 137.
6 Vgl. Dieter Koch, Der Stern von Bethlehem, Zürich 2015, S. 62 f.: Zarathustra hatte vorausgesagt, dass ein Saoshyant, ein »Retter«, auftreten werde, der das Böse endgültig besiegt, damit Frieden auf Erden herrscht. Dieser Retter und zwei seiner Wegbereiter sollten von Jungfrauen geboren

werden. »Als Zarathustra sich seiner dritten Frau Hvôvî nahte, fiel sein Same dreimal auf die Erde. Eine Gottheit oder ein Engel namens Nêryôsang nahm ›das Licht und die Kraft‹ dieser Ergüsse und brachte sie der Wassergöttin Anâhîd (Anâhitâ), welche sie seit da im See Kansaoya aufbewahrte. Drei Jungfrauen, selbst ferne Nachfahren des Zarathustra, werden im Laufe der Jahrtausende in dem See baden und schwanger werden. Die letzte von ihnen wird den Saoshyant gebären. Sein Name wird Astvat-Ereta sein.« (Quelle: Größerer Bundahishn XXXV.60; XXXIII,37; teilweise abgedruckt in: Mary Boyce, Textual Sources for the Study of Zoroastrianism, Chicago 1990, S. 90 f.; siehe auch: Mary Boyce, A History of Zoroastrianism, Bd. I, Leiden 1975, S. 285.)

7 Hannah Arendt, Vita activa oder Vom tätigen Leben, München, 12. Aufl. 2001, S. 12.
Dort weiter: »[...] Sofern wir im Plural existieren, und das heißt, sofern wir in dieser Welt leben, uns bewegen und handeln, hat nur das Sinn, worüber wir miteinander oder wohl auch mit uns selbst sprechen können, was im Sprechen einen Sinn ergibt.«

8 Siehe dazu: Rainer A. Bast, Kierkegaard, Sören, Online-Wörterbuch Philosophie: Das Philosophielexikon im Internet, http://www.philosophie-woerterbuch.de/online-woerterbuch/?tx_gbwbphilosophie_main[entry]=28&tx_gbwbphilosophie_main[action]=show&tx_gbwbphilosophie_main[controller]=Lexicon&no_cache=1 (Stand: 25.6.17):
»Die wirkliche Realität ist deshalb für Kierkegaard die Innerlichkeit, in welcher ›das Individuum die Möglichkeit aufhebt und sich mit dem Gedachten identifiziert, um darin zu existieren. Das ist Handlung.‹ [...] Gott ist [...] (für mich) nicht im bloßen Denken, sondern indem ich mit Hilfe des Verstandes aus dem Verstand herausspringe in den Glauben. Dieser entsteht nur in diesem Sprung: in dem Paradox, dass der Verstand dazu gebraucht wird zu verstehen, dass er Gott nicht denkend (mit Verstand) erfassen kann und leidenschaftlich gegen dieses Paradox anrennen soll, ohne es begreifen zu wollen.«

9 Martin Luther, Vorrede zum ersten Band der Wittenberger Ausgabe der lateinischen Schriften (1545), WA 54, 185,17–186,15, zitiert aus: Martin Luther, Lateinisch-deutsche Studienausgabe, Bd. 2, Hg. von Joachim Schilling, Leipzig 2006, S. 507.
Luther schreibt über seine Studien zu Röm 1,17, a. a. O., S. 505 f.: »Ich hasste nämlich diese Wortverbindung ›Gerechtigkeit Gottes‹, die ich nach der üblichen Verwendung bei allen Lehrern gelehrt war philosophisch zu verstehen als die (wie sie sie bezeichnen) formale bzw. aktive Gerechtigkeit, auf Grund deren Gott gerecht ist und die Sünder und Ungerechten straft.«

10 http://www.spektrum.de/lexikon/psychologie/grundvertrauen/6110 (Stand: 11.3.2017). Siehe dazu: Erik H. Erikson, Childhood and Society, New York 1950.

11 Albert Schweitzer, Predigten 1898–1948. Hrsg. von Richard Brüllmann und Erich Grässer, München 2001, S. 827.

12 Theokrit, Gedichte, Griechisch-deutsch, hg. und übersetzt von Bernd Effe, 2., überarbeitete Auflage, Berlin 2013, S. 20 ff., Theokrit II, 36: Die Zauberin: »Die Göttin ist am Dreiweg; laß schleunigst das Bronzebecken erschallen!«

13 André Lehr, Art. Glocken und Glockenspiele, I., in: MGG Online, hrsg. von Laurenz Lütteken, Kassel, Stuttgart, New York: 2016 ff., zuerst veröffentlicht 1995, online veröffentlicht 2016, https://mgg-online.com/article?id=mgg15431&v=1.0&rs=id-e432e361-60a9-f65c-990c-bdcfbea1209f (Stand: 3.8.2017).

14 André Lehr, Art. Glocken und Glockenspiele, III., in: MGG Online, hrsg. von Laurenz Lütteken, Kassel, Stuttgart, New York: 2016 ff., zuerst veröffentlicht 1995, online veröffentlicht 2016, https://mgg-online.com/article?id=mgg15431&v=1.0&rs=id-a7ba078f-6717-5593-25fbd37b89a0ee01 (Stand: 3.8.2017): »Einen besonderen Platz unter den Glocken des westlichen Altertums beanspruchen solche, die ursprünglich als Granatapfel modelliert waren, ganz naturgetreu mit Fruchtblättern. Möglicherweise hat man diese getrockneten Früchte anfänglich als Glöckchen verwendet, um sie später in Bronze nachzubilden, oder der Grund liegt in einer magischen Bedeutung – eine solche wurde dem Granatapfel ja zugesprochen –, wobei das wirkliche Glöckchen diesem Modell entsprechen sollte.«

15 André Lehr, Art. Glocken und Glockenspiele, IV., in: MGG Online, hrsg. von Laurenz Lütteken, Kassel, Stuttgart, New York: 2016 ff., zuerst veröffentlicht 1995, online veröffentlicht 2016, https://mgg-online.com/article?id=mgg15431&v=1.0&rs=id-1296d75b-226a-95c8-77a7-77487d146fb8 (Stand: 3.8.2017).

16 Vgl. Otto Hiltbrunner, Gastfreundschaft in der Antike und im frühen Christentum, Darmstadt 2005.

17 Siehe dazu: Markus Babo, Kirchenasyl – Kirchenhikesie. Zur Relevanz eines historischen Modells im Hinblick auf das Asylrecht der Bundesrepublik Deutschland, Münster 2003, S. 32.

18 Siehe dazu: Margarete Weidemann, Kulturgeschichte der Merowingerzeit nach den Werken von Gregor von Tours, Mainz 1982 (Monographien/Römisch-Germanisches Zentralmuseum, Forschungsinstitut für Vor- und Frühgeschichte 3,1), S. 306.

19 Die Flucht in einen geheiligten Raum diente primär dazu, einer drohenden Blutrache zu entgehen. Das Alte Testament kannte den Altar Jahwes und sechs weitere Freistädte, an denen Verfolgte Schutz suchen konnten. Wer das Heiligtum berührte, wurde selbst heilig; den Schutzsuchenden weiterzuverfolgen, bedeutete, die Gottheit selbst zu verfolgen.

20 Erst nach der Etablierung des Christentums zur Staatsreligion griff das Kirchenasyl und wurde im 5. Jahrhundert rechtlich fixiert. Im Konzil von Orleans (511) wurden staatlich garantierte Rechtssicherheit und kirchliche Vorstellungen eines sakralen Raumes, der dem Zugriff der weltlichen Macht entzogen war, miteinander zu einem gültigen Gesetz verbunden. Doch schon damals war ein Ringen des Staates mit dem kirchlichen Schutzanspruch wahrzunehmen. Mit dem wechselnden Einfluss der Kirchenleitung auf die jeweiligen Staatsoberhäupter des römischen Reiches wurde auch das Asylrecht zeitweilig ausgesetzt.

21 Dazu hatten die Verfolger vorab einen sogenannten »promissorischen Eid« zu leisten, indem sie versprachen, die Verfolgten so lange nicht willkürlich zu strafen, bis man einen möglichen »Schadensausgleich« vorgeschlagen und geprüft hätte. Wer eidbrüchig wurde, hatte damit zu rechnen, von der Kommunion und damit aus der Gemeinschaft der Kirche ausgeschlossen zu werden.

22 Siehe dazu: Lena Hopmann, Asyl zwischen den Sphären: Die Implementierung des Asylrechts vom spätantiken Codex Theodosianus bis zum Konzil von Orléans 511 im Spiegel kirchlicher und weltlicher Interessen. Seminararbeit, Historisches Seminar, Herbstsemester 2016, Universität Zürich.

23 Art. 65 der Kirchenordnung der evangelisch reformierten Kirche im Kanton Zürich hält fest:
»Die Landeskirche nimmt das prophetische Wächteramt auch in ihrem diakonischen und seelsorglichen Handeln wahr. Sie benennt Ursachen von Unrecht und Leid. Sie wirkt mit beim Suchen von Lösungen und stellt sich in den Dienst der Vermittlung.«

24 Pierre Bühler, http://www.asulon.ch (Stand: 12.4.2017).

25 Sebastian Herrmann, Jetzt geht's aber los!, »Tagesanzeiger«, 4.5.2017.

26 Siehe dazu: Otto Herrmann Pesch, Gnade und Rechtfertigung am Vorabend der Reformation und bei Martin Luther, Vortrag gehalten am Ökumenischen Forum Heidelberg, 20.7.2007.

27 Interview mit Wilhelm Schmid, zitiert aus: »Zeit Online«, 5.1.2016.

28 Vgl. James W. Fowler, Stufen des Glaubens. Die Psychologie der menschlichen Entwicklung und die Suche nach Sinn. Gütersloh 1991, erstmalig New York 1981.

29 https://www.bundeskanzlerin.de/Content/DE/Podcast/2009/2009-07-04-Video-Podcast/2009-07-04-video-podcast.html (Stand: 21.5.2017).

30 Heinrich Böll, Eine Welt ohne Christus, in: Karlheinz Deschner (Hrsg.), Was halten Sie vom Christentum, München 1957, S. 22 ff.

31 Ulrike Wagner-Rau, Auf der Schwelle. Das Pfarramt im Prozess kirchlichen Wandels. Stuttgart 2012, S. 47.

32 Diogenes Laertius: Leben und Meinungen berühmter Philosophen, übersetzt und erläutert von Otto Apelt. Erster Band, Buch I–VI. Leipzig 1921, S. 34.

33 Siehe dazu: Adolf Martin Ritter, Alte Kirche, Neukirchen-Vluyn, 1987, S. 18.

34 Ulrike Wagner-Rau, Auf der Schwelle. Das Pfarramt im Prozess kirchlichen Wandels. Stuttgart 2012, S. 24.

35 »Das Clinical Pastoral Training (CPT) ist ein ökumenisch bewährtes und aktuelles Lernmodell, in dem Seelsorge durch die Reflexion beruflicher Praxis gelernt und geübt wird. Es fördert die Wahrnehmungsfähigkeit und die kommunikative Kompetenz in komplexen, professionellen Arbeitsfeldern sowie das spirituelle und persönliche Wachstum der Seelsorgeperson. Es ermöglicht die Aneignung von Erkenntnissen aus der Theologie und Psychologie. Es unterstützt ein elementarisiertes, situationsbezogenes Reden und Handeln aus dem biblischen und kirchlichen Traditionsschatz.« http://cpt-seelsorge.ch/kursangebot/ (Stand: 23.06.2017).

36 Ingeborg Bachmann, Frankfurter Vorlesungen. Probleme zeitgenössischer Dichtung, München, ePUB, S. 19 (Textgrundlage: Werke, Band 4, hg. von Christine Koschel, Inge von Weidenbaum, Clemens Münster, München 1982, 2. Auflage 1984).

37 Carolin Emcke, Gegen den Hass, Frankfurt 2016, S. 205.

38 Hier wurde sogar schon, wenn man das so sagen darf, ganz friedlich im Gottesdienst gestorben. Ein Gemeindemitglied, treuer Kirchgänger und inzwischen pensioniert, erlitt gleich zu Beginn des sonntäglichen Gottesdienstes einen Herzstillstand. Er wurde hinaus ins Foyer gebracht, leider kam alle Hilfe zu spät.

39 Huldrych Zwingli, Fidei expositio, in: Huldreich Zwinglis sämtliche Werke, Bd. VI/5, Zürich 1991, S. 159. Zwingli hat auch noch 1531 gegen Musik beim Abendmahl polemisiert, das ist Markus Jenny entgegenzuhalten. Vgl. Markus Jenny, Zwinglis Stellung zur Musik im Gottesdienst, Zürich 1966, S. 12.

40 Cornelia Schinzilarz, Gerechtes Sprechen: Ich sage, was ich meine, Weinheim und Basel, 2. Aufl. 2016.

41 Daniel Hell, Religiöses Erleben und Psychiatrie: Die historischen Wurzeln eines schwierigen Verhältnisses, pro mente sana 4, S. 11–13, 2003, http://www.daniel-hell.com/index_html_files/Religioeses_Erleben_und_Psychiatrie.pdf (Stand: 10.4.17).

42 Dieter Frost, zitiert nach Judith Krasselt-Maier, Gott ist (k)ein alter weiser Mann!, Kassel 2014, S. 199.

43 Gottfried Ephraim Lessing, Nathan der Weise, Stuttgart 1987, III, 7, 2043–2051, S. 75.

44 Max Frisch, Die Tagebücher, Frankfurt 1983, S. 798–801.

45 Parochie: Eine Kirchgemeinde (griech: παροικία, *paroikía*: Nachbarschaft). Viele christliche Kirchen gliedern sich in sogenannte Parochien, räumlich und rechtlich abgegrenzte Gemeinschaften von Gläubigen, denen eine Pfarrperson zugeordnet ist.

46 Siehe hierzu: Ralf Kunz, Gemeindeaufbau im Umbau der Kirche, unveröffentlichtes Referat, gehalten in Rüschlikon am 2. April 2014, Universität Zürich.

47 Wobei »reformieren kein reformatorisches Reservat ist«. Hans Küng, Konzil und Wiedervereinigung. Erneuerung als Ruf in die Einheit, Wien u. a. 1960, S. 51.

48 Mt 25,35. Siehe dazu: Regel des Heiligen Benedikt, Kap 53, 1, Aussenbeziehung der Klöster, https://www.unifr.ch/bkv/kapitel2032-53.htm (Stand: 11.6.17).

49 Siehe dazu: Jutta M. Berger, Die Geschichte der Gastfreundschaft im hochmittelalterlichen Mönchtum: Die Cistercienser, Berlin 1999, S. 35.

50 Gemeindeaufbau im Umbau der Kirche, Referat in Rüschlikon am 2. April 2014, gehalten von Prof. Ralph Kunz, Universität Zürich.

51 1 Kor 14,33b–36.

52 Das sogenannte »Lima-Papier« ist eine Konvergenzerklärung über Taufe, Eucharistie und das Amt des Ökumenischen Rates der Kirchen, http://archived.oikoumene.org/de/dokumentation/documents/oerk-kommissionenglauben-und-kirchenverfassung-kommission-fuer/i-einheit-die-kirche-und-ihr-auftrag/taufe-eucharistie-und-amt-studie-der-kommission-fuer-glauben-und-kirchenverfassung-no-111lima-papier/taufe-eucharistie-und-amt.html (Stand: 20.5.17).

53 Siehe auch: Erinnerung heilen – Jesus Christus bezeugen. Ein gemeinsames Wort zum Jahr 2017. Gemeinsame Texte Nr. 24. Herausgegeben von der Evangelischen Kirche in Deutschland, Hannover, 16.09.2016, S. 27: »Im Jahre 2000 hat die Erklärung der Glaubenskongregation ›Dominus Iesus‹ hohe Wellen geschlagen, dass die evangelischen ›Gemeinschaften‹ nicht ›Kirche im eigentlichen Sinn‹ seien. Auf evangelischer Seite wurde diese Erklärung vielfach als Herabsetzung empfunden.«

54 Erklärung »Dominus Iesus«: http://www.vatican.va/roman_curia/congregations/cfaith/documents/rc_con_cfaith_doc_20000806_dominus-iesus_ge.html (Stand: 4.6.17).

55 www.swiss4syria.ch (Stand: 17. 7. 2017).

56 http://www.refrueschlikon.ch/content/e12740/e14356/Leitbild_ref_Rschlikon.pdf (Stand: 11.5.17).

57 Ralph Kunz, Elementares geistlich genossen, in: Abendmahl, Hg. von Christoph Ammann, Ralph Kunz, Matthias Krieg, Zürich 2007, S. 65.

58 A. a. O., S. 74.

59 Siehe hierzu: Ralf Kunz, Gemeindeaufbau im Umbau der Kirche, unveröffentlichtes Referat, gehalten in Rüschlikon am 2. April 2014, Universität Zürich.

60 Theophil Müller, Evangelischer Gottesdienst. Liturgische Vielfalt im religiösen und gesellschaftlichen Umfeld, Stuttgart 1993, S. 95.

61 A. a. O., S. 97.

62 Oder: »Ihr sollt dort vor dem Herrn, eurem Gott, essen und euch freuen, ihr und eure Familien, über alles, was eure Hand erworben hat, womit der Herr, dein Gott, dich gesegnet hat.« (Dtn 12,8)

63 Ralph Kunz, Elementares geistlich genossen, S. 73.

64 Ralph Kunz, Unsägliches ansagen oder warum man es beim Predigen nicht recht machen kann. Hermeneutische Blätter, 20. Jg., H. 1, 2014, S. 85, Quelle: https://doi.org/10.5167/uzh-103516 (Stand: 25.6.17).

65 Fritz Büsser, Heinrich Bullinger, Leben, Werk und Wirkung, Bd. 2, Zürich 2005, S. 169 f.

66 Marc Calmbach, Silke Borgstedt, Inga Borchard, Peter Martin Thomas, Berthold Bodo Flaig, »Wie ticken Jugendliche 2016?« Lebenswelten von Jugendlichen im Alter von 14 bis 17 Jahren in Deutschland, Wiesbaden 2016.

67 Meister Eckhart, Vom Adel der Seele, Hg. von Gerhard Wehr, Köln 2014, S. 37 f. Gerhard Wehrs Übersetzung aus dem Mittelhochdeutschen basiert auf: Deutsche Mystiker des 14. Jahrhunderts, Bd. 2, Meister Eckhart, hg. von Franz Pfeiffer, Leipzig 1957, Aalen 1962, S. 545, 21 f.

68 A. a. O., S. 66.

69 Siehe dazu: http://www.kirchgemeindeplus.ch/ (Stand: 24.06.17).

70 Heinrich Bullinger, Das Zweite Helvetische Bekenntnis, 5. Aufl. Zürich 1998, Kap. 17, S. 82–83: »Zwar teilt man die Kirche ein in verschiedene Teile oder Arten, nicht weil sie in sich selbst geteilt oder zerrissen wäre, sondern vielmehr, weil sie verschieden ist wegen der Mannigfaltigkeit ihrer Glieder.«

71 Siehe auch: Carolin Emcke, Gegen den Hass, Frankfurt 2016, S. 218.

72 Hanns Dieter Hüsch, Den Frieden lehren. Aus: Hanns Dieter Hüsch / Michael Blum: Das kleine Buch zum Segen, Seite 18 f., 2016/13 © tvd-Verlag Düsseldorf 1998.

**Brigitte Bothe**
**Eckhard Frick**

## Spiritual Care

### Über das Leben und Sterben

Wer erzählen kann, was ihn in der Seele bewegt, dem geht es auch körperlich besser. Gerade in persönlichen Krisensituationen, bei Krankheiten oder am Lebensabschnittsende ist die achtsame Pflege der Seele besonders wichtig. Anhand praktischer Fallbeispiele zeigen die Autoren anschaulich, wie eine neue Form der Seelsorge wie Spiritual Care hilft, mit Achtsamkeit schwierige oder bedrückende Lebenssituationen zu lindern oder zu überwinden.

Das erste populäre Buch zum Thema Spiritual Care

192 Seiten, gebunden mit Schutzumschlag, 2017,
ISBN 978-3-280-05623-3

**orell füssli**
Sachbuch